KB262941

특별부록 CD 집어넣고
회사이름 바꿔 넣으면
바로 뽑아 보낼 수 있는

중국어무역편지 100

主编 程相文
编组 罗远惠 史红宇

중국어 제일
시사중국어사

중국어 무역 서신은 중국인과 무역하는데 있어서 중요한 도구라고 할 수 있다. 잘 써놓은 한 통의 무역 서신은 아마도 교역 성사를 촉진할 수 있을 것이다. 어휘 선택이 부적합한 무역 서신은 때에 따라서 반드시 완성하여야 할 거래를 실패하게 할 수도 있다. 따라서, 중국어 무역 서신을 잘 쓰고자 한다면 반드시 중국어 서신 특유의 결구, 격식, 관습적 용어와 초안 작성의 기술을 이해하여야 한다. 또한 중국문화 관련 지식, 중국인 서신 왕래 예절 및 중국인의 서신에 대한 태도 등을 반드시 이해하여야 한다. 서신을 발송후, 만약 수신자의 호감과 흥미를 얻었다면, 발신자의 요구와 희망은 순조롭게 실현되었다고 볼 수 있다.

본 교재는 체계적으로 중국어 무역 서신에 대한 기본 지식을 소개하였으며, 각종 무역 서신의 상용 어휘와 문장 형식을 수록하였다. 또한 다량의 문서 예시를 수록하여 무역 교섭 중 왕래하는 서신과 전보의 특징을 설명하였으며, 거래 트기, 가격 문의 및 오퍼, 주문과 접수 확인, 주문 및 확인, 대금 지불, 컴플레인과 클레임, 신용장, 지불, 선적, 보험, 배상 등을 포함하여 중국어 무역 서신의 각종 예를 제시하였다. 본 교재는 각종 문서 예시에 대해서 일정한 번호를 부여하여 독자가 수시로 찾아 참고하도록 하였다.

Contents

10장 의전 문서

11장 상무회담문서

※ CD 인쇄용지는 B5 용지로 설정되어 있습니다.

1장

장

중국어 무역문서 기본 상식

문서의 구조와 격식

쌍방의 정보를 교류하고, 교역을 추진하고, 협의를 진행하고, 계약을 확정하는 등의 무역 단계에서 무역 문서가 중요한 역할을 한다. 중국어 무역 문서는 격식이 좀 까다로운 편이다. 일반적으로 〔머리말, 제목, 문서번호, 호칭, 본문, 맺는(인사)말, 서명, 날짜〕 등의 여덟 부분으로 이루어진다.

● 머리말

머리말을 통해 회사의 품격이 드러나고, 상대방에게 회사의 인상을 남길 수 있다. 머리말에는 (보내는) 회사 명칭, 주소, 우편번호, 전화 전보 팩스 번호, (요즘에는 이메일 및 홈페이지 주소) 등이 들어간다. 요즘에는 회사마다 전용 문서 용지를 인쇄하여 쓰게 마련이다. 그럴 경우 문서 용지 위쪽에 머리말이 미리 인쇄되어 있는 것이 보통이다. 또는 머리말에는 (상대방측 언어 또는 각종 외국어로) 회사의 명칭만 인쇄하고, 문서 용지 하단에 주소 전화번호 등을 인쇄한 것도 무방하다.

● 제목

문서의 주제를 말한다. 수신자가 문서의 주제를 한눈에 파악할 수 있도록 문서 위쪽 정중앙에 오게 한다. 본문보다 큰 포인트 고딕체나 굵은체로 눈에 확 띄도록 인쇄하는 것이 보통이다.

● 문서번호

제목 아래 혹은 아래 오른쪽에 위치한다. 폰트의 크기는 본문과 같게 또는 본문보다 약간 작게 한다.

● 호칭

문서 내용 첫머리에, 공경하는 어감으로 상대방을 호칭하는 것이다. 송신자와 수신자의 관계가 어떤가에 따라 그 형식이 결정된다. 수신자의 성명과 직책을 알고 있다면, '尊敬的×××经理'(존경하는 사장님)의 예처럼 성명과 직책을 다 써준다. 수신자의 성명과 직책을 모른다면 '尊敬的先生'(남자인 경우) '尊敬的女士'(여자인 경우)의 예처럼 써준다. 수신자에 대한 존경을 표시하는 의미에서, 들여쓰기를 하지 않고 첫칸부터 한 줄을 차지하게 쓴다. '아래와 같이 할 말이 있음'을 나타내는 의미에서, 호칭 다음 ':'을 붙인다.

- **본문**

안부를 묻는 말로 시작하는 것이 보통이다. 흔히 쓰는 것은 "您好！" "你好！"(안녕하십니까!)이다. 날씨나 계절에 따라 변화를 줄 수 있다. 이를테면 연말연시나 설 전후에는 "新年好！" "春节好！"(새해 복 많이 받으세요!) 등을 쓸 수 있다. 안부를 묻는 말은 호칭 다음 줄에 쓰며, 처음 두 칸[두 글자 공간]을 들여쓰고, 그 자체가 한 줄[문단]을 차지한다. 수신자가 특정인이 아닌 회사, 부서 혹은 불특정한 경우 안부 묻는 말을 생략해도 된다. 문서의 본문은 문서의 핵심 내용이다. 본문 부분은 내용에 따라서 문단을 나누며, 문단이 바뀔 때마다 줄을 바꾸고, 문단 처음에는 두 칸[두 글자 공간]을 들여쓴다.

- **맺는(인사)말**

주로 감사나 바람을 표시하는 말을 쓴다. '谢谢合作'(협조에 감사드립니다) '盼早复'(빠른 회신 바랍니다) 등이 그 예이다. '此致敬礼！'와 같이 축하나 기원의 말을 쓸 수도 있다. 여기서 '此致'(이에 ~를 축원[기원]합니다)는 혼자 한 줄을 차지하며, 네 칸[네 글자 공간] 정도 들여쓰기 하고, 뒤에는 아무 문장부호도 찍지 않고, (축원[기원]하는 내용 부분인) '敬礼'는 줄을 바꿔 다음 줄 첫칸에 쓰며, 뒤에 느낌표 '!'를 찍는다. 맺는 말에 경어를 쓸 경우, 경어 부분에서 페이지가 바뀌면 안 된다. 페이지가 바뀔 것 같으면 행간을 축소하거나 문단을 조정하도록 한다.

- **서명**

본문 우측 아래쪽에 서명한다. 무역 문서는 공문서이므로 수신자와 잘 아는 사이라 할지라도 성명 전체를 써야 한다. 필사체 서명을 알아보기 어려운 경우를 대비해서 서명 아래쪽에 성명과 직책을 추가 인쇄하여 준비할 수도 있다. 그러나 서명을 도장으로 대신해서는 절대 안 된다.

- **날짜**

연, 월, 일 순서로 서명 아래쪽에 기입한다.

봉투의 격식과 쓰는 법

　　중국어 문서의 봉투는 가로식, 세로식 두 종류가 있다. 지금은 대부분 가로식 봉투를 사용한다. 가로식 봉투에서는 좌측 위쪽에 수신자의 우편번호를 쓰고, 우편번호 밑에 수신자의 주소를 쓴다. 봉투 중앙에 수신자의 성명을 쓰고, 성명 다음에는 호칭과 '收'·'启'·'亲启'(이상 모두 '……받으세요' 정도의 뜻) 등을 쓴다. '×××先生 收'·'×××总经理 亲启' 등이 그 예이다. 우측 아래쪽에 송신자의 주소, 성명, 우편번호를 쓴다. 등기 문서라면 분실이나 회송시에 찾을 수 있도록 송신자의 성명을 반드시 써야 한다. 등기 문서가 아니면 성명을 쓰지 않거나, 혹은 그저 '张缄'(장(张) 아무개 봉함)·'李缄'(이(李) 아무개 봉함) 등과 같이 써도 된다. 한국과 중국의 우편번호 체계가 다른 것에 주의하여, 수신자의 우편번호 형식에 따라서 또박또박 써야 한다. 가로식 봉투에서는 봉투의 우측 상단 구석에 우표를 붙인다(그림 참조). 세로식 봉투에서는 우측 위쪽에 수신자의 우편번호, 주소를 쓰고, 중앙에 수신자의 성명을 쓰고, 좌측 아래쪽에 송신자의 주소, 성명, 우편번호를 쓴다. 우표는 좌측 위쪽 구석에 붙인다(그림 참조).

中国 北京 ××区××路××号
吴氏工艺品进出口公司

邮
票

吴 新 宇　总经理　亲启

韩国汉城市××区××洞××号
汉城工艺品进出口公司　李缄

邮
票

1
0
0
0
8
3

中国 北京 ××区××路××号
吴氏工艺品进出口公司

吴 新 宇　总经理　亲启

韩国汉城市××区××洞××号
汉城工艺品进出口公司　李缄

중국어 문서 용어의 특징

'잘 쓴 무역 문서는 안될 일도 되게 한다'는 말이 있을 정도이니, 무역 문서를 잘 쓰는 것은 아주 중요하다. 무역업계에서 무역 문서의 용어를 고려할 때 보통 다음 다섯 가지를 기준으로 삼는다.

● 간결

현대인은 생활 리듬이 빠르다. 특히 회사 사장·회장 등은 업무 일정이 매우 빡빡하여, 구구절절 길게 이어지는 문서를 일일이 들여다볼 틈이 없다. 그래서 무역 문서는 반드시 간결한 용어로 써야 한다. 글을 쓰는 것과 관련된 중국의 속담에 "할 말이 있으면 길게, 할 말이 없으면 짧게"라는 말이 있다. 그러나 무역 문서에서는 할 말이 있어도 짧게 써야 한다. 가능한 한 수식어를 줄이고, 있어도 없어도 그만인 글자·문장·문단 등은 모두 빼야 한다. 가장 짧은 분량으로 상황을 명확히 설명할 수 있도록 최대한 노력을 기울여야 한다.

● 명료

명확하게 표현해야 한다는 말이다. 얼굴을 마주하고 대화를 나눌 때는 잘 알아듣지 못하면 즉시 물어보면 된다. 그러나 문서에서는 그렇지 않다. 명확하지 않은 부분이 있으면 오해를 살 수 있다. 특히 수신자가 이해하고, 결정하고, 회답하기 편하도록 송신자의 생각, 목적, 요구, 희망 등을 명백히 밝혀야 한다.

● 정확

무역 문서에서는 숫자 하나 잘못됨으로써 엄청난 차질을 빚을 수도 있다. 그러므로 주소, 전화번호, 날짜 등은 물론 기타 각종 숫자가 틀림없이 정확해야 한다. 칭찬이나 항의 등의 내용에서도 적절한 용어를 써야 함은 물론이다. 서로의 신임에 영향을 끼치지 않도록, 자기를 과대포장해도 안되고, 상대방을 지나치게 떠받들어도 안된다. 문서의 언어는 모호성을 피해야 한다. 상대방이 어떻게 받아들여야 할지 곤란할 정도로 어떤 의견 및 주장이 이렇게도 저렇게도 해석될 가능성이 있으면 곤란하다. 이는 무역 문서에서 절대 금기 사항이다.

● **조리**

무역 문서의 내용은 조리가 있어야 한다. 구조도 조리가 있어야 하고 언어도 조리가 있어야 한다. 조리가 분명하고 앞뒤가 호응하여 누락이 없어야 한다는 말이다. 앞에 "因为"가 있는데 이에 호응하는 "所以"가 뒤에서 나오지 않는다든가, 앞에 "一方面"이 나왔는데 뒤에서 "另一方面"이 나오지 않는다든가 하여 논리상 혼란이 있으면 안 된다.

● **예절**

쌍방의 계약 및 매매가 순조롭게 이루어지게 하려면, 반드시 예절에 주의를 기울여야 한다. 중국어 무역 문서에서는 몇몇 전문 특수용어가 있는데, 이를 사용함으로써 송신자의 겸손과 예절을 나타내는 것이 좋다. 호칭 용어에서, 1인칭, 2인칭, 3인칭 모두 전문적으로 쓰이는 관용어가 있다.

> 1인칭에서는 "本"을 쓴다. "本公司" "本厂" "本国"
> 2인칭에서는 "贵"를 쓴다. "贵公司" "贵厂" "贵国"
> 3인칭에서는 "该"를 쓴다. "该公司" "该厂" "该地区"

상대방이 회답해주기를 바라거나 상대방이 어떤 협의 사항을 처리, 집행하기를 부탁하는 전문용어로 "请" "恳请" "诚请" "希望" "诚望" "请予××为盼" 등이 주로 쓰인다. (여기서 ××위치에 바라는 내용이 들어간다.)
중국어 무역 문서에서는 그밖에도 많은 관용어, 전문어, 특수어 등이 쓰이는데, 이에 대해서는 이후 양식과 더불어 자세히 소개 설명한다.

2장

거래 트기

进口工艺品征商函

汉城××工艺品进出口公司

000-000 韩国汉城市××区××洞0-0
Tel: 0082-2-000-0000 Fax: 0082-2-000-0000
E-Mail:ccbb3121@sansi.com

进口工艺品征商函

编号: 0106

中国工艺美术总公司
尊敬的总经理先生：

您好！

承蒙中国驻韩国大使馆商务处介绍, 得知贵公司的名称及地址。现致函给您, 期望同贵公司建立业务关系。

我们从事工艺品进口业务多年, 对中国的各种工艺品颇感兴趣, 如能收到贵方产品目录和报价, 将不胜感谢。

如果贵方价格合适, 我们相信可做成大笔交易。

此致
敬礼！

汉城××工艺品进出口公司
总经理：×××（签名）
××年×月×日

공예품 수입 상담서

서울 ××공예품 무역회사

주소
전화, 팩스,
메일

공예품 수입 상담서

문서번호: 0106

중국 공예미술총공사
존경하는 사장님께 :

안녕하십니까!

주한중국대사관 상무처 소개로 귀 회사 명칭과 주소를 알게 되었습니다. 귀 회사와 거래를 했으면 하는 희망으로, 사장님께 이 문서를 보냅니다.

저희는 다년간 공예품 수입 업무에 종사해왔고, 각종 중국 공예품에 매우 관심을 가지고 있습니다. 귀 회사의 상품 목록과 가격을 받아볼 수 있게 해주시면 대단히 감사하겠습니다.

가격이 적절하다면 대규모 교역이 성사될 수 있으리라 믿습니다.

안녕히 계십시오!

서울 ××공예품 무역회사
사장 : ×××(서명)
××년 ×월 ×일

상용 단어 및 구문

承蒙

~로부터 어떤 은혜나 혜택을 받다. 어떤 도움을 받은 사항을 표현하는 겸손한 말투로, 일반적으로 '承蒙 + {도움을 준 주체} + [도움받은 내용]' 등의 순서로 쓰인다.

- **承蒙**×××总经理介绍, 得知您的地址和电话号码。
  ××× 사장의 소개로 귀하의 주소와 전화번호를 알게 되었습니다.

- **承蒙**××公司介绍, 得知贵公司经营工艺品进出口业务。
  ××× 회사의 소개로 귀 회사가 공예품 수출입 업무에 종사한다는 것을 알게 되었습니다.

贵(公司 / 方 / 国)

2인칭 존칭 대명사로, [상대방, 상대 회사, 상대국] 등을 일컫는 말 앞에 쓰인다.

- 如果**贵方**工艺品价格合适, 我们可以大批进口。
  귀 회사의 공예품 가격이 적절하면, 저희는 대량 수입할 것입니다.

- 这次访问**贵国**受到热情接待, 十分感谢。
  이번에 귀국을 방문했을 때 환대를 해주신 것에 매우 감사 드립니다.

致(函 / 电)

(문서 / 전보 / 축원 등을) 보내(드리)다. 이쪽에서 상대방에 보내는 행위를 겸손하게 표현하는 말로, '致 + 보내는 문서 / 전보 / 축원'의 순으로 쓰인다.

- 我公司总经理**致函**贵公司, 希望建立长期合作关系。
  우리 회사 사장님께서 장기 합작 관계를 맺기를 희망하여, 귀 회사에 문서를 보내는 바입니다.

- 贵公司开张大吉, 特**致电**祝贺。
  귀 회사 개업 이후 무궁한 발전이 있기를, 이렇게 전보로 축원하는 바입니다.

期望

~(하기)를 바라다.

- 我们**期望**能够早日收到贵公司的报价。
  귀 회사에서 책정한 가격을 속히 받아볼 수 있었으면 합니다.

- 我方总经理**期望**与贵公司长期合作。
  우리 회사 사장님께서 귀 회사와 장기 합작하기를 바라십니다.

从事

~에 종사하다.

- 我们公司**从事**家用电器产品进出口业务多年。
  우리 회사는 다년간 가전제품 수출입 업무에 종사해왔습니다.

- 我们工厂长期**从事**各种工艺品生产。
  우리 공장은 오랜 기간 각종 공예품 생산에 종사해왔습니다.

对~感兴趣

~에 관심을 가지다, ~에 흥미를 느끼다.

- 我们总经理**对**贵厂生产的服装很**感兴趣**。
  귀 공장에서 생산한 의류에 우리 사장님께서 매우 관심을 가지고 계십니다.

- 不知道您**对**这种儿童服装是否**感兴趣**?
  혹시 이런 아동복에 관심이 있으신지요?

不胜(感谢 / 感激 / 荣幸)

~을 감당할 수 없을 정도이다, 대단히 ~하다. 감사를 표현할 때 흔히 쓰이는 겸양 표현이다.

- 贵公司董事长前来参加我们的开业典礼, 我们**不胜感激**。
  저희 개업식에 귀 회사 사장님께서 참석하여 주신 것에 저희는 대단히 감격했습니다.

- 收到贵公司开业典礼的请柬, 我感到**不胜荣幸**。
  귀 회사 개업식 초청장을 받게 되어 무한한 영광으로 생각합니다.

做成(交易 / 生意 / 买卖)

~을 성사시키다, ~을 이루다.

- 如果贵方价格优惠, 我们可以**做成**大笔生意。
  그쪽에서 가격을 좀 잘 해주신다면, 대량 거래를 성사시킬 수 있을 것입니다.

- 能不能**做成**这笔买卖, 就看贵方的商品是否物美价廉。
  이 거래가 성사될 수 있을지 여부는 그쪽 상품의 품질과 가격이 어떠한가에 달려 있습니다.

进口家用电器征商函

北京××家用电器进出口公司

地址：北京市××区××路××号　电话：0086-10-0000-0000

进口家用电器征商函

编号：0018

汉城××家用电器进出口公司
尊敬的总经理先生：

您好！

据我们对市场的调查表明，在今后几年，中国对家用电器将会有大量需求，我们是经营家用电器的进口商，最近我们从《亚洲贸易信息》上了解到贵公司经销电器多年。

如果你们愿意提供电器产品，我们将定期向你们订购，长期合作，我们相信我们之间的业务往来一定会有很大的发展余地，前景广阔。

请寄给我们有关你们出口产品的一切必要资料。

此致

敬礼！

北京××家用电器进出口公司

总经理：×××（签字）

××年×月×日

가전제품 수입 상담서

베이징 ××가전제품 무역회사

주소, 전화번호

가전제품 수입 상담서

문서번호: 0018

서울 ××가전제품 무역회사

존경하는 사장님께:

　저희 측의 시장조사 결과, 이후 몇 년 동안 중국에서 많은 양의 가전제품 수요가 있을 것으로 드러났습니다. 저희는 가전제품 수입상을 운영하고 있습니다만, 귀 회사가 다년간 가전제품을 판매해왔다는 것을 얼마 전에 〈아시아무역정보〉로부터 알게 되었습니다.

　귀 회사에서 가전제품을 공급해줄 의향이 있다면, 저희는 기한을 정하여 귀 회사로부터 구매하면서 장기 합작하고 싶습니다. 양측의 거래는 발전의 여지가 아주 크며 전망이 무한하다고 믿습니다.

　제품 수출과 관련된 귀 회사의 모든 필요한 자료를 저희에게 보내주시기 바랍니다.

　안녕히 계십시오!

베이징 ××가전제품 무역회사

사장: ×××(서명)

××년 ×월 ×일

상용 단어 및 구문

据~调查

~의 조사에 따르면. (조사의 주체인 ~를 넣을 필요가 없거나 생략할 경우엔 '据调查'로 쓴다.)

- **据**我们对家用电器市场的**调查**, 电视机的需求量不大。
  우리가 가전제품 시장을 조사한 바에 따르면, TV 수요가 그다지 많지 않습니다.

- **据调查**, 近年来中国市场上三星牌家用电器越来越多。
  조사에 따르면, 최근 중국 시장에서 삼성 가전제품이 갈수록 많아진다.

需求

수요(하다), 요구(되다).

- 今年夏季韩国市场对中国丝绸将有大量**需求**。
  금년 여름 한국 시장에서 중국 비단이 대량으로 필요할 것입니다.

- 这种产品在中国市场上只有少量**需求**。
  이 상품은 중국 시장에선 소량 수요만 있을 뿐입니다.

从~了解到…

~로부터[~를 통해] …를 알다. (알게 해준 매개물[매개자] ~는 '从' 다음에 위치하며, 알게 된 대상 …는 동사 '了(liǎo)解 + 到' 뒤에 위치한다.)

- 我们**从**中国对外贸易促进会上**了解到**贵公司的情况。
  저희는 중국대회무역촉진회에서 귀 회사에 대하여 알게 되었습니다.

- 我们**从**广州交易会上**了解到**很多宝贵的信息。
  저희는 광저우(广州) 박람회에서 소중한 정보를 많이 알게 되었습니다.

如果~我们将…

만약 ~라면 저희는 …하겠습니다[할 것입니다].

- **如果**贵公司能够提供高质量产品, **我们将**长期向你们定购。
  귀 회사에서 질 좋은 상품을 공급해줄 수 있다면, 저희는 장기간 귀측으로부터 구매할 예정입니다.

- **如果**贵公司愿意长期定购, **我们将**给予优惠价格。
  귀 회사에서 장기 구매를 원하신다면, 저희는 가격을 우대해 드리겠습니다.

业务往来

업무 왕래, 거래.

- 近年来我们同贵公司的**业务往来**越来越多。
  최근 몇 년 사이 귀 회사와 저희의 거래가 줄곧 많아졌습니다.

- 虽然我们两家过去没有**业务往来**, 但是我们今后可以努力发展。
  우리는 비록 지금까지 거래가 없었지만, 앞으로 발전을 위해 노력할 것입니다.

发展余地

발전 여지.

- 据市场调查, 新型家用电器的生产会有很大的**发展余地**。
  시장 조사에 의하면, 신형 가전제품 생산이 대단히 발전할 여지가 있습니다.

- 近年来经营这类产品的公司太多, 没有什么**发展余地**。
  최근 몇 년 사이 이런 상품을 최급하는 회사가 너무 많아져서, 아무 발전의 여지가 없습니다.

前景广阔

전망이 아주 밝다[크다].

- 电脑市场发展很快, **前景广阔**。
  컴퓨터 시장이 빠르게 발전해, 전망이 아주 밝습니다.

- 中国市场潜力很大, 中韩两国的公司合作开发, **前景广阔**。
  중국 시장 잠재력이 커서, 중한 양국 회사의 합작 개발 전망이 아주 밝습니다.

请寄～

～를 (우편으로) 보내주시기 바랍니다.

- 来信**请寄**上贵公司出口产品的有关资料。
  귀 회사 상품의 관련 자료를 보내주시기 바랍니다.

- 如果方便, 回信**请寄**给我们有关产品的目录和价格。
  형편이 허락한다면, 관련 상품 목록과 가격을 우리에게 회신해주시기 바랍니다.

出口纺织品推销函

中国上海××纺织品进出口公司

地址：上海市××区××路××号　邮编：200018
Tel: 0086-21-000-0000 Fax: 0086-21-000-0000

出口纺织品推销函

编号：0067

韩国汉城××纺织品进出口公司
尊敬的总经理先生：

您好！

我们从贵国使馆商务参赞那里得到贵公司的地址，并得知贵公司准备进口纺织品，所以我们特地去函想跟贵公司建立业务联系。

自从1980年以来我们一直经营纺织品的出口，在东南亚有许多客户。现附上最新的商品目录和说明书各一份，供贵方挑选。若对某项感兴趣，请传真告知，我方将报以最低价，并将样品航寄贵方。

中国××银行上海分行可向贵方提供我方商业及资金状况的信息。

盼贵方早日回复！

中国上海××纺织品进出口公司
总经理：×××（签字）
××年×月×日

방직품 수출 제안서

중국 상하이 ××방직품 무역회사

주소
전화, 팩스

방직품 수출 제안서

문서번호: 0067

한국 서울 ××방직품 무역회사
존경하는 사장님께:

안녕하십니까!

귀국 대사관 무역참사관으로부터 귀 회사의 주소와 귀 회사가 방직품을 수입할 예정이라는 것을 알게 되었습니다. 이에 귀 회사와 거래를 맺기를 희망하여, 삼가 이 문서를 보내드립니다.

1980년부터 저희는 줄곧 방직품 수출 업무에 종사해왔으며, 많은 동남아 고객을 확보하고 있습니다. 귀 회사 참고의 편의를 위하여, 최신 상품 목록과 설명서 한 질을 첨부합니다. 관심있는 품목을 팩스를 통하여 알려주시면, 저희는 최저 가격을 알려드리겠으며, 항공으로 귀 회사에 샘플을 보내드리겠습니다.

중국××은행 상하이(上海) 지점에서 저희의 업무 및 자금 상황에 대한 정보를 귀 회사에 제공해줄 것입니다.

빠른 답장을 고대합니다!

중국 상하이 ××방직품 무역회사

사장: ×××(서명)

××년 ×월 ×일

상용 단어 및 구문

特地

특(별)히.

- 我们得知贵公司准备进口韩国纺织品, **特地**去信跟你们联系。
  귀 회사가 한국 방직품을 수입할 예정임을 알게 되어, 특별히 이렇게 문서를 보내는 바입니다.

- 我公司总经理下个月访问中国期间, 将**特地**前去拜访贵公司董事长。
  우리 회사 사장님께서 다음 달 중국 방문 기간에 특별히 귀 회사 사장님을 뵙고자 하십니다.

自从～以来

～(한) 이래[때로부터].

- **自从**我们上次会晤**以来**, 双方合作关系有了很大的发展。
  지난번 우리가 만난 이래 쌍방 합작 관계가 크게 발전했습니다.

- **自从**我们总经理访问贵公司**以来**, 双方业务往来越来越多。
  우리 사장님께서 귀 회사를 방문하신 이후 쌍방의 거래가 많아지고 있습니다.

一直

줄곧, 계속.

- 我们公司自从建立以来**一直**经营各类服装的进出口业务。
  우리 회사는 설립 이후 줄곧 각종 의류 수출입 업무를 취급했습니다.

- 自从上次发出征商函以后, 我们**一直**在等待您的回信。
  지난번에 거래 상담서를 보낸 이후 줄곧 귀측의 회신을 기다렸습니다.

附上

첨부하다.

- 请在来信中**附上**贵公司最新的商品目录和说明书。
  귀 회사 최신 상품 목록과 설명서를 문서에 첨부해주시기 바랍니다.

- 随信**附上**我公司最新的商品目录和报价单供贵方参考。
  귀측의 참고를 위하여 우리 회사 최신 상품 목록과 가격표를 문서에 첨부합니다.

供～挑选

~가 고를 수 있도록 제공하다.

- 不知贵公司此类产品有多少品种**供**我们**挑选**。
  우리에게 제공할 수 있는 귀 회사의 이런 상품 종류가 얼마나 되는지 알고 싶습니다.

- 我公司同类产品有80多个品种可**供**贵公司**挑选**。
  우리 회사는 귀 회사의 선택을 위해 동종 상품 80여 종을 제공할 수 있습니다.

告知

고지하다, 알려주다.

- 如果贵公司对此类商品感兴趣, 请电报**告知**。
  귀 회사가 이런 상품에 흥미가 있으시면, 전보로 알려주시기 바랍니다.

- 待我公司确定进口数量之后, 将通过电子邮件**告知**。
  우리 회사가 수입 수량을 확정하면 이메일을 통해 알려드리겠습니다.

报以～价

~가격으로 제시하다[회신하다].

- 如果贵公司能够大量进口我公司产品, 我们将**报以**最优惠**价**。
  귀 회사가 우리 회사 상품을 대량 수입한다면, 최고 우대 가격으로 해드리겠습니다.

- 我们计划定期进口贵公司的产品, 希望贵方能**报以**最低**价**。
  우리는 귀 회사 상품을 일정 기간 수입하고자 하오니, 최저 가격으로 해주시기를 희망합니다.

提供～信息

~에 대한 정보를 제공하다.

- 中国工商银行可向贵方**提供**我方有关资金状况的**信息**。
  중국공상은행이 우리 측 자금 상황 관련 정보를 귀측에 제공할 것입니다.

- 希望贵公司能向我们**提供**明年最新产品的**信息**。
  내년 최신 상품의 정보를 우리에게 제공해주시기를 희망합니다.

出口人参酒推销函

汉城××食品进出口公司

000-000 韩国汉城市××区××洞0-0号
Tel: 0082-2-000-0000 Fax: 0082-2-000-0000

出口人参酒推销函

编号：0180

中国上海××食品进出口公司
尊敬的总经理先生：

　　您好！

　　人参是韩国著名特产。

　　我们生产和出口的人参酒种类繁多，品质优良。而且我们能够不通过中间商而直接将产品出口给您，使价格在市场上具有很强的竞争力。

　　随函寄上最新的商品目录和价目表，并寄上一些样品供你们品尝，让您来判断我们的商品是否物美价廉。

　　如果你们对其中的任何一种产品有兴趣，请与我们联系。

　　盼早复。

韩国汉城××食品进出口公司

总经理：×××（签名）

××年×月×日

인삼주 수출 제안서

한국 서울 ××식품 무역회사

주소
전화, 팩스

인삼주 수출 제안서

문서번호: 0180

중국 상하이(上海) ××식품 무역회사
존경하는 사장님께:

안녕하십니까!

인삼은 유명한 한국의 특산품입니다.

저희가 생산 수출하는 인삼주는 종류가 아주 많고 품질이 뛰어납니다. 또한 저희는 중간상을 거치지 않고 상품을 직접 공급할 수 있어, 시장에서 아주 강한 가격 경쟁력을 갖고 있습니다.

최신 상품 목록과 가격표를 첨부하면서, 아울러 질 좋고 가격 싼 저희 상품을 직접 느끼고 판단하도록 샘플들을 보내 드리겠습니다.

이 중 어떤 것에라도 관심 있으시면, 저희에게 연락해주시기 바랍니다.

답장을 기대합니다.

한국 서울 ××식품 무역회사
사장 ×××(서명)
××년 ×월 ×일

상용 단어 및 구문

是～特产

~의 특산품이다.

- 丝绸制品**是**中国苏州、杭州一带的著名**特产**。
  비단 제품은 중국 쑤저우(苏州)·항저우(杭州) 일대의 유명한 특산품입니다.

- 人参和各类人参制品**是**韩国的**特产**。
  인삼과 각종 인삼 제품은 한국의 특산품입니다.

品种繁多

종류가 아주 많다.

- 我们生产和出口的罐头食品**品种繁多**。
  우리가 생산하고 수출하는 캔 식품은 종류가 아주 많습니다.

- 面对如此**品种繁多**的人参制品, 让人难以选择。
  이렇게 많은 종류의 인삼 제품을 대하니, 선택하기가 어려울 지경입니다.

通过中间商

중간상을 통하다.

- **通过中间商**出口的产品价格比较高。
  중간상을 통해 수출하는 상품은 가격이 비교적 높습니다.

- 我们希望贵方能够不**通过中间商**把产品出口给我们。
  우리는 귀측이 중간상을 통하지 않고 직접 우리에게 상품을 수출할 수 있게 되길 희망합니다.

直接出口

직접 수출하다.

- 生产厂家**直接出口**的产品价格较低, 质量也有保证。
  생산 공장에서 직접 수출하는 상품은 가격이 비교적 낮고, 품질 또한 보증할 수 있습니다.

- 请问贵方是否能够不通过中间商而**直接出口**此类产品？
  귀측은 이런 상품을 중간상을 통하지 않고 직접 수출할 수 있는지요?

具有竞争力

경쟁력을 갖추고 있다.

- 我方产品质量优良, 在市场上**具有**很强的**竞争力**。
  우리 상품은 품질이 우수하여, 시장에서 아주 강한 경쟁력이 있습니다.

- 贵方产品应该在价格上进行调整, 使其**具有竞争力**。
  귀측 상품이 경쟁력을 갖게 하려면 가격 면에서 조정을 해야 합니다.

随函寄上

(보내는) 편지[문서]에 첨부하다[딸려서 보내다].

- **随函寄上**我厂最新丝绸产品的目录和价格表, 供贵方选择。
  귀측의 선택을 위하여, 우리 공장 최신 비단 상품의 목록과 가격표를 첨부하여 보내 드립니다.

- **随函寄上**一些人参酒的样品, 供你们品尝。
  맛보시라는 뜻에서 몇 종류 인삼주 샘플을 첨부하여 보내 드립니다.

物美价廉

물건은 좋고 가격은 낮다[저렴하다].

- 我公司经营的此类商品**物美价廉**, 在市场上竞争力很强。
  우리 회사가 취급하는 이런 상품은 물건 좋고 가격이 낮아서 시장에서 경쟁력이 강합니다.

- 我们需要把各大公司的商品进行比较, 才能确定贵公司的商品是否真的**物美价廉**。
  각각의 큰 회사 상품을 저희가 비교해 보아야 귀 회사 상품이 정말로 품질과 가격이 좋은 건지 확정할 수 있습니다.

请与～联系

～와[에게] 연락하시기 바랍니다.

- 如果您对韩国生产的各类人参酒有兴趣, **请与**我们**联系**。
  한국에서 생산하는 각종 인삼주에 관심이 있으시다면, 저희에게 연락하셨으면 합니다.

- 如果您想进口韩国纺织品, **请与**汉城朴氏纺织品进出口公司**联系**。
  한국 방직품을 수입하실 예정이면, 서울에 있는 박씨 방직품무역회사와 연락하시기 바랍니다.

试订纺织品回函

韩国汉城××纺织品进出口公司

000-000 韩国汉城市××区××洞0-0号
Tel: 0082-2-000-0000 Fax: 0082-2-000-0000

试订试销纺织品函

编号: 0016

中国上海××纺织品进出口公司

尊敬的总经理先生:

您好!

×月×日函件收到。看了贵公司寄来的最新商品目录和说明书,我们对贵方出口的××牌运动服很感兴趣,并准备小量进口试销。

如贵公司备有现货,见信后请惠寄样品及报价单。

目前市场行情变化很快,敬请及早安排。

此致

敬礼!

韩国汉城××纺织品进出口公司

总经理:×××(签字)

××年×月×日

거래 제안에 대한 방직품 시험 주문서

한국 서울 ××방직품 무역회사

주소
전화, 팩스

방직품 시험 판매 주문서

문서번호: 0016

중국 상하이(上海) ××방직품 무역회사

존경하는 사장님께:

안녕하십니까!

×월 ×일 문서 잘 받았습니다. 귀 회사가 보낸 최신 상품 목록과 설명서를 보고, 우리는 귀측에서 수출하는 ××표 운동복에 매우 관심을 가지게 되었고, 아울러 소량 수입하여 시험 판매해보고자 합니다.

귀 회사에 물건이 구비되어 있으면, 이 문서를 보는대로 샘플과 가격 제안서를 보내주시기 바랍니다.

현재 시세 변화가 빠르니, 조속히 처리해주시면 고맙겠습니다.

안녕히 계십시오!

한국 서울 ××방직품 무역회사
사장: ×××(서명)
××년 ×월 ×일

상용 단어 및 구문

函件（信函、来函）

문서, 서류, (이쪽에 보내준) 서신.

- ×月×日**信函**收到。
  ×월 ×일 보내신 문서를 받았습니다.

- ×月×日**来函**至今尚未收到。
  ×월 ×일 보내신 문서를 지금까지 받지 못했습니다.

××牌

××표[브랜드].

- 对贵方信中介绍的××**牌**人参酒很感兴趣。
  귀측 문서에서 소개한 ××표 인삼주에 매우 흥미를 느꼈습니다.

- 我们希望定期进口贵方经营的××**牌**运动衣。
  우리는 귀측에서 취급하는 ××표 운동복을 기간을 정해 수입하기를 희망합니다.

小量进口（大量进口、成批进口）

소량 수입(하다)(대량 수입(하다)).

- 此类商品如贵方能报以最优惠价, 我方将**大量进口**。
  귀측에서 이 상품에 대해 최대한으로 가격 우대를 해줄 수 있다면, 우리는 대량 수입할 것입니다.

- 我方决定从明年起**成批进口**贵厂生产的丝绸制品。
  우리는 귀 공장에서 생산하는 비단 제품을 내년부터 대량 수입하기로 결정했습니다.

试销

시험 판매하다.

- 这种家电新产品**试销**以后, 很受客户欢迎。
  이 가전 신제품은 시험 판매 후 고객의 대단한 환영을 받았습니다.

- 贵方推荐的产品, 我们要经过**试销**以后才能决定是否大量进口。
  우리는 귀측이 추천한 상품을 시험 판매한 후 대량 수입 여부를 결정할 수 있습니다.

备有

갖추다, 구비하고 있다.

- 此类人参制品如贵方**备有**现货，请速寄样品及报价单。
  귀측에서 이 인삼 제품 현물을 구비하고 있으면 속히 샘플과 가격서를 보내주시기 바랍니다.

- 我方商品目录所列商品一律**备有**现货。
  우리 상품 목록에 열거된 상품은 모두 현물을 구비하고 있습니다.

惠寄

(우리 측에) 보내주다. '惠'는 상대방이 우리 측에 어떤 행위를 하는 것에 대한 경칭으로, 여기서는 우편으로 보내주는 '寄'에 대한 경칭으로, 우리 측에서 하는 행동을 말할 경우에는 쓰지 않는다.

- 见信后请**惠寄**贵方商品目录及报价单。
  문서를 보신 후 귀측 상품 목록과 가격서를 보내주시기 바랍니다.

- 见信后请从速**惠寄**信中所列商品的样品及报价。
  문서를 보신 후 문서에 열거한 상품의 샘플과 가격을 속히 보내주시기 바랍니다.

行情

(돌아가는) 시세, 사정, 형세, 정황.

- 目前本地市场丝绸制品的**行情**不错。
  이곳 시장에서 지금 비단 제품의 시세가 괜찮습니다.

- 今年中国市场上家电产品的**行情**变化很大。
  올해 중국 시장에서 가전 상품의 시세 변화가 큽니다.

敬请

(해주시길) 부탁드립니다.

- **敬请**早日复函。
  속히 회답해주시기 바랍니다.

- 如果贵方打算进口此类商品，**敬请**早日做出安排。
  귀측에서 이런 상품을 수입할 예정이라면, 속히 조치해주시기 바랍니다.

试订人参酒回函

中国上海××食品进出口公司

试订人参酒函

编号：0123

汉城××食品进出口公司

尊敬的总经理先生：

您好！

×月×日来函收悉。蒙贵公司寄来人参酒样品，我们已成功地争取到一批小额订单（详见附件），如贵方同意我方订单所列价格，请即惠寄贵方销售合同一式两份。

待收到该销售合同后，我方将与前期其他订单一并开出信用证。

谢谢合作。

此致

敬礼！

中国上海××食品进出口公司

总经理：×××（签字）

××年×月×日

地址：上海市××区××路×号　　邮编：200036　　电话：0086-21-0000-0000

인삼주 주문 답신

중국 상하이 ××식품 무역회사

인삼주 시험 주문서

문서번호: 0123

서울 ××식품 무역회사

존경하는 사장님께:

안녕하십니까!

×월 ×일 보내주신 문서는 잘 받았습니다. 귀 회사에서 인삼주 샘플을 보내주시어, 우리는 벌써 소액 주문서(자세한 사항은 첨부 문서 참조)를 마련하였으니, 우리측 주문서에서 열거한 가격에 귀측이 동의한다면, 귀측 판매계약서 양식 두 부를 보내주시기 바랍니다.

저희는 그 판매계약서를 받은 후, 이전의 다른 주문서와 일괄하여 신용장을 개설할 것입니다.

협조해주셔서 감사합니다.

안녕히 계십시오!

중국 상하이 ××식품 무역회사

사장: ×××(서명)

××년 ×월 ×일

주소, 전화

상용 단어 및 구문

收悉

(문서, 서류, 서신 등을) 받다.

- × 月 × 日来信**收悉**。
  ×월 ×일 보내신 서신은 받았습니다.

- × 月 × 日关于人参制品的推销函**收悉**。
  인삼제품 판매에 관하여 ×월 ×일 보내신 서신 잘 받았습니다.

成功地

성공적으로.

- 我们已**成功地**争取到一批人参酒的订单。
  우리는 이미 인삼주 주문서를 받아내는 데 성공하였습니다.

- 本公司今年**成功地**举行了一次家电产品展销会。
  저희 회사는 올해 1차 가전제품 전시판매회를 성공적으로 개최했습니다.

订单

주문서.

- 近日本公司收到大批丝绸制品的**订单**。
  근래 저희 회사는 비단 제품 주문서를 대량 받았습니다.

- 贵公司上个星期寄出的20寸彩色电视机**订单**已收到。
  귀 회사에서 지난 주 보내신 20인치 컬러 TV 주문서는 이미 받았습니다.

详见～

자세한 것은 ～을[를] 보시오.

- 关于20寸彩色电视机的报价**详见**附件。
  20인치 컬러 TV 가격에 대해서는 첨부 문서를 참고하십시오.

- 这种家用电器的使用方法**详见**说明书。
  이 가전제품의 사용 방법은 설명서를 참고하십시오.

~에 열거한.

- 报价表**所列**价格2001年5月1日以前有效。
  가격표에 열거한 가격은 2001년 5월 1일 이전까지 유효합니다.

- 信中**所列**商品请贵方于近日内报以最低价。
  문서에서 열거한 상품의 최저 가격을 가까운 시일 내에 알려주십시오.

请即～

즉시[곧장] ~하기 바랍니다.

- 贵方如有上述需求，**请即**与我方联系。
  위에 말한 수요가 귀측에 있다면, 우리 측과 연락하시기 바랍니다.

- 如果贵方能于近日内提供上述商品，**请即**惠寄报价单及销售合同。
  상술한 상품을 귀측에서 근일 내에 제공할 수 있다면, 가격서 및 판매 계약서를 보내주시기 바랍니다.

一式（两份、三份）

같은 양식(두 부, 세 부).

- 销售合同**一式两份**，请于近日惠寄我方。
  판매 계약서 두 부를 근일 내에 우리 측에 보내주시기 바랍니다.

- 报价单**一式八份**，分别寄往北京、上海的8个公司。
  가격서 8부를 각각 베이징·상하이에 있는 8개 회사에 보내주시기 바랍니다.

一并

일괄, 함께.

- 我们这次寄出的订单请与上次订单**一并**结算。
  이번에 보낸 우리 주문서는 지난번 주문서와 일괄 결산해 주십시오.

- 我方今年拟从贵公司进口三批丝绸制品，可否年底**一并**结算？
  우리 측이 올해 귀 회사로부터 수입한 비단 제품 세 건을 연말에 일괄 결산할 수 있는지요?

查询某公司情况函

汉城××食品进出口公司

000-000 韩国汉城市××区××洞0-0号
Tel: 0082-2-000-0000 Fax: 0082-2-000-0000

查询××公司业务情况函

编号: 0089

中国××银行北京分行

尊敬的行长先生:

您好!

北京××公司最近与我方联系, 询问能否作为我方在中国销售人参酒的代理。我们也希望与该公司合作, 因此想进一步了解一下该公司的情况。

如果贵行能提供该公司在业务、财务和信用方面的情况, 我们将不胜感谢。

你们提供的任何资料, 我们将严格保密。

谢谢合作。

此致

敬礼!

汉城××食品进出口公司

总经理: ×××(签字)

××年×月×日

회사 상황 문의서

서울 ××식품 무역회사

주소
전화, 팩스

회사 업무상황 문의서

문서번호: 0089

중국 ××은행 베이징지점
존경하는 행장님께:

안녕하십니까!

베이징 ××회사에서 최근 우리 측에 연락하여, 우리 측 인삼주 중국 판매 대리상을 할 수 있겠는지 문의했습니다. 우리도 그 회사와 합작하기를 희망하여, 이에 그 회사 상황을 좀 더 알아보고 싶습니다.

그 회사의 업무·재무 및 신용 등 상황에 대하여 귀 은행에서 제공해주시면 대단히 감사하겠습니다.

귀측에서 제공하는 어떠한 자료도 저희는 엄격히 비밀을 지킬 것입니다.

협조해주셔서 감사합니다.

안녕히 계십시오!

서울 ××식품 무역회사

사장: ×××(서명)

××년 ×월 ×일

상용 단어 및 구문

与～联系

~와[에게] 연락하다.

- 我方将于近日内**与**贵公司在韩国的分公司**联系**。
  우리는 가까운 시일 안에 귀 회사 한국 지사와 연락하겠습니다.

- 在家电产品试销的过程中, 希望贵公司**与**我们多多**联系**。
  가전상품 시험판매 과정에서 저희에게 많이 연락해주시기 바랍니다.

询问

묻다, 의뢰하다.

- 我方特去信向贵公司**询问**丝绸制品销售情况。
  우리 측은 비단 제품 판매 상황을 문의하고자 귀 회사에 문서를 보내는 바입니다.

- 今去信**询问**贵方能否作为我方在中国销售工艺美术制品的代理。
  귀측에서 우리 측 공예미술품 중국 판매 대리상을 하실 수 있는지 문의하고자 이렇게 문서를 보냅니다.

能否

할 수 있는지 (없는지 여부)?

- 请问贵方**能否**在近日内惠寄有关家电产品的介绍材料？
  가까운 시일 안에 가전 상품과 관련된 소개 자료를 보내주실 수 있는지요?

- 我们双方的会谈**能否**安排在下月初？
  우리 양측 회담을 다음 달 초에 열 수 있겠는지요?

作为～代理

~의[을 하는] 대리상이[대리자가] 되다.

- 我们希望能够**作为**贵公司在韩国销售儿童服装的**代理**。
  우리는 귀 회사 아동복 판매 한국 대리상이 되기를 희망합니다.

- 我们希望贵公司能够**作为**我方在韩国销售儿童服装的**代理**。
  우리는 귀 회사가 우리 아동복 판매 한국 대리상이 되어주셨으면 합니다.

如果～将…

~하다면, …할 것입니다.

- **如果**贵方能提供有关信息，我们**将**不胜感谢。
  귀측에서 관련 정보를 제공해주시면, 매우 감사하겠습니다.

- **如果**贵方不能按时惠寄有关报价单，我们**将**考虑取消进口计划。
  귀측에서 시일에 맞추어 가격서를 보내주지 못한다면, 우리는 수입 계획 취소를 고려할 것입니다.

提供（情况、信息、材料）

(상황, 정보, 자료 등을) 제공하다.

- 我们希望贵方能够及时**提供**计算机销售市场的信息。
  귀측에서 그때그때 컴퓨터 판매 시장 정보를 제공해주었으면 합니다.

- 我们愿意为贵方**提供**我方生产的最新型计算机的有关材料。
  우리가 생산한 최신형 컴퓨터 관련 자료를 귀측에 제공해 드리고자 합니다.

对于～

~에 대하여.

- **对于**贵方提供的所有信息，我们都将严格保密。
  귀측이 제공한 정보에 대해서 우리는 엄격히 비밀을 지키겠습니다.

- **对于**贵公司长期友好合作的精神，我们表示崇高的敬意。
  귀 회사의 장기 우호 합작 정신에 대하여 우리는 높은 경의를 표합니다.

严格保密

비밀을 엄격히 보장하다.

- 我们向贵公司提供的有关信息，希望贵方能够**严格保密**。
  우리가 귀 회사에 제공한 관련 정보에 대하여, 귀측은 엄격하게 비밀을 보장해주시기 바랍니다.

- 如果贵公司愿意提供有关信息，我们一定**严格保密**。
  귀 회사에서 관련 정보를 제공해주신다면, 우리는 반드시 엄격하게 비밀을 보장할 것입니다.

查询某公司情况回函

中国××银行北京分行

关于北京××公司业务情况的回函

编号: 0652

汉城××食品进出口公司:

　　贵公司函询的北京××公司与我行的账户往来已有多年, 在此期间该公司一贯按时结账。

　　该公司不但资金雄厚, 而且跟相关市场的许多零售商有往来。该公司在商界享有盛誉, 经营作风令人敬佩。

　　以上资料仅供参考。

　　　　此致

敬礼!

中国××银行北京分行

行长: ×××(签字)

××年×月×日

地址: 北京市××区××路××号　邮编: 100000　电话: 010-0000-0000

조사 문의 서한에 대한 회신

중국 ××은행 베이징지점

베이징 ××회사 업무 상황에 대한 회신

문서번호: 0652

서울 ××식품 무역회사:

귀 회사에서 문서로 문의한 베이징 ××회사와 우리 은행은 이미 다년간 계좌 거래를 해오고 있으며, 그동안 그 회사는 시종일관 기일에 맞추어 결제하였습니다.

그 회사는 자금이 풍부할 뿐만 아니라 관련 시장의 많은 소매상과도 거래하고 있습니다. 그 회사는 고객의 감탄을 자아내는 경영으로, 업계에서 대단한 명성을 누리고 있습니다.

참고하도록 이상의 자료를 제공해 드리는 바입니다.

안녕히 계십시오!

중국 ××은행 베이징지점

행장 : ×××(서명)

××년 ×월 ×일

주소, 전화

상용 단어 및 구문

往来

거래(하다), 왕래(하다).

- 该公司与我行的账户**往来**已有十几年, 建立了很好的信誉。
  그 회사는 우리 은행과 이미 십여년 동안 계좌 거래를 해와서, 아주 좋은 신용을 쌓았습니다.

- 近几年我方与贵公司常有生意**往来**。
  최근 몇 년 우리 측과 귀 회사는 사업상 거래가 자주 있었습니다.

在～期间

～(하는) 기간 동안.

- 我方与贵公司建立贸易关系已有三年, **在**此**期间**我们合作非常愉快。
  저희가 귀 회사와 무역 관계를 맺은지 이미 3년이며, 그동안 우리는 매우 유쾌하게 협조했습니다.

- 我方总经理**在**访问贵国**期间**受到贵公司热情款待, 我们不胜感谢。
  우리 사장님께서 귀국 방문 기간 동안 귀 회사의 열렬한 환대를 받은 것에 대단히 감사드립니다.

一贯

일관되게, 변함없이.

- 我方在国际商务往来中**一贯**遵守国际惯例。
  우리 측은 국제상거래에서 일관되게 국제 관례를 준수합니다.

- 贵公司的商品在国际市场**一贯**很受欢迎。
  귀 회사 상품은 국제시장에서 변함없이 많은 환영을 받습니다.

不但～而且…

～할 뿐만 아니라 또한 …하다.

- 我方出口的商品**不但**质量好, **而且**价格便宜。
  우리 측이 수출하는 상품은 품질이 좋을 뿐 아니라 가격 또한 쌉니다.

- 该公司**不但**资金雄厚, **而且**有着良好的经营作风。
  그 회사는 자금이 풍부할 뿐만 아니라 경영 태도 또한 훌륭합니다.

相关市场

관련 시장.

- 我公司计划经营木材生意, 想了解一下中国**相关市场**的情况。
  우리 회사는 목재 장사를 할 계획이 있어, 관련 시장의 중국 상황을 파악하고 싶습니다.

- 该公司经营家电产品, 跟**相关市场**的许多零售商有密切关系。
  그 회사는 가전제품을 취급하는데, 관련 시장에서 많은 소매상과 가까운 관계를 맺고 있습니다.

商界

상계.

- 我公司进入**商界**已有10年历史, 具有良好的经营作风。
  우리 회사가 상계에 진출한지 이미 10년이며, 양호한 경영 태도를 갖추고 있습니다.

- 近年来**商界**十分看好高科技产品。
  최근 상계는 고급과학기술상품에 눈을 돌리고 있습니다.

享有盛誉

왕성한[성대한] 명예를[칭찬을] 누리다. 인기를 누리다.

- 该厂生产的男女西服在亚洲市场**享有盛誉**。
  이 공장에서 생산하는 남녀 양복은 아시아 시장에서 대단한 인기가 있습니다.

- 我公司经营的人参制品长期出口中国, 在中国市场上**享有盛誉**。
  우리 회사가 취급하는 인삼제품은 장기간 중국에 수출되면서, 중국 시장에서 대단한 인기를 얻었습니다.

经营作风

경영 태도.

- 贵公司**经营作风**一贯良好, 实在令人敬佩。
  귀 회사의 경영 태도는 정말 감탄할 만큼 언제나 훌륭합니다.

- 我公司十分注意改进**经营作风**, 树立良好的企业形象。
  우리 회사는 경영 태도를 개선하여 좋은 기업 이미지를 세우는 것에 매우 주의를 기울이고 있습니다.

银行提供某公司的信用情报函

中国××银行北京分行

北京市××区××街×× 邮编 100063
Tel: 0086-10-0000-0000　　Fax: 0086-10-0000-0000

中国××银行北京分行关于北京××公司信用情报的复函

编号: 0068

韩国汉城××进出口公司
尊敬的总经理先生:

　　贵公司××年×月×日查询函收悉,特奉上有关北京××公司信用情报。这是秘密提供,敬请保密。

　　根据我们所收集到的资料:该股份有限公司创立于××年×月,注册资本总额为人民币两千万元。该公司现为一般进口商、佣金代理商,并为工厂经销商。进口的主要产品有机械类、工具、电器制品、杂货。出口品为木材、锡、大皮革以及其它产品。此外还从事批发、零售及提供工程技术服务。

　　本公司对该公司办理出口时,有时做有限的融资,但很快就获得清偿。如贵公司有意与该公司办理交易,最好先做小额交易。如要做大额交易,可采用银行开发的信用证。

　　　　此致

敬礼!

中国××银行北京分行

副总经理:　××(签名)

××年×月×日

회사 신용 정보 제공 문서

중국 ××은행 베이징지점

주소
전화, 팩스

베이징 ××회사의 신용 정보에 관하여 중국 ××은행 베이징지점이 회신하는 문서
문서번호: 0068

한국 서울 ××무역회사
존경하는 사장님께:

　귀 회사의 ××년 ×월 ×일 문의 서한을 받았습니다. 이에 베이징 ××회사에 관한 신용 정보를 보내 드립니다. 이는 비밀로 제공하는 것이니, 비밀을 지켜주실 것을 삼가 부탁드리는 바입니다.

　우리가 수집한 자료에 따르면, 그 주식회사는 ××년 ×월에 창립되었으며, 등록 자본 총액 인민폐 2천만 위엔(元)입니다. 현재 그 회사는 일반 수입상·커미션 대리상이며, 공장 판매상이기도 합니다. 주요 수입 상품은 기계류·공구·전기제품·잡화 등입니다. 수출품으로는 목재·주석·피혁 및 기타 산품이 있습니다. 그밖에 도매·소매 및 공정기술 제공 서비스에도 종사하고 있습니다.

　우리는 그 회사가 수출을 할 때 유한 융자를 하기도 하였습니다만, 아주 빨리 상환 결제를 받았습니다. 귀 회사가 그 회사와 교역을 하고자 하신다면, 우선 소액 교역을 하는 것이 가장 좋다고 봅니다. 다액 교역을 하려 한다면 은행 신용장을 발행하는 쪽을 채택하는 것이 좋습니다.

안녕히 계십시오!

중국 ××은행 베이징지점
부행장: ×××(서명)
××년 ×월 ×일

상용 단어 및 구문

情报

정보.

- 随信附上一份关于计算机销售情况的最新**情报**。
  컴퓨터 판매 상황에 관한 최신 정보를 문서에 첨부합니다.

- 这份商业**情报**十分可靠, 有着重要的参考价值。
  이 상업 정보는 믿을 만하며, 중요한 참고 가치가 있습니다.

奉上

드리다, 바치다. [상대방에게 제공한다는 말의 겸어]

- 特**奉上**有关韩国×× 公司的信用情报一份, 敬请保密。
  특별히 한국 ×× 회사의 신용 정보 관련 문서를 한 부 (보내)드리오니, 비밀을 지켜주시기 바랍니다.

- 随函**奉上**我公司最新报价单一份, 相信贵方一定很感兴趣。
  우리 회사 최신 가격서 한 부를 문서에 첨부하오니, 귀측에서 틀림없이 관심이 있으리라 믿습니다.

提供

제공하다.

- 希望贵方能为我方**提供**一份有关×× 空调销售情况的调查报告。
  ××에어컨 판매 상황 관련 조사 보고 한 부를 귀측에서 우리측에 제공해주셨으면 합니다.

- 如贵方来我厂考察, 我方可以**提供**一切方便。
  귀측에서 우리 공장에 시찰하러 오신다면, 우리측은 일체 편의를 제공하겠습니다.

创立

창립하다, 창립되다.

- 我公司**创立**于25年前。
  우리 회사는 25년 전에 창립되었습니다.

- 这个城市在最近10年内**创立**了将近100家新的公司。
  이 도시에서는 최근 10년 동안 100개 정도의 새 회사가 창립되었습니다.

등록하다.

- 我公司创立时**注册**资本总额为两千六百万元人民币。
  창립할 때 우리 회사 등록 자본 총액은 인민폐 2,600만 위엔입니다.

- 这家新公司已经办妥**注册**登记手续, 不久即将开张。
  이 새 회사는 이미 등록 수속을 처리하여, 머지 않아 창업합니다.

佣金

커미션, 수수료.

- 我公司为一般进口商, 如贵方需要, 也可以做**佣金**代理商。
  우리 회사는 일반 수입상입니다만, 귀측에서 필요하시다면 커미션 대리상을 할 수도 있습니다.

- 我们很想知道做这一类代理商的**佣金**一般是多少。
  이런 대리상을 하면 커미션이 일반적으로 얼마인지 알고 싶습니다.

融资

융자하다, 자금 융통하다.

- 这家公司有时通过借贷做有限的**融资**, 但很快就能偿还。
  이 회사는 대출을 통하여 유한 자금 융통을 한 적도 있었습니다만, 아주 빨리 상환했습니다.

- 那家公司不得不通过借贷、租赁、集资等方式去搞到**融资**。
  그 회사는 대출·임대·자본금 모집 등 방식을 통하여 자금 융통을 하지 않을 수 없습니다.

向客户直接查询函

韩国汉城××进出口公司

000-000 韩国汉城市××区××洞××号
Tel: 0082-2-000-0000　　Fax: 0082-2-000-0000

客户经营情况查询函

编号: 0097

中国上海××进出口总公司
尊敬的总经理先生:

　　您好!

　　按照×月×日贵方来函, 本人已责成我公司秘书科, 将本公司有关设备的全部目录一份寄给了贵公司. 根据我国公司的惯例, 凡希望与我公司交易者, 均须先做一番调查, 以此作为交易的基础, 为此恳请告知以下各项: 贵公司历史; 贵公司的合伙人或全体董事的姓名、年龄; 贵公司现在的资本总额; 贵公司在中国或韩国的信用查询银行; 贵公司担任代理业务的韩国公司或其它国家公司的名称; 同类行业内贵公司现存的设备、重型机械及为设备服务的职员人数. 贵公司的进口是否是为了自己的损益进口还是为了转售? 贵国对本公司的设备等方面评价如何?

　　盼望早日答复.

韩国汉城××进出口公司
总经理: ×××(签名)
××年×月×日

고객에게 직접 문의하는 문서

한국 서울 ××무역회사

주소
전화, 팩스

고객 경영 상황 문의 문서

문서번호: 0097

중국 상하이 ××수출입총공사

존경하는 사장님께:

　　안녕하십니까!

　　×월 ×일 귀측에서 보낸 문서대로, 본인은 이미 우리 회사의 전체 관련 설비 목록 한 부를 귀 회사에 보내도록 우리 회사 비서실에 지시했습니다. 우리나라 회사의 관례에 따라, 우리 회사와 교역을 희망하면 우선 한 차례 조사를 하여, 이로써 교역의 기초로 삼아야 합니다. 이에 아래 각 항목에 대해 알려주시기 바라옵니다.

· 귀 회사의 역사　　　　　· 귀 회사의 동업자 혹은 이사 전체의 성명, 연령

· 귀 회사의 현재 자본 총액　　· 귀 회사의 신용 조사 의뢰 중국 혹은 한국 주재 은행

· 귀 회사가 대리상 업무를 맡은 한국 회사 혹은 기타 국가 회사 명칭

· 귀 회사의 현존 설비, 중형 기계 및 설비를 위해 서비스하는 동일 업계 내 직원 수

· 귀 회사가 수입하는 것은 자체의 손익을 위한 수입인가 아니면 전매를 위해서인가?

· 우리 회사의 설비 등 측면에 대한 귀국의 평가

　　조속한 회신을 기다리는 바입니다.

　　　　　　　　　　　　　　　　　　한국 서울 ××무역회사

　　　　　　　　　　　　　　　　　　사장: ×××(서명)

　　　　　　　　　　　　　　　　　　××년 ×월 ×일

상용 단어 및 구문

查询

(조사) 문의하다, 자문하다.

- 特发此函**查询**贵公司经营情况。
  이 문서를 보내 귀 회사의 경영 상황을 문의하는 바입니다.

- 我公司在中国的**查询**银行为中国工商银行××分行。
  우리 회사 문의 중국 주재 은행은 중국공상은행 ××지점입니다.

按照~

~에 따라.

- 我们**按照**贵公司来函要求, 随信奉上我公司经营情况。
  귀 회사가 문서로 요청한 바에 따라 우리 회사의 경영 상황을 이 문서에 첨부해 드리는 바입니다.

- **按照**预定计划, 我们希望于下月初收到贵方订单。
  예정대로 우리는 다음달 초에 귀측 주문서를 받기를 희망합니다.

责成

지시하다. 책임지고 완성하게 하다.

- 贵公司需要的有关设备的全部目录已**责成**我公司秘书科即日寄出。
  귀 회사에서 필요로 하는 관련 설비 전체 목록을 즉시 보내도록 우리 회사 비서실에 이미 지시했습니다.

- 本人已**责成**我公司驻北京代表处派员与贵公司接洽。
  귀 회사에 인원을 보내 접촉하도록 우리 회사 북경 주재 대표부에 이미 지시했습니다.

惯例

관례.

- 根据国际**惯例**, 我方信用情报可由我方银行向贵方银行提供。
  국제 관례에 의거하여, 우리측 신용정보를 우리측 은행으로부터 귀측 은행에 제공할 수 있습니다.

- 由于贵方进口量较大, 我方已打破**惯例**, 在优惠价格的基础上给予20%的折扣。
  귀측 수입량이 아주 많기 때문에, 우리측은 이미 관례를 깨어, 우대 가격에서 20% 할인해 드렸습니다.

凡

무릇, 대개, 모든.

- **凡**初次与我公司交易者, 我公司按照国际惯例都必须先做一番调查。
  우리 회사와 처음 교역하는 경우, 국제 관례에 따라 반드시 먼저 조사를 해야 합니다.

- **凡**订购我公司大批商品者, 都给予最优惠价格。
  우리 회사 상품을 대량 구매하는 모두에게 최우대 가격을 적용해 드립니다.

均

일괄, 균일하게.

- 凡是我公司的交易对象, 事前**均**做一番调查。
  우리 회사의 교역 대상은 일괄 사전에 한 차례 조사를 해야 합니다.

- 贵方总经理来访接待工作**均**已安排妥当。
  귀측 사장님 내방시 접대에 관한 일은 이미 적절하게 안배해 놓았습니다.

资本

자본.

- 我公司现在的**资本**总额已达2.3亿。
  현재 우리 회사 자본 총액은 이미 2.3억에 달했습니다.

- 贵公司现在的**资本**总额是多少 ?
  현재 귀 회사 자본 총액은 얼마나 됩니까?

3장

가격 문의 및 오퍼

询价函

韩国釜山××纺织品进出口公司

000-000 韩国釜山市××区××街××号
Tel: 0086-51-000-0000   Fax: 0086-51-000-0000

棉质衬衣布料和被单料询价函

编号: 0186

中国上海××纺织品进出口公司
尊敬的总经理先生:

您好!

我公司正询适合韩国人用的棉质衬衣布料和被单料。请贵公司将近期的商品目录惠寄我公司,并请告知上述商品的最低价格和最优惠的交易条件,谢谢。

如贵公司所提供的商品价格合理,品质好,条件合适,我公司即可大量订货。同时,我公司可通过第一流的银行,按发票总金额开出不可撤消信用证。有关我公司的资信,请向韩国××银行釜山分行查询。

此致
敬礼!

韩国釜山××纺织品进出口总公司

总经理:××(签名)

××年×月×日

가격 문의

한국 부산 ××방직품종합 무역회사

주소
전화, 팩스

면 셔츠감 및 시트감 가격 문의

문서번호: 0186

중국 상하이 ××방직품 무역회사

존경하는 사장님께:

안녕하십니까!

우리 회사는 한국인에게 적합한 면 셔츠감과 시트감을 찾고 있습니다. 귀 회사 최근 상품 목록을 보내주시기 바라며, 아울러 상술한 상품의 최저 가격과 최우대 교역 조건을 알려주시기 바랍니다. 감사합니다!

귀 회사에서 제시하는 가격이 합리적이고 품질 좋고 조건이 적합하다면, 우리 회사는 대량 주문할 것입니다. 동시에 우리 회사는 제일류 은행을 통하여 송장 총 금액에 따른 철회 불가 신용장을 발급할 것입니다. 우리 회사의 자본 신용에 관해서는 한국 ××은행 부산지점에 문의해주시기 바랍니다.

안녕히 계십시오!

한국 부산 ××방직품종합 무역회사
사장: ×××(서명)
××년 ×월 ×일

상용 단어 및 구문

告知

고지하다, 알려주다.

- 请来信**告知**贵公司此类商品的最低价格。
  이 상품의 귀 회사 최저 가격을 문서로 알려주시기 바랍니다.

- 请**告知**贵公司总经理来韩访问的具体时间和日程安排。
  귀 회사 사장님 한국 방문의 구체적 시간과 일정 계획을 알려주십시오.

上述

상술하다, 위[앞]에서 말하다.

- 来信请按**上述**要求惠寄报价单及有关样品。
  상술한 요구사항대로 가격서와 관련 샘플을 보내주시기 바랍니다.

- **上述**商品的样品将于近日内航寄贵方。
  상술한 상품의 샘플을 근일 내에 항공으로 귀측에 보내겠습니다.

优惠

(가격) 우대하다.

- 此类棉质衬衣布料和被单料的最**优惠**价格为每码2.6美元。
  이 면 셔츠감과 시트감의 최우대 가격은 야드당 2.6달러입니다.

- 如果我们签定长期订货合同, 请问贵方有什么**优惠**条件?
  우리가 장기 구매 계약을 체결한다면, 귀측에서는 어떤 우대를 해주실 수 있는지요?

价格合理

가격이 맞다[합리적이다].

- 如果贵公司提供的商品**价格合理**, 我们可以签定长期进口合同。
  귀 회사에서 제공하는 상품 가격이 합리적이면 우리는 장기 수입 계약을 체결할 것입니다.

- 我们的商品不但**价格合理**, 而且品质优良。
  우리 상품은 가격이 합리적일 뿐만 아니라 품질도 좋습니다.

제일류.

- 为贵公司提供资信情况的银行是韩国**第一流**的银行。
  귀 회사에 자본 신용정보를 제공하는 은행은 한국의 제일류 은행입니다.

- 我公司经营的商品有**第一流**的品质和最优惠的价格。
  우리 회사는 제일류 품질 상품을 취급하며, 최우대 가격입니다.

金额

금액.

- 请按发票的总**金额**开出信用证。
  송장의 총금액대로 신용장을 발급해주십시오.

- 发票上的金额与信用证的**金额**不符, 请求更换信用证。
  송장의 금액과 신용장의 금액이 맞지 않으니, 신용장을 바꿔주십시오.

不可撤消信用证

철회 불가 신용장, irrevocable L/C.

- 请贵方按照惯例开出**不可撤消信用证**。
  귀측은 관례에 따라 철회 불가 신용장을 발급해주십시오.

- 贵方按发票总金额开出**不可撤消信用证**已收悉。
  귀측에서 송장 총금액대로 발급한 철회 불가 신용장은 잘 받았습니다.

报价函

中国上海××纺织品进出口公司

关于棉质衬衣布料和被单料的报价函

编号：0163

韩国釜山××纺织品进出口总公司
尊敬的总经理先生：

您好！

贵公司×月×日来函收悉，谢谢。得知贵公司想获得我公司最新的商品目录，遵照贵公司要求，今日已寄上我公司第068号最新的商品目录之复印件，内附有适用于韩国人的棉质衬衣布料与被单料的最新报价单，请详阅。

同时寄上棉质衬衣布料与被单料的小片样品。如贵公司能将我公司提供的价格、品质、以及交易条件与其他公司相比较，相信，我公司的商品决不逊色。如贵公司惠顾订购，不胜荣幸。恭候贵公司的佳音。

此致
敬礼！

中国上海××纺织品进出口公司
总经理：×××（签名）
××年×月×日

地址：上海市××区××路××号　　电话：0086-20-0000-0000

가격 통지문

중국 상하이 ××방직품 무역회사

면 셔츠감과 시트감 가격 통지문

문서번호: 0163

한국 부산 ××방직품종합 무역회사
존경하는 사장님께:

안녕하십니까!

귀 회사에서 ×월 ×일 보낸 문서를 잘 받았습니다. 감사합니다! 귀 회사에서 우리 회사 최신 상품 목록을 입수하고자 하시니, 귀 회사의 요구대로 우리 회사 제068호 최신 상품 목록 복사본을 오늘 이미 보냈으며, 한국인에게 알맞은 면 셔츠감과 시트감 최신 가격서를 안에 첨부하였으니, 자세히 검토해보시기 바랍니다.

면 셔츠감과 시트감 샘플 조각을 함께 보내 드립니다. 우리 회사 물건과 기타 회사에서 제시한 가격·품질·교역 조건을 비교해보시면, 우리 회사 상품이 결코 손색이 없음을 믿게 되실 것입니다. 귀 회사가 구매해주시면 무한한 영광이겠습니다. 귀 회사로부터 좋은 소식을 기다리겠습니다.

안녕히 계십시오!

중국 상하이 ××방직품 무역회사
사장: ×××(서명)
××년 ×월 ×일

주소, 전화

상용 단어 및 구문

遵照

~를 따르다.

- **遵照**贵方要求, 寄上我公司最新的商品目录及报价单。
  귀측 요구에 따라, 우리 회사 최신 상품 목록과 가격서를 보내 드립니다.

- 布料的小片样品, **遵照**贵公司要求, 将于近日内航寄贵方。
  귀 회사 요구에 따라, 근일 내 원료 샘플 조각을 항공으로 귀측에 보내겠습니다.

之

~의. ['~ 的' 의 서면어 표현]

- 随信寄上我公司最新商品目录**之**复印件。
  우리 회사 최신 상품 목록 복사본을 첨부하여 보내드립니다.

- 订货合同**之**原件待我方经理访问贵方时当面奉上。
  주문 계약 원본은 우리측 매니저가 귀측을 방문할 때 직접 드릴 것입니다.

内附

(안에) 첨부하다, 동봉하다.

- 信中**内附**有关商品的最新报价单。
  관련 상품 최신 가격서를 동봉합니다.

- **内附**: 订货合同草稿复印件一份。
  첨부: 주문 계약 초고 복사본 1부

详阅

자세히 살피다.

- 内附有关商品的介绍资料, 请**详阅**。
  상품 소개 자료를 동봉하오니, 자세히 살펴보시기 바랍니다.

- 我方总经理**详阅**了贵方惠寄的有关资料, 对贵方产品很感兴趣。
  귀측에서 보내주신 관련 자료를 우리 사장님께서 상세히 검토하시고, 귀측 제품에 매우 흥미를 가지셨습니다.

同时

동시에.

- 我方曾于 × 月 × 日回函, 并**同时**寄上有关商品的报价单。
  우리측은 ×월 ×일 회신을 하면서, 동시에 관련 상품 가격서를 보냈습니다.

- 为了节省时间, 我们希望两份订货合同**同时**签署。
  시간 절약을 위하여, 주문 계약 두 부에 동시 서명하기를 희망합니다.

以及

～ 및.

- 对于贵方提供的商品价格、品质**以及**交易条件, 我方十分满意。
  귀측에서 제시한 상품 가격, 품질 및 교역 조건에 우리 측은 매우 만족합니다.

- 我们收到贵方提供的商品目录、报价单**以及**部分样品。
  우리는 귀측이 제공한 상품 목록, 가격서 및 일부 샘플을 받았습니다.

惠顾

살펴보다, 관심을 가지다. [앞에 '惠'를 붙여 상대방의 행위나 동작을 일컬을 경우에 사용하며, 자기의 행위나 동작에는 사용할 수 없음]

- 如蒙贵公司**惠顾**订购我公司商品, 将不胜感谢。
  귀 회사에서 우리 회사 상품에 관심을 가지고 주문해주시면 대단히 감사하겠습니다.

- 欢迎贵公司再次**惠顾**, 我们将给予贵公司更加优惠的价格。
  다시 관심을 가져주시는 것을 환영하며, 가격을 귀 회사에 더욱 우대해 드리겠습니다.

恭候

'기다리다'의 겸손한 표현. [상대방이 기다리는 경우에는 쓰지 않음]

- 我们**恭候**贵公司总经理一行再次访问我国。
  저희는 귀 회사 사장님 일행이 다시 우리나라를 방문하시기를 기다립니다.

- 听说你们今天上午抵达我公司, 我们已经**恭候**多时了。
  오늘 오전 우리 회사에 도착한다는 말을 듣고, 이미 오랫동안 기다렸습니다.

询购函

韩国釜山××进出口公司

000-000 韩国釜山市××区××街××号
Tel: 0082-51-000-0000　　Fax: 0082-51-000-0000

关于询购少年系列套裙和套装的函件

编号: 0132

中国上海××服装进出口公司
尊敬的总经理先生:

　　您好!

　　×月×日在大连举行的"时装展览"会上,我们看到的贵方展示的一组少年装系列和"××"牌套裙和套装非常适合我们的市场需求。

　　希望贵方能报盘明年一月底前能供应给我们的春夏服装的价格。我们需购10码到14码的套裙和套装1000套,8码和16码的各500套。请报成本加保险、运费的仁川到岸价。我们通常以信用证形式付款。

　　希望能够尽早得到贵方的答复。

韩国釜山××服装进出口总公司
总经理: ××(签字)
××年×月×日

가격 문의서

한국 부산 ××의류 무역회사

주소
전화, 팩스

소년 시리즈 투피스와 슈트 구매 문의서

문서번호 0132

중국 상하이 ××의류 무역회사

존경하는 사장님께:

안녕하십니까!

×월 ×일 따리엔(大连)에서 개최된 "패션 전시회"에서 귀측에서 전시한 소년복 시리즈와 "××"표 투피스와 슈트는 우리의 시장 수요에 매우 잘 맞았습니다.

귀측에서 내년 1월 말 이전까지 우리에게 공급할 수 있는 춘하복 가격을 알려주셨으면 합니다. 우리는 10호에서 14호 투피스와 슈트 1,000벌, 8호와 16호 각 500벌을 구매하려고 합니다. 인천까지 C. I. F. 가격을 알려주십시오. 우리는 통상적으로 신용장 형식으로 지불합니다.

가능한 조속히 귀측의 답신을 받았으면 합니다.

한국 부산 ××의류 무역회사
사장: ×××(서명)
××년 ×월 ×일

상용 단어 및 구문

询购

구매 문의하다.

- 本公司拟**询购**××牌少年系列套裙和套装600套。
  본 회사는 ××표 소년 시리즈 투피스와 슈트 600벌 구매 문의를 하고자 합니다.

- 贵公司**询购**××牌大屏幕彩色电视机的函件收悉。
  귀 회사가 ××표 대화면 컬러 TV 구매를 문의한 문서를 받았습니다.

展示

전시하다.

- 贵公司在时装展览会上**展示**的新款连衣裙很受欢迎。
  귀 회사가 패션 전람회에서 전시한 새로운 스타일 원피스가 매우 환영을 받았습니다.

- 我公司即将举行的秋季博览会上将**展示**十几种新产品。
  우리 회사가 개최하는 추계 박람회에서 신상품 10여종을 전시할 것입니다.

系列

시리즈.

- 这一组少女装**系列**非常适合韩国市场的需求。
  이 소녀복 시리즈는 한국 시장의 요구에 매우 부합합니다.

- 我公司拟试销贵公司经营的人参制品**系列**产品。
  우리 회사는 귀 회사에서 취급하는 인삼제품 시리즈 상품을 시험 판매하고자 합니다.

市场需求

시장 요구

- 调查报告说明我公司的五金商品非常适合贵国的**市场需求**。
  조사 보고에 따르면, 우리 회사의 메탈 상품이 귀국 시장 요구에 딱 부합함을 말해줍니다.

- 目前我们还不太了解这一地区的**市场需求**。
  현재 우리는 이 지역의 시장 요구를 아직 제대로 파악하지 못했습니다.

报盘

가격을 알려주다, 오퍼.

- 请贵方**报盘**今年10月底以前供应的大米价格。
  귀측에서 금년 10월말 이전까지 공급하는 쌀 가격을 알려주십시오.

- 此**报盘**截止日期为明年1月底, 以我方尚未出售为准。
  오퍼 마감 날짜는 내년 1월이며, 우리측이 아직 판매하지 않는 것을 원칙으로 하겠습니다.

到岸价

C. I. F.

- 请报成本加保险、运费的上海**到岸价**。
  상하이까지 C. I. F. 가격을 알려주십시오.

- 贵方可以选择**到岸价**或者船上交货价。
  귀측은 C. I. F.로 할 것인지 혹은 F. O. B.로 할 것인지 선택할 수 있습니다.

信用证

신용장.

- 我方同意贵方以**信用证**形式付款。
  귀측이 신용장 형식으로 지불하는 것에 우리 측은 동의합니다.

- 我方已开立以贵公司为受益人的不可撤消**信用证**。
  우리 측은 이미 귀 회사를 수익자로 하는 irrevocable L/C를 개설했습니다.

询购函回复

中国上海××服装进出口公司

关于少年系列套裙套装的回复函

编号: 0086

韩国釜山××服装进出口总公司
尊敬的总经理先生:

您好!

关于贵方×月×日来信询问能否供应少年系列套裙和套装一事, 我们收信后即与厂家取得联系。按照贵方要求, 明年一月底前供应的此类服装价格如下:

10–14码: CIF仁川到岸价每套26美元。

8码: CIF仁川到岸价每套25美元。

16码: CIF仁川到岸价每套28美元。

此报价本月底前有效。希望早日收到贵方订单。

此致

敬礼!

中国上海××服装进出口总公司

总经理: ×××(签字)

××年×月×日

地址: 中国上海市××区××街××号　　邮政编码: 200083
电话: 0086-21-0000-0000　　传真: 0086-21-0000-0000

구매 문의 답신

중국 상하이 ××의류 무역회사

소년 시리즈 투피스와 슈트에 관한 회신

문서번호: 0086

한국 부산 ××의류 무역회사
존경하는 사장님께:

안녕하십니까!

소년 시리즈 투피스 및 슈트 공급 가능 여부를 귀측이 ×월 ×일 문서로 문의한 건과 관련하여, 우리는 문서를 받은 후 즉시 공장과 연락을 하였습니다. 귀측의 요구에 따라, 내년 1월말 이전까지 공급하는 이 의류의 가격은 아래와 같습니다.

10 – 14호: C. I. F. 인천, 매벌당 26달러

8호: C. I. F. 인천, 매벌당 25달러

16호: C. I. F. 인천, 매벌당 28달러

여기서 제시한 가격은 이번달 말 이전까지 유효합니다. 속히 귀측 주문서를 받게 되기를 희망합니다.

안녕히 계십시오!

중국 상하이 ××의류 무역회사
사장: ×××(서명)
××년 ×월 ×일

주소, 전화, 팩스

상용 단어 및 구문

关于~

~에 관하여, ~에 대하여.

- **关于**贵公司信中提到的优惠条件我们拟同意。
  귀 회사 문서에서 제시한 우대 조건에 대하여 우리는 동의합니다.

- **关于**贵方提出增加套裙订购数量一事，我们一定克服困难满足贵方要求。
  귀측에서 제시한 투피스 주문 수량 증가 건에 관하여, 우리는 어떤 어려움이 있어도 반드시 귀측의 요구를 만족시키도록 하겠습니다.

一事

한 건.

- 贵方订购电脑软件**一事**，我们正在与有关厂家联系。
  귀측이 컴퓨터 소프트웨어를 주문한 건으로, 우리는 관련 공장과 접촉하고 있습니다.

- 贵公司总经理来我方考察**一事**，我们已做了妥善安排。
  귀 회사 사장님께서 우리 측을 내방하는 건에 대해 우리는 이미 적절한 조치를 해놓았습니다.

即

즉시, ~하는대로.

- 我们收到贵方订单之后**即**办理发货手续。
  귀측의 주문을 받는대로 물건 발송 수속을 진행하겠습니다.

- 我们收到贵方货物后**即**结清账款。
  귀측의 물건을 받는대로 깨끗이 결산을 하겠습니다.

此类

이런 종류.

- **此类**商品在我国的市场上具有较强的竞争力。
  이런 상품은 우리나라 시장에서 경쟁력이 강합니다.

- **此类**电子产品的价格近年来一再下降。
  이런 전자제품 가격이 최근 몇 년 사이 계속 떨어졌습니다.

다음과[아래와] 같습니다, 다음과[아래와] 같은.

- 请贵方将**如下**几类商品的报价速告我方。
  귀측은 아래 몇 가지 상품 가격을 속히 우리 측에 알려주시기 바랍니다.

- 兹将贵方询购的几类商品报价**如下**。
  귀측이 구매할 몇 가지 상품 가격은 아래와 같습니다.

有效

유효하다.

- 此信用证在3月31日前**有效**。
  이 신용장은 3월 31일 이전까지 유효합니다.

- 这份报价单的**有效**期限为6月30日以前。
  이 가격서 유효 기한은 6월 30일 이전까지입니다.

早日

빠른 시일.

- 我们希望这笔生意能够**早日**成交。
  우리는 이 거래가 빠른 시일에 성사되기를 희망합니다.

- 贵方对定购合同有何意见, 请**早日**回复。
  구매 계약에 무슨 의견이 있으시면 빠른 시일에 회답해 주십시오.

中国东北产大豆的询盘函

韩国釜山××农产品加工厂

000-000 韩国釜山××区××街××号
Tel: 0082-51-000-0000　　Fax: 0082-51-000-0000

关于中国东北产大豆的询盘函

编号: 0228

中国哈尔滨××农产品进出口公司
尊敬的总经理先生:

您好!

我方渴望购买今年新产大豆,得悉贵公司是贵国东北大豆的主要出口商,为此特去函询问贵公司能否报给我们成本加运费至釜山的最优价,并告知装运期及可供货数量。望贵公司早复。

在此先致谢意。

韩国釜山××农产品加工厂

厂长: ×××(签字)

××年×月×日

중국 동북산 대두 문의서

한국 부산 ××농산품 가공공장

주소
전화, 팩스

중국 동북산 대두 문의서

문서번호: 0228

중국 하얼빈(哈尔滨) ××농산품 무역회사

존경하는 사장님께:

안녕하십니까!

저희는 금년산 햇대두를 구매하고자 하는 바, 귀 회사가 귀국 동북 대두의 주요 수출상임을 알게 되어, 이에 부산까지 C. I. F. 최우대 가격을 어느 정도까지 해줄 수 있는지, 아울러 선적 운반 기간과 공급 가능 수량을 알려주실 수 있는지 묻고자 서신을 보내는 바입니다. 귀 회사의 빠른 답신을 기다립니다.

감사합니다.

한국 부산 ××농산품 가공공장

공장장: ×××(서명)

××년 ×월 ×일

상용 단어 및 구문

询盘

가격 문의하다.

- 对此类商品, 我们已向该公司**询盘**。
  우리는 이미 그 회사에 이 상품 가격을 문의하였습니다.

- 贵公司×月×日来函就××牌空调机优惠条件的**询盘**敬悉。
  ××표 에어컨 우대 조건에 대해 문의한 ×월 ×일 귀 회사 문서를 잘 받았습니다.

渴望

갈망하다.

- 我方**渴望**收到贵方有关计算机零配件的最新报价表。
  우리 측은 컴퓨터 부품 관련 귀측 최신 가격표를 받고 싶습니다.

- 关于订购海产品罐头一事, 我们**渴望**贵方能于近日内安排洽谈。
  해산물 통조림 주문 건에 대해, 귀측이 근일 내에 협상을 안배해 주기를 갈망합니다.

得悉

~를 익히 알다.

- **得悉**贵公司近期将调整部分商品的价格, 我们十分关心。
  귀 회사가 최근 일부 상품 가격을 조정하려는 것을 알게 되어, 우리는 매우 관심을 가지고 있습니다.

- 我们从电视广告中**得悉**贵公司经营××品牌冰柜, 并对此类产品很感兴趣。
  우리는 TV 광고를 통하여 귀 회사가 ××표 냉장고를 취급한다는 것을 알게 되었고, 그 제품에 매우 흥미가 있습니다.

出口商

수출상.

- 我公司是景泰蓝工艺制品的主要**出口商**之一。
  우리 회사는 경태람(景泰藍) 공예품 주요 수출상 중 하나입니다.

- **出口商**的报盘与进口商的还盘常常有很大差距。
  수출상의 제안 가격과 수입상의 카운터 오퍼(counter offer)는 늘 큰 차이가 있습니다.

特

특히.

- 得知贵方对我公司商品感兴趣, **特**寄去商品目录及报价单, 供您参考。
  귀측이 우리 회사 상품에 흥미가 있다는 것을 알게 되어, 특히 상품 목록 및 가격서를 보내드리오니,
  참고하시기 바랍니다.

- 贵方寄来的商品目录及报价单收悉, **特**去函表示感谢。
  귀측이 보내신 상품 목록과 가격표를 잘 받았기에, 특히 문서를 보내 감사를 표하는 바입니다.

成本

원가.

- 随信附上有关商品的**成本**加运费至上海的最低价, 供贵方参考。
  관련 상품의 상해까지 C. & F. 최저 가격을 첨부하오니, 참고 바랍니다.

- 由于原料涨价, **成本**增加, 此类商品的价格不得不有所提高。
  원료 가격 상승으로 원가가 증가하여, 이 상품 가격을 올리지 않을 수 없습니다.

至

～에 이르다, ～까지 도착하다.

- 报价表中所列为上述货物北京**至**仁川的成本加运费最优惠价。
  가격표에 열거한 것은 앞서 말한 화물의 베이징에서 인천까지 C. & F. 최우대 가격입니다.

- 请允许将货物装运的期限延长**至**本月底。
  화물 선적 운송 기한을 이번달 말까지 연장하는 것을 허락해주시기 바랍니다.

在此

이에.

- 贵方在货物装运过程中给予大力配合, **在此**表示衷心的感谢。
  화물 운송 과정에서 귀측이 힘껏 협조해 주시어, 이에 충심으로 감사를 표합니다.

- 贵方在历次交易中给予我们多方面的关照, **在此**致以崇高的敬意。
  여러 차례 교역에서 귀측이 우리에게 여러 방면으로 보살펴주시어, 이에 높은 경의를 표합니다.

中国东北产大豆的报盘(虚盘)函

中国哈尔滨××农产品进出口公司

关于中国东北产大豆的报盘函

编号：0231

韩国釜山××农产品加工厂

尊敬的厂长先生：

您好！

贵方×月×日来函询问我方能否提供今年新产东北大豆，现按贵方要求，报价如下：

商品名称：大豆，××××年产精选货

包　　装：散装

数　　量：100公吨

价　　格：成本加运费至釜山价，每公吨300美元。

装 运 期：××××年×月

支　　付：××××年×月底前开立并送达我方保兑、不可撤消、以我方为受益人的即期信用证，有效期至运装日后第15天在中国议付。

鉴于行市十分坚挺，我们相信所报价格相当合理。我们保证货物的上选品质。

若贵方接受此盘，请电告我方以便确认。

此致

敬礼！

中国哈尔滨××农产品进出口公司

总经理：×××（签字）

××年×月×日

地址：中国哈尔滨市××区××街××号　　邮政编码：000000

电话：0086-451-0000-0000　　传真：0086-451-0000-0000

중국 동북산 대두 시세 회신문

중국 하얼빈 ××농산품 무역회사

중국 동북산 대두 시세 회신문

문서번호: 0231

한국 부산 ××농산품 가공공장

존경하는 공장장님:

안녕하십니까!

귀측에서 ×월×일 문서를 보내, 금년에 생산한 동북산 대두를 우리 측이 공급할 수 있는지 문의하신 바, 이에 귀측 요구대로 아래와 같이 가격을 알려드립니다:

상품명칭: 대두, ××××년 생산 정선품

포　　장 : 분리 포장

수　　량 : 100톤

가　　격 : 부산까지 C. & F. 매 톤당 300달러

운송기한: ××××년 ×월

지　　불 : ××××년 ×월 말 이전까지 지불보증 · 철회불가 · 우리 측을 수익자로 하는 즉기신용장(sight L/C)을 발행하여 우리 측에 송달, 운송 이후 15일째까지 유효기간으로 하여 중국에서 지불.

시세가 매우 빠듯한 것을 감안하여, 제시한 가격이 매우 합리적이라고 믿습니다. 저희는 물건이 상등품임을 보증합니다.

이 가격서를 받으시면, 저희가 확인할 수 있도록 전보로 통지해 주시기 바랍니다. 안녕히 계십시오!

중국 하얼빈 ××농산품 무역회사

사장: × × ×(서명)

××년 ×월 ×일

주소, 전화, 팩스

상용 단어 및 구문

成本加运费至~价

원가 더하기, ~까지 운송 가격, C. & F.

- 中国东北产优质大米**成本加运费至**仁川**价**, 每公吨350美元。
  중국 동북산 우량 쌀의 인천까지 C. & F. 가격은 매 톤당 350달러입니다.

- 请贵方报以800台××牌大屏幕彩电**成本加运费至**上海最低**价**。
  ××표 와이드스크린 컬러 TV 800대의 상하이까지 C. & F. 최저 가격을 알려주시기 바랍니다.

开立

개설하다, 발행하다.

- 请贵方×月××日前**开立**以我方为受益人的即期信用证。
  귀측은 우리 측을 수익자로 하는 즉기신용장(sight L/C)을 ×월 ×일 이전까지 발행해주시기 바랍니다.

- 我方已请中国××银行向贵公司**开立**全额为5000美元的不可撤销信用证。
  우리 측은 귀 회사에게 전액 5,000달러 철회불가신용장(irrevocable L/C)을 개설해주도록 중국 ××
  은행에 이미 의뢰했습니다.

有效期

유효 기한[기간].

- 此信用证**有效期**至××××年×月×日。
  이 신용장 유효 기한은 ××××년 ×월 ×일까지입니다.

- 请在该信用证**有效期**内完成全部交货。
  그 신용장은 유효 기한 내 물품 전부 교부를 마쳐주시기 바랍니다.

议付

협의 지불하다.

- 此信用证已在中国××银行**议付**。
  이 신용장은 이미 중국 ××은행에서 지불했습니다.

- 请于信用证有效期内在韩国银行**议付**。
  신용장 유효기간 내에 한국은행에서 지불하시기 바랍니다.

~을 감안하여[참고하여].

- **鉴于**此类商品生产成本不断上升, 我们的报价不得不有所提高。
  이 상품 생산 원가가 끊임없이 상승함을 감안하여, 우리는 가격을 올리지 않을 수 없습니다.

- **鉴于**贵方未能在信用证有效期内议付, 我们只好要求贵方重新开立信用证。
  귀측이 신용장 유효기한 내에 지불할 수 없음을 감안하여, 우리는 신용장을 다시 발행할 것을 귀측에 요청하지 않을 수 없습니다.

坚挺

시세가 오를 기미가 있다, 빠듯하다.

- 目前我国销售计算机软件的行市十分**坚挺**。
  현재 우리나라 컴퓨터 소프트웨어 판매 시세가 오를 기미가 아주 높습니다.

- 据说该地区洗衣机的销售市场越来越不**坚挺**。
  그 지역 세탁기 판매 시장이 갈수록 시세가 떨어진다고 합니다.

确认

확인하다.

- 如果贵方接受此报价, 请电告我方以便**确认**。
  이 가격을 받아들이신다면, 우리 측 확인을 위하여 전보로 통지해주시기 바랍니다.

- 我们想**确认**一下 × 月 × 日发出的订单贵方是否收到。
  우리가 × 월 × 일 발행한 주문서를 귀측이 받았는지 확인하고자 합니다.

××牌手提式收录机的询盘函

上海××家用电器进出口公司

关于××牌手提式收录机的询盘函
编号: 0024

韩国汉城××家用电器进出口公司

尊敬的总经理先生:

　　您好!

　　我们已从贵方×月×日来样中选择了××牌××型手提式收录机,请按下列条件报优惠盘:

　　商品名称:××牌手提式收录机,××型

　　数　　量:1000架

　　包　　装:标准出口纸板箱装

　　价　　格:成本+运费+保险费到上海,包括我方3%佣金在内

　　保　　险:按发票金额120%投保水渍险加战争险

　　装　　运:××××年4月、5月份。若可能,最好4月份装运。

　　支　　付:不可撤消即期信用证付款

请早日回复。

上海××家用电器进出口公司
总经理:×××(签字)
××年×月×日

　　地址: 上海市××区××街××号　　　邮政编码: 200023
　　电话: 0086-21-0000-0000　　传真: 0086-21-0000-0000

××표 휴대용 카세트 가격 문의서

상하이 ××가전제품 무역회사

××표 휴대용 카세트 가격 문의서

문서번호: 0024

한국 서울 ××가전제품 무역회사

존경하는 사장님께:

안녕하십니까!

우리는 귀측이 ×월 ×일 보내온 샘플로부터 삼성 ××표 ××형 휴대용 카세트를 선택하였습니다. 이에 아래 열거한 조건에 따른 우대 가격을 제시해주시기 바랍니다.

상품명칭 : ××표 휴대용 카세트, ××형

수　　량 : 1,000대

포　　장 : 수출 표준 판지 상자 포장

가　　격 : [상하이까지] C. I. F. & C. (원가 + 운송비 + 보험비 + 우리 측 커미션 3%)

보　　험 : 송장 금액 기준 120% 침수보험 + 전쟁보험 가입

선적운송 : ××××년 4 · 5월 중. 가능하면 4월 중이 가장 좋음.

지　　불 : irrevocable sight L/C로 지불

빠른 시일 안에 회신 바랍니다.

상하이 ××가전제품 무역회사

사장: ×××(서명)

××년 ×월 ×일

주소, 전화, 팩스

상용 단어 및 구문

来样

(상대방이) 보내온 샘플.

- 我们从贵方16种图案的丝绸**来样**中选择6、8、12号三种, 每件订购 60码。
  귀측이 보내온 16가지 디자인 비단 샘플에서 6 · 8 · 12호 세 가지를 선택하여, 매 호당 60야드를 주문합니다.

- 我方承担各种中西式服装的**来样**加工, 欢迎洽谈生意。
  우리는 각종 중국 · 서양 의류 샘플 가공을 맡고 있습니다. 거래 상담을 환영합니다.

~式

~식, ~형.

- 我方拟从贵公司订购60套××牌柜**式**空调机。
  우리 측은 귀 회사에 ××표 스탠드형 에어컨 60대를 주문합니다.

- 贵方120台××牌立**式**电扇的订单已经收到, 拟于近期发货。
  귀측에서 보낸 ××표 입식 선풍기 120대 주문서를 이미 받았으며, 가까운 시일에 물건을 발송하겠습니다.

下列

아래[다음] 열거하다.

- **下列**产品的报价是我方的最优惠价, 供贵方参考。
  아래 열거한 상품 가격은 우리 측 최우대 가격이니, 참고 바랍니다.

- 请贵方仔细阅读**下列**条款, 并提出你们的修改意见。
  아래 열거한 조항을 자세히 읽어보시고, 개정 의견을 제시해주시기 바랍니다.

包装

포장하다.

- 所购精密仪器请一律用木箱**包装**。
  주문한 정밀계기는 일률적으로 나무 상자로 포장해주시기 바랍니다.

- 上述货物要求用标准出口纸箱**包装**。
  상술한 물건은 수출용 표준 판지 상자로 포장해야 합니다.

包括

포괄하다, 포함하다.

- 贵方所列运费一项**包括**成本加运费加保险费以及我方3%佣金在内。
  귀측이 열거한 운송비 항목엔 원가, 운송비, 보험비 및 우리 측 3% 커미션이 포함되어 있습니다. (C. I. F. & C.)

- 贵方所列运费一项是否**包括**保险费在内？
  귀측이 열거한 운송비 항목에 보험비가 포함되어 있습니까?

保险

보험(하다).

- 贵方的**保险**条款中主要有哪些险别？
  귀측 보험 조항에는 주로 어떤 보험 내용들이 있습니까?

- 我方的**保险**条款主要有平安险、水渍险和综合险三种。
  우리 측 보험 조항에는 주로 안전보험 · 침수보험 · 종합보험 세 가지가 있습니다.

投保

보험 가입하다.

- 上述商品如果以C.I.F价格条件成交, 你们负责**投保**哪些险种？
  상술한 상품을 C. I. F. 가격 조건으로 교역 성사하면 귀측은 어떤 종류 보험 가입을 책임집니까?

- 我们按发票总额的110%**投保**水渍险加破碎险。
  우리는 송장 총액 110% 침수보험과 파쇄 보험에 가입합니다.

××牌手提式收录机的报盘(实盘)函

韩国汉城××家用电器进出口公司

000-000 韩国汉城市××区××洞××号
Tel: 0082-2-000-0000   Fax: 0082-2-000-0000

关于××牌手提式收录机的报盘函

编号: 0215

上海××家用电器进出口公司
尊敬的总经理先生:

您好!

贵方×月×日询价函业已收悉。现报盘如下,×月×日前复到有效:

"1000架××牌××型手提式收录机,标准出口纸板箱装,仁川港口船上交货价每架48美元,含佣金3%,4、5月份装船,×月×日前开出保兑,不可撤消信用证见票即付。"

通常,我们和客户都按装运港船上交货价成交,因此很抱歉不能按贵方要求报成本加运费、保险费价。装船事宜由贵方自己负责,若贵方要求我们代办保险,我们可考虑接受。

对贵方的定单,我们保证予以立即办理。

韩国汉城××家用电器进出口公司

总经理:×××(签字)

××年×月×日

××표 휴대용 카세트 가격 회신

한국 서울 ××가전제품 무역회사

주소
전화, 팩스

××표 휴대용 카세트 가격 회신

문서번호: 0215

상하이 ××가전제품 무역회사

존경하는 사장님께:

안녕하십니까!

귀측에서 ×월 ×일 보낸 가격 문의서는 잘 받았습니다. 시세는 다음과 같으며, ×월 ×일 전까지 유효합니다.

"××표 ××형 휴대용 카세트 1,000대, 수출 표준 판지 상자 포장, 인천 항구 F. O. B. 매 대당 48달러, 커미션 3% 포함, 4·5월중 선적, ×월 ×일 전까지 지불보증·철회불가 신용장 일람출급."

통상적으로 저희는 고객과 모두 선적 운항하여 F. O. B.가격으로 교역을 성사시키며, 이로 인해 귀측이 요구한 원가 플러스 운송비·보험비 가격으로 할 수 없음을 매우 미안하게 생각합니다. 선적 건은 귀측에서 책임져야 하며, 만약 귀측에서 보험을 대신 처리할 것을 저희에게 요구한다면, 저희는 수용을 고려할 수 있습니다.

귀측의 결정에 대하여, 저희는 즉시 처리할 것을 보증합니다.

한국 서울 ××가전제품 무역회사

사장: ×××(서명)

××년 ×월 ×일

상용 단어 및 구문

业已

이미.

- 贵方3月26日报价单及样品**业已**收悉。
  귀측의 3월 26일 가격서 및 샘플을 이미 받았습니다.

- 贵方有关货物的运费及装运日**期业已**与有关方面谈妥。
  귀측 화물 운송비 및 선적 운송 날짜에 관한 것은 이미 관련 부서와 얘기를 잘 해놓았습니다.

船上交货价

선상교환가, F. O. B.

- 贵方报价单请注明是**船上交货价**还是到岸价。
  F. O. B.인지 C. I. F.인지 귀측 가격서에 명확히 밝혀주시기 바랍니다.

- 韩国产××牌29英寸彩色电视机仁川港口**船上交货价**, 每台多少美元?
  한국산 ××표 29인치 컬러 TV 인천 항구 선상교환가는 대당 몇 달러입니까?

见票即付

일람출급, at sight, on demand.

- 请贵方立即开立以我方为受益人的**见票即付**信用证。
  귀측은 우리 측을 수익자로 하는 일람출급 신용장을 즉시 발행해주시기 바랍니다.

- 我公司求购龙虾产品一宗, L/C付款, **见票即付**。
  우리 회사는 대하 상품 1종(宗)을 구매하며, L/C 지불, 일람출급합니다.

通常

통상(적으로).

- 我公司**通常**不对零散用户报价。
  우리 회사는 통상적으로 개별 소매 고객에게는 오퍼하지 않습니다.

- 葡萄酒样品和价目表均已收到, 经试饮品质很好, 不足的是价格比我们的**通常**价格高出太多。
  포도주 샘플과 가격표는 이미 받았으며, 시음해본 결과 품질이 아주 좋았습니다. 미흡한 점이라면 우리의 통상 가격보다 가격이 너무 높다는 것입니다.

미안하다, 사과하다.

- 对于给贵公司提货、验货造成的不便, 我们表示**抱歉**。
  귀 회사가 출고 · 검수하는 데 불편을 끼친 것에 저희는 사과를 표합니다.

- 我们非常**抱歉**地通知您, 您订购的货物不能按期付运。
  주문한 물건을 기일대로 발송해드릴 수 없음을 통지하게 되어 대단히 죄송합니다.

事宜

업무, 건.

- 关于我方要求的重新开具增值税发票**事宜**, 请贵公司尽快办理。
  증식세 영수증을 다시 발급해달라고 요구한 건에 대하여, 귀 회사는 가능한 한 빨리 처리해 주시기 바랍니다.

- 有关发运**事宜**, 待货物出厂后再议。
  발송 건은 물건 출고 후 논의합니다.

代办

대리 처리하다.

- 该批货物的保险事宜已交由我公司**代办**。
  그 물건의 보험 건은 이미 우리 회사가 대리 처리하도록 하였습니다.

- 请你会社**代办**该批货物托运事宜。
  그쪽 회사에서 그 물건 탁송 건을 대리 처리해주시기 바랍니다.

考虑接受

받아들일 것을 고려하다.

- 贵公司提出的送货要求, 我公司**考虑接受**。
  우리 회사는 귀 회사에서 제시한 물품 발송 요구사항을 수용할 것을 고려하겠습니다.

- 如贵方将进货量提高一倍, 我方将**考虑接受**你方的价格条件。
  귀측에서 물품 수입량을 배로 늘린다면, 귀측의 가격 조건을 받아들일 것을 고려하겠습니다.

对中国丝绸手绢报盘的还盘

韩国汉城××纺织品进出口公司

000-000 韩国汉城市××区××洞××号
Tel: 0082-2-000-0000　　Fax: 0082-2-000-0000

关于中国丝绸手绢的还盘函

编号: 0266

杭州××丝织品进出口公司
尊敬的总经理先生:

您好!

我方已收到贵公司中国丝绸手绢的回样以及你们优惠的报价, 多谢。

你们的样品几乎完全符合我方的需要, 你们的报价也相当合理, 只是, 对于你们所要求的每种花色200打起订量, 我方觉得太多了一些。在×月×日询盘中已指出我方的需求量为每种100打, 总共为500打。

如果起订量可以降低, 我方自当愿意与你们达成首次交易。如同意, 请电告我方。

韩国汉城××纺织品进出口公司
总经理: ×××(签字)
××年×月×日

중국 비단 손수건 시세 회신문

한국 서울 ××방직품 무역회사

주소
전화, 팩스

중국 비단 손수건 시세 회신문

문서번호: 0266

항저우(杭州) ××견직품 무역회사
존경하는 사장님께:

　　안녕하십니까!

　　귀 회사의 중국 비단 손수건 샘플 및 귀측의 우대 가격 제시를 이미 받았습니다. 감사합니다.

　　귀측의 샘플은 우리 측의 수요에 거의 완벽하게 맞아 떨어지며, 귀측이 제시한 가격 역시 상당히 합리적입니다만, 단지 귀측이 요구한 매 무늬 및 색상별 최소 주문량이 200장인 것은 너무 많다고 생각합니다. ×월 ×일 시세 문의에서 우리 측의 수요량은 매 종별 100장이며, 도합 500장임을 이미 말씀드렸습니다.

　　최소 주문량을 낮출 수 있다면, 우리 측은 물론 귀측과 첫 번째 교역을 성사시키고 싶습니다. 동의하신다면, 우리 측에 전보로 통지해 주시기 바랍니다.

한국 서울 ××방직품 무역회사
사장: ×××(서명)
××년 ×월 ×일

상용 단어 및 구문

回样

회답(으로 보내주는) 샘플.

- 我们的**回样**将于本周末用特快专递给您, 请尽快确认。
  우리 회답 샘플을 이번주 말 특급으로 보내드릴 예정이니, 가능한 한 조속히 확인하시기 바랍니다.

- 现寄去我们的**回样**, 请查收并回复。
  이에 우리의 회답 샘플을 보내드리니, 검토하시고 회답주시기 바랍니다.

几乎

거의.

- 由于此次运输事故, 我公司此次交易**几乎**没有利润可言。
  이번 운수 사고로 인하여 이번 교역은 거의 이윤이 남지 않게 되었습니다.

- 为促成首次交易, 我方已经将价格降到我方**几乎**无法承受的地步。
  첫 번째 교역을 성사시키기 위해, 우리 측은 이미 우리 측이 거의 받아들일 방도가 없을 지경까지 가격을 내렸습니다.

相当

상당히.

- 如果贵方了解一下行情, 就会发现我方此次供货价格**相当**之低。
  귀측이 실정을 파악해보시면, 우리 측 이번 공급 가격이 상당히 낮다는 것을 아시게 될 것입니다.

- 我公司所代理的这部分货品的销售情况**相当**好。
  우리 회사가 대리하는 이 물품 판매 상황이 상당히 좋습니다.

只是

단지, 겨우.

- 贵公司的皮具质量确属上乘, **只是**价格稍高。
  귀 회사 피혁 제품은 품질이 확실히 최고에 속합니다만, 다만 가격이 좀 높습니다.

- 贵公司所发货物均已收到, **只是**未随附装箱清单。
  귀 회사가 발송한 물건을 이미 받았습니다만, 다만 팩킹리스트를 첨부하지 않았습니다.

所

～한 바.

- 你方**所**订货品我方暂时缺货。
  귀측이 주문한 물품은 우리 측에 당장 재고가 없습니다.

- 贵公司 × 月 × 日**所**开发票我公司已经**收到**。
  귀 회사가 ×월 ×일 발행한 전표를 우리 회사는 이미 받았습니다.

起订量

최소 주문량.

- 此种型号空气压缩机, 批发价735元, **起订量**为50台套。
  이런 사양의 공기압축기는 도매가격 735위엔에 최소 주문량 50대입니다.

- 请问贵公司能否将此次试订购的**起订量**降低?
  이번 시험 주문에서 최소 구매 주문량을 내려줄 수 있는지요?

需求量

수요량.

- 该地区消费者对这种产品的**需求量**很大。
  이 상품에 대한 그 지역 소비자의 수요량이 대단합니다.

- 这种产品在我地区没有很大的**需求量**。
  이 상품은 우리 지역에서는 그다지 수요량이 많지 않습니다.

达成

달성하다.

- 经过多次协商, 双方最终**达成**一致。
  여러 차례 협상을 거쳐서, 쌍방은 최종적으로 일치를 보았습니다.

- 双方于 × × × × 年 × 月 × 日在 × × 市, 对建立合资企业事宜进行了初步协商,
  达成意向如下:
  쌍방은 ××××년 ×월 ×일 ××시에서 합자기업 건립 건에 대해 초보적 협상을 진행하여, 다음과
  같은 의향에 도달했습니다:

中国丝绸手绢的成交函

中国杭州××纺织品进出口公司

关于接受丝绸手绢还盘的函件

编号：0277

韩国汉城××纺织品进出口公司

尊敬的总经理先生：

您好！

你方×月×日关于要求将最低订货量降为100打的来信收悉。

对任何凭买方样或对等样买卖，我们通常都规定定量。但为了与贵方达成首笔交易，我方决定满足贵方要求。

我方按此确认如下：

货　品：中国丝绸手绢

花　色：与我方1至5号样品相同

规　格：30×30厘米

数　量：每种花色100打，共500打

包　装：每条用塑料袋分装，每5打装一纸盒

价　格：1–4号每打25美元CIFC2%仁川，5号每打30美元CIFC2%仁川

支　付：我方销货确认书签发之日起10天内开立不可撤消信用证，见票即付。

装　运：收到信用证后30天内。

数日后，我方将销货确认书一式二份送达贵方会签。相信这是我们双方友好业务关系的开端。

　　　　此致

敬礼！

中国杭州××丝织品进出口公司

总经理：×××（签字）

××年××月××日

地址：中国杭州市××区××街××号　　　邮政编码：200023

电话：0086-571-0000-0000　　　传真：0086-571-0000-0000

중국 비단 손수건 교역 성사문

중국 항저우 ××견직품 무역회사

비단 손수건 가격 수용에 관한 문서

문서번호: 0277

한국 서울 ××방직품 무역회사

존경하는 사장님께:

안녕하십니까!

물품 최저 주문량을 100장으로 내려줄 것을 요청하는 내용을 담은 ×월 ×일 귀측 문서 잘 받았습니다. 매입자 샘플이든 카운터 샘플이든 어떠한 거래에 대해서도 우리는 통상 일정량을 규정해놓고 있습니다. 그러나 귀측과의 첫 번째 교역을 달성하기 위해, 우리측은 귀측의 요청을 받아들이기로 결정하였습니다.

우리측은 이에 의거하여 다음과 같이 확인합니다:

물　품 : 중국 비단 손수건

디자인: 우리 측 1~5번 샘플과 동일

규　격 : 30 × 30mm

수　량 : 매 디자인 100장, 도합 500장

포　장 : 매 건당 비닐 봉투 분리 포장, 매 5장당 한 종이 상자 포장

가　격 : 1~4번 매 장당 25달러 C. I. F. & C. 2% 인천, 5번 매 장당 30달러
　　　　 C. I. F. & C. 2% 인천

지　불 : 우리 측 물품 판매 확인서 서명 발행한 날부터 10일 안에 철회 불가 신용
　　　　 장 발급, 일람출급.

선　적 : 신용장 수령 후 30일 이내

며칠 내로 우리는 물품 판매 확인서 양식 2부를 귀측 서명을 위하여 송달할 것입니다. 우리 쌍방이 우호적으로 거래하는 첫걸음이 될 것임을 믿습니다.

안녕히 계십시오!

중국 항저우 ××견직품 무역회사

사장: ×××(서명)

××년 ×월 ×일

주소, 전화, 팩스

상용 단어 및 구문

降为

~로 낮추다[내리다], 낮춰서[내려서] ~로 하다.

- 我公司准备将该货物的进口数量由2000吨**降为**1500吨。
  우리 회사는 그 물품 수입량을 2,000톤에서 1,500톤으로 낮출 예정입니다.

- 该商品的市场零售价已**降为**每公斤12元人民币左右。
  그 상품의 시장 소매가격은 이미 매 kg당 인민폐 12위엔 정도로 내렸습니다.

任何

(어떤) 무엇이든.

- 货品盘点期间, 我公司暂不处理**任何**订货及发货事宜。
  물품 재고 조사 기간 동안에는 우리 회사는 어떤 주문 또는 발송 건이든 처리하지 않습니다.

- **任何**有利于我们双方合作顺利开展的条件我方都可以接受。
  쌍방의 합작이 순조롭게 진행되게 하는 데 유리한 조건이면 우리 측은 무엇이든 받아들일 것입니다.

为了

~를 위하여, ~하기 위해.

- **为了**和你们达成和解, 我公司总经理××将亲赴釜山与您会商。
  귀측과 화해를 이루고자, 우리 회사 ××사장님께서 부산에 가셔서 귀하와 만나 의논하고자 합니다.

- 我公司做出上述种种举动, 都是**为了**显示我方的合作诚意。
  우리 회사가 상술한 여러가지 조치를 취한 것은 모두 합작에 대한 우리 성의를 보여주기 위한 것입니다.

满足(需要、需求)

(수요, 요구 등을) 만족시키다.

- 这批货物可在短时期内**满足**该地区居民的生活需求。
  이 물건은 단기간에 그 지역 주민의 수요를 만족시킬 것입니다.

- 尽最大努力**满足**顾客的需要是我们的经营理念。
  최대의 노력을 기울여 고객의 수요를 만족시키는 것이 우리의 경영 이념입니다.

分装

나누어서 포장하다.

- 请将上述商品以纸箱**分装**。
  상술한 상품을 판지 상자에 나누어 포장해주십시오.

- 请将**分装**后的商品按体积大小顺序摆放。
  나누어 포장한 상품을 체적에 따라서 순서대로 배열해주십시오.

销货确认书

매매확인서.

- 贵方所开立的信用证内容必须符合该**销货确认书**的要求。
  귀측이 발행한 신용장 내용은 반드시 그 매매확인서 요구사항과 맞아야 합니다.

- 根据你方467号**销货确认书**中所列条款, 我方已开出支票一张。
  귀측 467호 판매확인서에 열거한 조항에 근거하여 우리 측은 이미 어음 한 장을 발행하였습니다.

会签

공동 서명하다.

- 此项目协议书需三方**会签**后方可生效。
  이 항목 협의서는 세 측이 공동 서명한 후에야 효력이 발생합니다.

- 寄售协议待我公司起草后将于月底之前送你公司**会签**。
  수탁판매 협의서는 우리 회사가 초안을 작성한 후 월말 이전까지 귀 회사에 보내 공동 서명하도록 하겠습니다.

相信

믿다.

- 我们**相信**贵公司有足够的能力偿还该批银行贷款, 渡过难关。
  우리는 귀 회사가 그 은행 차관을 상환하고 난관을 헤쳐갈 능력이 충분히 있다고 믿습니다.

- **相信**我们双方会有更加广阔的合作空间。
  우리 쌍방에는 합작의 여지가 훨씬 넓게 열려 있다고 믿습니다.

4장

주문과 접수 확인

XX牌套裙订货函

上海××服装进出口公司

××牌套裙订货函

编号：0226

韩国汉城××服装进出口公司

尊敬的总经理先生：

贵方×月×日的报价单已收到。我们很高兴向贵方订购一批套裙。1600套"××"牌套裙，总价格为66680美元，所要求的颜色和尺码如下：

尺码	颜色	数量
8, 16	白色	100
10, 12, 14	白色	300
8, 16	天蓝色	50
10, 12, 14	天蓝色	300
8, 16	红色	100
10, 12, 14	红色	100
16	黄色	50
10, 12, 14	黄色	300
16	黑色	100
10, 12, 14	黑色	200

交货方式：空运，成本加保险加运费到岸上海。

我们一旦收到贵方订购通知就给贵方银行开出信用证。请立即组织货源和运输，因为我们在"五一"节期间需要这批套裙。

谢谢合作！

上海××服装进出口公司

总经理：×××（签字）

××年×月×日

地址：上海市××区××街××号　　　邮政编码：200018

电话：0086-21-0000-0000　　　传真：0086-21-0000-0000

××표 투피스 주문서

상하이 ××의류 무역회사

××표 투피스 주문서

문서번호: 0226

한국 서울 ××의류 무역회사

존경하는 사장님께:

　　×월 ×일 귀측 가격 제안서는 잘 받았습니다. 우리는 귀측에 투피스를 주문하게 되어 매우 기쁩니다. '××'표 투피스 1,600벌, 총 가격 66,680달러, 필요한 색상과 치수는 아래와 같습니다:

치수	색상	수량
8, 16	백색	100
10, 12, 14	백색	300
8, 6	스카이블루	50
10, 12, 14	스카이블루	300
8, 6	적색	100
10, 12, 14	적색	100
16	황색	50
10, 12, 14	황색	300
16	흑색	100
10, 12, 14	흑색	200

물품 교역 방식: 항공 운송, 원가 플러스 보험료 플러스 운송비 상하이까지.

　　우리는 귀측의 구매 통지를 받으면 귀측 은행에 신용장을 발행하겠습니다. 우리는 '5·1' 기념일 기간에 투피스가 필요하니, 즉시 물품 제공 루트와 운수 루트를 조직해주시기 바랍니다.

　　협조해주셔서 감사합니다!

상하이 ××의류 무역회사

사장: ×××(서명)

××년 ×월 ×일

주소, 전화, 팩스

상용 단어 및 구문

订购

구매하다.

- 感谢贵公司介绍××公司向我商社**订购**产品。
  ××회사가 우리 상사로부터 상품을 구매하도록 소개해주신 것에 감사드립니다.

- 因此, 我方准备追加**订购**500打桌布。
  따라서 우리 측은 탁자보 500장을 추가 구매할 예정입니다.

总价格

총가격.

- 该批商品**总价格**为××××万元人民币。
  이 상품 총가격은 인민폐 ××××만 위엔입니다.

- 我方已经将该批**总价格**为×××万元的货品分三次发出。
  우리 측은 이미 총가격 ××××만 위엔에 상당하는 그 물품을 세 차례로 나누어 보냈습니다.

要求

요구(하다), 요청(하다).

- 我方**要求**该批货物运输装船时必须投保水渍险。
  그 화물을 선적할 때 반드시 침수보험에 가입할 것을 요청합니다.

- 你方的上述**要求**我公司无法满足。
  우리 회사는 상술한 귀측의 요구를 만족시킬 방법이 없습니다.

交货方式

물건 교역 방식.

- 原**交货方式**、交货地点不变。
  원래 교역 방식 · 교역 지점은 변동 없습니다.

- **交货方式**为海运, 成本加运费到岸天津。
  교역 방식은 해상 운송으로 하며, 티엔진(天津)까지 C. I. F. 가격입니다.

一旦

일단.

- 支票所列款项**一旦**到账, 我方立即将货物发出。
  어음에 열거한 항목이 일단 입금되면 우리 측은 즉시 화물을 보내겠습니다.

- **一旦**收到顾客的投诉, 我司值班经理将会立即处理并报告上级。
  일단 고객의 항의를 받으면, 우리 회사 당직반 매니저가 즉시 처리하고 상부에 보고합니다.

立即

즉시.

- 请将该项目合同书草案**立即**呈送 ××× 总经理。
  그 항목 계약서 초안을 즉시 ××× 사장에게 보내주십시오.

- 请在收到该批货款后**立即**安排装运。
  그 물건 대금을 받으면 즉시 포장 운송 조치해주십시오.

期间

기간.

- 在华停留**期间**, 我们参观走访了数十余家IT企业。
  중국에 머무는 기간 동안 우리는 수십여 IT 기업을 방문 참관했습니다.

- 这批首饰上市, 正值春假**期间**, 一时全城热销。
  이 장신구가 출시되자, 마침 춘계 휴가 기간이라 일시에 전 도시에서 판매 열기가 일었습니다.

对套裙订货函的复函

韩国汉城××服装进出口公司

000-000 韩国汉城市××区××洞××号
Tel: 0082-2-000-0000　　Fax: 0082-2-000-0000

对××牌套裙订货函的复函

编号：036

上海××服装进出口公司
尊敬的总经理先生：

　　您好！

　　感谢贵方×月×日发来的订货单。

　　我们很高兴向您确认我们已为您订购了1600套"××"牌套裙。一旦我们收到按如上数目开出的信用证的确认函，我们就可以进行空运工作。

　　请注意我们×月×日的报价为海运到岸价。当然我们可以安排空运货物，但空运费用较高，我们还需加收您额外的成本费。无论如何，用此种方法，贵方肯定会在一周之内收到货物。贵方也就能按时在"五一"节期间进行销售。

韩国汉城××服装进出口公司

总经理：×××（签字）

××年×月×日

투피스 주문서에 대한 회신

한국 서울 ××의류 무역회사

주소

전화, 팩스

××표 투피스 주문서에 대한 회신

문서번호: 036

상하이 ××의류 무역회사

존경하는 사장님께:

안녕하십니까!

귀측이 ×월 ×일 보내주신 주문서에 감사드립니다.

우리는 이미 귀측을 위해 "××"표 투피스 1,600벌을 주문하였음을 확인시켜 드립니다. 위 숫자대로 발행한 신용장 확인서를 우리가 일단 받으면, 우리는 항공 발송 작업을 진행할 것입니다.

주의하실 것은, 우리가 ×월 ×일 제시했던 가격은 해운 C. I. F. 가격이란 점입니다. 우리는 항공 운송도 하기는 합니다만, 다만 항공 운송은 비용이 상당히 높아서, 우리는 정액 외 부담된 원가를 귀측으로부터 더 받아야 합니다. 하여튼 그렇게 하면 귀측은 1주일 안에 물건을 받을 수 있습니다. 귀측 또한 시일에 맞추어 "5·1"절 기간에 판매할 수 있습니다.

한국 서울 ××의류 무역회사

사장: ×××(서명)

××년 ×월 ×일

상용 단어 및 구문

发来

보내오다.

- 我们已经收到贵方**发来**的销货确认函。
  우리는 귀측이 보내온 매매확인서를 이미 받았습니다.

- 该批货物贵方预计何时**发来**, 请告知。
  귀측은 그 화물을 언제 보내올 예정인지 알려주시기 바랍니다.

如上

앞과[위와] 같다.

- **如上**所述, 在避免该批货物损失方面, 我们已尽了**最大努力**。
  위에서 서술한 바와 같이, 그 화물의 손실을 피하기 위해 우린 이미 최대의 노력을 하였습니다.

- 如果能满足我方**如上**条件, 我方可考虑订货。
  위와 같은 우리 측 조건을 만족시킬 수 있다면, 우리 측은 주문을 고려할 것입니다.

请注意

주의하기 바랍니다.

- **请注意**该公司的商品计量单位为"磅", 而不是"公斤"。
  그 회사 상품 계량 단위는 "kg"이 아니라 "파운드"라는 것에 주의하시기 바랍니다.

- 卸货搬运时**请注意**不要将货物倒置及倾斜。
  적재 운송시에 화물이 거꾸로 되거나 기울어지지 않도록 주의하시기 바랍니다.

当然

당연하다.

- 发生了如此不愉快的事情, 该船运公司**当然**要负责。
  이와 같은 불미스런 일이 발생하면, 그 해운회사는 당연히 책임을 져야 합니다.

- 消费者**当然**不愿意使用功能有缺陷的掌上电脑产品。
  소비자는 기능에 결함이 있는 팜탑 컴퓨터를 당연히 사용하고 싶어하지 않습니다.

额外

액외, 정액 이외.

- 这样做就不会给你公司增添任何**额外**的费用。
  이렇게 하면 귀 회사에 어떤 액외 비용도 증가시킬 리가 없습니다.

- 这款产品增加了很多功能, 但却没有给消费者增加**额外**支出。
  이 상품은 기능이 많이 추가되긴 했어도, 소비자가 정액 외의 지출을 하게 하지는 않습니다.

无论如何

여하를 막론하고.

- **无论如何**, 我们不能让贵公司独立承担该项损失。
  여하를 막론하고, 우리는 귀 회사가 단독으로 그 손실을 입게 할 수 없습니다.

- 请×××总经理放心, **无论如何**, 我们将在春节之前将所有故障车辆召回检修。
  ××× 사장님 안심하십시오, 여하를 막론하고, 우리는 설 이전에 고장 차량을 회수하여 점검 수리하겠습니다.

按时（起运、发货、付款）

시일에 맞추어 (운송하다, 발송하다, 지불하다).

- 在贵方的努力下, 该批服装已经**按时**到达北京。
  귀측 노력으로 그 의류는 이미 시일에 맞추어 베이징에 도착했습니다.

- 请**按时**提货。
  시일에 맞추어 물건을 제공해주십시오.

试订贵州蜡染的订货函

韩国汉城××纺织品进出口公司

000-000 韩国汉城市××区××洞××号
Tel: 0082-2-000-0000   Fax: 0082-2-000-0000

关于贵州蜡染的订货函

编号: 0163

中国贵州省××纺织品进出口公司

尊敬的总经理先生:

　　我们仔细研究了贵方有关贵州蜡染的详细介绍及价目单后,决定试订购下列货品:

货号	数量	单价
第16号	3000码	每码1.6美元
第14号	6000码	每码1.4美元
第105号	5000码	每码1.6美元
第29号	10000码	每码1.3美元

　　价格以成本加运费、保险费到仁川计算,其中要求按发票总额加20%投保水渍险。×月×日前装运。收到贵方确认书及售货单后,我们即开立信用证,见票后30天付款。

　　我们有意将贵方产品引入本地市场,如有任何建议,请告知。有关我们的业务信誉,我地韩国银行会向贵方提供所需材料。盼早复。

韩国汉城××纺织品进出口公司

总经理: ×××(签字)

××年×月×日

꾸이저우 납염(蠟染) 시험 주문서

한국 서울 ××방직품 무역회사

주소
전화, 팩스

꾸이저우(贵州) 납염(蠟染) 주문서

문서번호: 0163

중국 꾸이저우성(贵州省) ××방직품 무역회사

존경하는 사장님께:

　　우리는 꾸이저우 납염(蠟染)과 관련된 귀측의 상세한 소개와 가격표를 자세히 검토한 후, 아래 물품을 시험 구매하기로 결정하였습니다:

상품 번호	수량	단가
제16호	3,000야드	매 야드 당 1.6달러
제14호	6,000야드	매 야드 당 1.4달러
제105호	5,000야드	매 야드 당 1.6달러
제29호	10,000야드	매 야드 당 1.3달러

　　가격은 원가 플러스 운송비·보험비 인천 도착으로 계산하며, 송장 총액에 20% 추가한 침수 보험에 가입해야 합니다. ×월 ×일 이전 선적. 귀측 확인서와 물품판매서를 받은 후 우리는 즉시 신용장을 발행하며, 일람 후 30일 지불합니다.

　　우리는 귀측 상품을 이쪽 시장에 들여올 의향이 있습니다. 어떤 건의사항이라도 있으면 말씀해주시기 바랍니다. 우리의 신용에 관해서는 필요한 자료를 이쪽 한국은행에서 귀측에 제공할 수 있습니다. 빠른 회신을 기다립니다.

한국 서울 ××방직품 무역회사

사장: ×××(서명)

××년 ×월 ×일

상용 단어 및 구문

研究

연구하다, 검토하다.

- **经研究**, 我们同意贵会社提出的上述要求。
  검토를 거쳐서, 우리는 앞서 말한 귀 회사에서 제시한 요구에 동의합니다.

- 该可行性报告还要经过董事会讨论**研究**并通过后才能实施。
  그 실행 가능성 보고서는 이사회에서 토론·검토하여 통과된 후 실행할 수 있습니다.

试订购

시험 구매하다, 시험 주문하다.

- 本次订货仅为**试订购**, 批量较小。
  이번 주문은 시험 구매일 뿐이어서, 양이 그리 많지 않습니다.

- 现我公司向贵公司**试订购**以下货品。
  우리 회사는 아래 물품을 귀 회사에 시험 주문하려 합니다.

以～计算

～로 계산하다.

- **以**美元**计算**, 本次交易我公司净盈利××××元。
  달러로 계산하면, 이번 교역에서 우리 회사는 ××××달러 이익을 얻습니다.

- 此次进货单位**以**"公吨"**计算**。
  이번 물품 수입 단위는 "톤"으로 계산합니다.

其中

그중.

- 我公司在促销期间共推出10种新品, **其中**"小旋风"系列产品价格低至300元。
  우리 회사는 판촉 기간에 신상품 도합 10종을 내놓았으며, 그중 "소선풍(小旋风)" 시리즈 상품 가격을 300위엔까지 낮추었습니다.

- 全部费用为×××元, **其中**包含10%的手续费。
  전부 비용은 ×××위엔이며, 그중 수속비 10% 포함입니다.

有意

~할 뜻[의향]이 있다, ~하려고 한다.

- 我公司**有意**向你公司订购300箱罐头, 请寄来目录以便选择。
  우리 회사는 귀 회사로부터 통조림 300상자를 구매하고자 합니다. 선택을 위하여 목록을 보내 주십시오.

- 请不要以为我商社是**有意**拖延付款。
  우리 상사가 지불을 연기하려 한다고 여기지 말아 주십시오.

如有(差错、雷同、不符)

만약 ~가 있으면.

- 对此价格, **如有**不同意见, 请与我方×××小姐联系。
  이 가격에 대해 만약 다른 의견이 있으면 우리측 ××× 씨와 연락하시기 바랍니다.

- 该批货品在清点中**如有**差错, 请立即向我公司通报。
  그 물품 점검 중 착오가 있으면 즉시 우리 회사에 통보해주십시오.

有关

유관하다, 관련있다.

- **有关**中国微波炉市场的价格战的一些情况, 我们已做了详细了解。
  중국 마이크로웨이브 스토브 시장의 가격전과 관련된 상황을 우리는 이미 상세하게 파악했습니다.

- **有关**产品包装、装运事宜, 双方另行商定。
  상품 포장·운송과 관련된 사안은 쌍방이 따로 협상하여 정합니다.

对贵州蜡染订货函的复函

中国贵州省××纺织品进出口公司

关于贵州蜡染订货函的复函

编号：0076

韩国汉城××纺织品进出口公司

尊敬的总经理先生：

您好！

贵方××年×月×日第063号有关贵州蜡染的订单收到，谢谢。我当立即妥善安排，该货将很快发往你处。

如贵公司对此货还有任何要求，请参阅第66号目录并来函告知为荷。

感谢贵方惠顾，希望上述货物能使贵司满意。

此致

敬礼！

贵州省××纺织品进出口公司

总经理：×××（签字）

××年 ×月 ×日

꾸이저우 납염(蠟染) 주문서에 대한 답신

꾸이저우성 ××방직품 무역회사

꾸이저우 납염(蠟染) 주문서에 대한 답신

문서번호: 0076

한국 서울 ××방직품 무역회사

존경하는 사장님께:

안녕하십니까!

꾸이저우 납염 주문과 관련한 귀측 ××년 ×월 ×일 제063호 문건을 받았습니다. 감사합니다. 저는 즉시 적절하게 처리하여, 물품을 신속히 발송하겠습니다.

귀 회사에서 이 물품에 또 다른 어떤 요구사항이 있으면 제66호 목록을 살펴보시고 문서로 알려주시면 고맙겠습니다.

귀측의 관심에 감사드리며, 상술한 물품이 귀 회사 마음에 들기를 희망합니다. 안녕히 계십시오!

꾸이저우성 ××방직품 무역회사

사장: ×××(서명)

××년 ×월 ×일

상용 단어 및 구문

第～号

제~호.

- **第**9**号**箱内货品与装箱单不符。
  제9호 포장 속 물품이 포장리스트와 맞지 않습니다.

- 详细条件详见**第**3**号**附件。
  상세한 조건은 제3호 첨부 문서를 자세히 보십시오.

当

마땅히 ～해야 한다. 마땅히 ～할 것이다.

- 作为多年的合作伙伴, 我们**当**全力以赴, 帮助你们渡过难关。
  다년간 합작한 동반자로서 우리는 마땅히 전력을 다하여 귀측이 난관을 헤쳐나가도록 도울 것입니다.

- 如果我方服务人员的工作有不到之处, 请指出, 我方定**当**纠正。
  만약 우리 측 종업원 작업에 미흡한 점이 있으면 지적해 주십시오. 우리 측은 반드시 바로잡겠습니다.

妥善(安排、解决、处理)

타당[적절]하게 (안배하다, 해결하다, 처리하다).

- 我公司已**妥善**安排考察团一行的日程, 请审议。
  우리 회사는 시찰단 일행의 일정을 이미 적절히 안배하였으니, 살펴봐 주십시오.

- 关于上次的事故, 我公司已经**妥善**处理。
  지난번 사고에 관하여 우리 회사는 이미 적절하게 처리했습니다.

参阅

열람 참고하다.

- 如果想了解我公司的新产品情况, 请**参阅**新产品目录。
  만약 우리 회사 신상품 상황을 알고 싶으시면, 신상품 목록을 참고해 주십시오.

- 欲知详情, 请**参阅**所附产品推介书。
  상세한 내용을 알고 싶으시면 첨부된 상품 소개서를 열람해 주십시오.

～为荷

～하면 감사하겠습니다.

- 随函附寄支票一张, 请查收**为荷**。
  문서와 더불어 어음 한 장을 첨부하여 보내오니, 잘 받아 주시면 감사하겠습니다.

- 改组后的公司主营业务不变, 请予继续关照**为荷**。
  개편 이후에도 회사 주 업무는 변함이 없으니, 계속 관심을 가져주시면 감사하겠습니다.

使

～에게 …하게 하다.

- 为了**使**双方贸易顺利进行, 我方已作出了一定的让步。
  쌍방 무역이 순조롭게 진행되게 하기 위해 우리 측은 이미 일정한 양보를 했습니다.

- 希望我们的这次同意延期付款, 能**使**你公司的财务困境得到缓解。
  이번에 우리가 지불 연기에 동의한 것이 귀 회사의 어려운 재무 상황을 완화시킬 수 있기를 희망합니다.

棉花定货单及发送定单函件

韩国汉城××纺织品进出口公司

000-000 韩国汉城市××区××洞××号
Tel: 0082-2-000-0000　　Fax: 0082-2-000-0000

棉花订货函

编号: 0388

上海市××路××有限公司

敬启者:

　　确认双方往来电报, 现随函附上第SN168号订单, 订购240长吨棉花。望能选择优质货, 并安排早日装运。

　　谢谢!

韩国汉城××纺织品进出口公司
总经理: ×××(签字)
××年×月×日

订单 SN168 号

××年×月×日

中国上海市××路

××有限公司

敬启者:

　　请供

数量	货品	单价	总值
240长吨 以公量计	××年产棉花 一级品每长吨	C.I.F至汉城 800美元	192,000美元

包装: 麻包袋

唛头: ▽AB　汉城
　　　　中国制造

装运: ×月×日前

支付: 不可撤消即期信用证付款

备注: 允许数量3%增减

면화 주문서 및 발송 주문서

한국 서울 ××방직품 무역회사

주소
전화, 팩스

면화 주문서

문서번호: 0388

상하이시(上海市) ××로 ××유한회사

삼가 말씀 드립니다:

　　쌍방에 오간 전보를 확인하고, 이에 제SN168호 주문서를 첨부하여 면화 240롱 톤을 주문합니다. 품질 좋은 물건을 선정하여, 빠른 시일 안에 운송 처리해주시기 바랍니다.

　　감사합니다.

한국 서울 ××방직품 무역회사
사장: ×××(서명)
××년 ×월 ×일

주문서 SN168호

××년　×월　×일

중국 상하이시 ××로 ××유한회사

삼가 말씀 드립니다:

수량	상품	단가	총가격
240톤 정량으로 계산	××년산 면화 매롱톤당 1급품 제품	C.I.F 서울까지 800달러	192,000달러

포장: 마포 자루

마크: ⟨AB⟩ 서울, 중국 제조

운송: ×월 ×일 이전

지불: 철회 불가 일람출급 신용장 지불

비고: 수량 증감 허용치 3%

상용 단어 및 구문

订货

주문하다.

- **你方订货**已如期发运, 请查收。
  귀측에서 주문한 물품을 이미 기일대로 발송하였으니, 잘 받으시기 바랍니다.

- 如你们公司同意, 我们双方在下个月签定**订货**合同。
  귀 회사에서 동의한다면, 우리 쌍방은 다음 달에 주문 계약에 서명합니다.

随函

(지금 보내는 이) 문서 편에, (지금 이) 문서에 덧붙여.

- **随函**附寄销货确认书, 请查收。
  판매확인서를 첨부하여 보내오니, 잘 받으시기 바랍니다.

- 货品清单已于当日**随函**一并寄出。
  물품 명세서는 이미 당일 문서 편에 일괄 보냈습니다.

望

바라다.

- 因为急需此商品, **望**速安排装运。
  이 상품이 급히 필요하니, 속히 운송 안배해주시기 바랍니다.

- 现已将贵公司订购的商品装船发往你地, **望**收到货物后来函告知。
  귀 회사가 주문한 상품을 현재 이미 선적하여 그쪽으로 발송하였으니, 물품을 받은 후 문서로 알려주시기 바랍니다.

优质

우수한 품질(의), 우량(의).

- 我们选择了**优质**大米运往你公司。
  우리는 우수한 품질의 쌀을 선별하여 귀 회사에 운송했습니다.

- 请相信我公司的乙烯产品是**优质**优价的。
  우리 회사 에틸렌 상품은 품질 가격 모두 좋습니다, 믿어주십시오.

并

아울러.

- 特将情况通报给您, **并**请转告贵公司有关业务人员。
  특별히 상황을 귀하께 통보해드리며, 아울러 귀 회사 관련 업무 담당자에게 전해주시기 바랍니다.

- ~ 双方达成初步意见, **并**定于7月3日在南宁市进行下次会谈。
  쌍방은 초보적 의견 일치를 보았고, 아울러 7월 3일 난닝시(南宁市)에서 다음 회담을 진행하기로 결정했습니다.

安排

안배하다, 준비하다, 조치하다, 마련하다.

- 关于洽谈事宜, 我公司已经**安排**妥当。
  상담[협상] 건에 대해 우리 회사는 이미 적절히 안배했습니다.

- 你公司需要的货物, 我们已经**安排**明日航班, 运往中国上海。
  귀 회사가 필요한 물품을 우리는 이미 내일 항공편을 마련해 중국 상하이로 운송할 것입니다.

确认棉花订货的复函

上海市××路××有限公司

关于确认棉花订货的复函

编号: 0396

韩国汉城××纺织品进出口公司
尊敬的总经理先生:

你方关于购买240长吨棉花之SN168号订单已收到, 谢谢。

随函附寄第039号销货确认书。由于目前供货充裕, 我们保证尽快装运。

上海市××路××有限公司

总经理: ×××(签字)

××年×月×日

第039号销货确认书

××年×月×日

敬启者:

兹确认于××年×月×日按以下条件售予贵方下述货物:

货品规格: ××年产棉花一级品。

数　　量: 240长吨, 以公量计。

单　　价: C.I.F至汉城, 每长吨800美元。

总　　值: 192,000美元

装　　运: ×月份

支　　付: 买方应在4月1日前将保兑的、不可撤消即期信用证开抵卖方,
有效期至装运期后第15天在中国议付。

包　　装: 麻包袋

保　　险: 由卖方根据中国××保险公司××年×月×日海洋运输货物
保险条款, 按发票金额的110%投保平安险。

备　　注: 1. 允许溢短装3%, 以成交价格计算

2. 离岸品质、重量以上海商品检验局出具的检验证书为证明及
最后依据。

3. 信用证内容必须严格符合此销货确认书之规定。

면화 주문 확인 답신

상하이시 ××로 ××유한회사

면화 주문 확인 답신

문서번호: 0396

한국 서울 ××방직품 무역회사
존경하는 사장님께:
　　면화 240 롱톤 구매와 관련한 귀측 SN168호 주문서를 잘 받았습니다. 감사합니다.
　　제039호 매매확인서를 첨부하여 보내드립니다. 현재 물품 공급이 충분하기 때문에
우리는 가능한 한 빨리 선적 운송할 것을 보증합니다.

상하이시 ××로 ××유한회사
사장: ×××(서명)
××년 ×월 ×일

제039호 매매확인서

××년 ×월 ×일

말씀드립니다:
　　××년 ×월 ×일 아래 조건대로 귀측에 아래 물품을 판매함을 확인합니다:
물품규격: ××년산 면화 일등급 제품
수　　량: 240롱톤, 정량(公量)으로 계산.
단　　가: C. I. F. 서울까지, 매 롱톤 당 800달러.
총　　액: 192,000달러
운　　송: ×월중
지　　불: 구매 측은 4월 1일 이전까지 보험 가입 철회 불가 일람출급 신용장을 판
　　　　　매 측에 발행, 유효기간은 선적 시기 이후 제15일까지이며 중국에서 지불.
포　　장: 마포 자루
보　　험: 판매 측이 중국 ××보험회사 ××년 ×월 ×일 해양운수화물보험 약관
　　　　　에 근거하여 송장 금액의 110%로 안전보험 가입.
비　　고: 1. 선적 물량 오차 3% 허용, 교역 가격으로 계산.
　　　　　2. 쉬핑(shipping) 품질 · 중량은 상하이 상품 검사국에서 발행한 검사
　　　　　　　증서로 증명 및 최후 근거로 삼음.
　　　　　3. 신용장 내용은 반드시 이 매매확인서의 규정에 엄밀히 부합해야 함.

상용 단어 및 구문

销货

(물품을) 판매하다.

- 贵方必须在收到我方**销货**确认后15日内开立信用证。
  귀측은 우리 측 판매 확인을 받은 이후 반드시 15일 안에 신용장을 발행해야 합니다.

- 现将**销货**确认书一式两份寄出送贵方会签。
  이에 매매확인서 한 양식 2부를 공동 서명을 위하여 귀측에 보냅니다.

由于

~로 말미암아, ~하기 때문에.

- **由于**台风天气影响, 该货轮开航日期推迟至3月18日。
  태풍 영향으로 그 화물선 출항 날짜를 3월 18일까지 연기합니다.

- **由于**VCD市场竞争加剧, 进口品牌在竞争中已呈明显劣势。
  VCD 시장 경쟁이 더욱 격화됨으로 말미암아 수입 브랜드가 경쟁에서 이미 뚜렷한 열세를 보입니다.

供货

물품을 공급하다.

- 由于资金紧张, 该产品**供货**商无法按时提供第一批货品。
  자금 사정이 어려워, 그 상품 공급상은 시한대로 첫 번째 물품을 공급할 방도가 없습니다.

- 由于天气不好, 荔枝收成下降, **供货**开始紧张。
  날씨가 좋지 않아 여지(荔枝) 수확이 떨어져, 공급이 어려워지기 시작했습니다.

兹

이, 이에.

- **兹**有我公司供应部经理×××等两人前去你处商洽发运方式等问题, 请接待。
  이에 우리 회사 조달부 매니저 ××× 등 두 사람이 운송 방식 등의 문제를 협의하러 귀처에 갈 것이니, 맞아주시기 바랍니다.

- **兹**授予×××先生我公司荣誉员工称号。
  이에 ××× 씨에게 우리 회사 명예 직원 칭호를 수여합니다.

售予

판매하다.

- 现将汽车零部件一宗(详见清单)**售予**你方。
  이에 자동차 부품 1종(자세한 내용은 조사서 참고)을 귀측에 판매합니다.

- 我们已经将仓库中的全部小麦**售予**天津的另一家公司。
  우리는 창고에 있던 소맥 전부를 이미 티엔진의 다른 회사에 판매했습니다.

规格

규격.

- 这种牌子的摄像机有50余种不同的**规格**。
  이 상표 비디오카메라는 다양한 50여 종 규격이 있습니다.

- 由于**规格**不同, 价格也有很大差异。
  규격이 다름에 따라 가격 역시 커다란 차이가 있습니다.

开抵

개설[발행]하다.

- 请在3月5日前将信用证**开抵**卖方。
  3월 5일 이전에 신용장을 판매 측에 발행해주십시오.

- 我公司此批货物的发票已于昨日**开抵**你方。
  우리 회사는 이 화물 송장을 어제 이미 귀측에 발행했습니다.

山东大蒜订购函

韩国汉城××农产品进出口公司

000-000 韩国汉城市××区××洞××号
Tel: 0082-2-000-0000   Fax: 0082-2-000-0000

山东大蒜订购函

编号: 0671

中国山东省××农产品进出口公司
尊敬的总经理先生:

　　贵公司××年×月×日函, 及山东金乡产紫皮大蒜样品邮包均收到。我公司对贵公司所供大蒜的质量和报价均感满意, 如能按照来样和随函已寄上的订单中的具体要求, 供应我100吨, 将不胜感谢。

　　按照贵公司的要求, 一张面额12000元的信用证, 已由韩国××银行电报开出。

　　此次仅是一个小批实验性订购, 如若效果良好, 我将向您安排较大批量的经常性的订单。

　　　　　　此致
敬礼!

韩国汉城××农产品进出口公司

总经理: ×××(签字)

××年×月×日

산동 마늘 주문서

한국 서울 ××농산품 무역회사

주소
전화, 팩스

산동 마늘 주문서

문서번호: 0671

중국 산동성(山东省) ××농산품 무역회사
존경하는 사장님께:

　귀 회사의 ××년 ×월 ×일 문서와 산동 진시앙(金乡) 산 자피(紫皮) 마늘 샘플 소포를 모두 받았습니다. 우리 회사는 귀 회사가 공급하는 마늘의 품질과 가격에 모두 만족했습니다. 보내준 샘플 및 이미 문서와 함께 첨부한 주문서의 구체적인 요청대로 우리에게 100톤을 공급해주시면 대단히 감사하겠습니다.

　귀 회사의 요청대로 액면가 12,000위엔 신용장 한 장을 이미 한국 ××은행으로부터 전보 발행했습니다.

　이번은 단지 소규모 시험 구매일 뿐이며, 결과가 좋다면 저는 귀측으로부터 정상적으로 대량 주문을 할 것입니다.

안녕히 계십시오!

한국 서울 ××농산품 무역회사
사장: ×××(서명)
××년 ×월 ×일

상용 단어 및 구문

所供

공급[제공]하는.

- 你公司**所供**的显示器均未粘贴出厂标签。
  귀 회사에서 공급하는 모니터는 모두 생산자 표시를 붙이지 않았습니다.

- 据统计, 我公司畅销的机型相当一部分为你公司**所供**。
  통계에 의하면, 우리 회사가 판매하는 기기 스타일의 상당 부분이 귀 회사가 공급하는 것입니다.

供应

공급하다.

- 请提供今年夏天能够**供应**给我方的夏装的产品目录。
  올해 여름에 우리 측에 공급할 수 있는 하복 상품 목록을 제공해주십시오.

- 你公司**供应**给我方的产品深受消费者喜爱, 希望以后继续合作。
  귀 회사에서 우리 측에 공급하는 상품이 소비자의 깊은 사랑을 받고 있어, 이후로도 계속 합작하기를 희망합니다.

面额

액면 가격.

- 这张汇票的**面额**为10000美元。
  이 어음의 액면 가격은 10,000달러입니다.

- 一张**面额**为8000美元的信用证已由中国银行开出。
  액면 가격 8,000달러 신용장이 이미 중국은행으로부터 발행되었습니다.

仅是

단지 ~일 뿐이다.

- 你方此次供货存在严重问题, **仅是**其中一箱货品就有五件破损。
  귀측의 이번 물품 공급에 심각한 문제가 있는데, 그중 한 상자에 파손된 물품 5건이 있었습니다.

- 此次该公司推出微波炉系列, **仅是**他们进军家电领域的一个尝试。
  이번 그 회사가 마이크로웨이브 스토브 시리즈를 출시한 것은 그들이 가전 영역에 진출하려는 하나의 시험일 뿐입니다.

小批

소량.

- 此次订货为**小批**量订货。
  이번 주문은 소량 주문입니다.

- 这次受损的货物只是其中的一**小批**。
  이번에 손상을 입은 물품은 단지 그중 소량일 뿐입니다.

如若

만약.

- **如若**你方同意, 这批货物我方将用航班运抵你地。
  만약 귀측이 동의한다면, 우리 측은 이 물품을 항공으로 그쪽까지 운송하겠습니다.

- **如若**这次我们合作良好, 今后我们将会有良好的合作空间。
  만약 이번 우리 합작이 잘 되면, 이후 우리는 좋은 합작 여지가 있을 것입니다.

大批量

대량.

- 这批货物如果销售良好, 我们将**大批量**订货。
  이 물품이 잘 팔리면, 우리는 대량 주문할 것입니다.

- 请相信我公司将来的订货必定是**大批量**的。
  앞으로의 우리 회사 주문은 반드시 대량임을 믿어주십시오.

山东大蒜订购函的复函

山东省××农产品进出口公司

关于山东大蒜订购函的复函

编号：0816

韩国汉城××食品进出口公司
尊敬的总经理先生：

您好！

贵公司××年×月×日编号067号函收悉，谢谢贵方订购我公司产品。

山东金乡产紫皮大蒜200吨，金额12000美元整。我方对此订单已很重视。该货已装上今日开往仁川的××轮。相信该货将安全到达贵地并使贵方十分满意。根据信用证的条款，我方开出以贵公司为付款人，见票后三个月付款的、面额为12000美元的汇票一份。我们相信，该汇票提示时，必能获得承兑。

我们希望此次交易将使双方保持经常的联系。

中国山东省××农产品进出口公司

总经理：×××（签字）

××年××月××日

地址：中国山东省济南市××区××路××号　　邮政编码：250000
电话：086-531-000-0000　　传真：086-531-000-0000

산동 마늘 구매서 회신

중국 산동성 ××농산품 무역회사

산동 마늘 구매서에 대한 회신

문서번호: 0816

한국 서울 ××식품 무역회사

존경하는 사장님께:

안녕하십니까!

귀 회사의 ××년 ×월 ×일 문서번호 067호 문서를 잘 받았습니다. 우리 회사 산품을 주문해주신 것에 감사드립니다.

산동 진시앙 산 자피(紫皮) 마늘 200톤, 금액은 12,000달러입니다. 우리 측은 주문서를 매우 중시하여, 오늘 인천으로 가는 ××선에 해당 화물을 이미 선적하였습니다. 해당 화물이 그곳에 안전하게 도착하고 귀측이 아주 만족스러워 하리라 믿습니다. 신용장 약관에 따라 우리 측은 귀 회사를 지불인으로 하는 일람 후 3개월 지불 액면 가격 12,000달러 어음을 발행했습니다. 해당 어음을 제시했을 때 반드시 인수받을 수 있으리라고 믿습니다.

이번 교역으로 장차 쌍방간에 늘 연락이 유지되기를 희망합니다.

중국 산동성 ××농산품 무역회사

사장: ×××(서명)

××년 ×월 ×일

주소, 전화, 팩스

编号

(등록) 번호.

- 在公司债券存根簿上必须载明债券持有人取得债券的日期及债券的**编号**。
  회사 채권 부본 장부에는 채권 소지인이 채권을 취득한 날짜와 채권 번호를 반드시 분명히 기재해야
  합니다.

- **编号**为85795、原底价为40万元的走私飞机, 拍卖价格一路上扬。
  등록 번호 85795, 처음 저가 40만 위엔 밀수 비행기 경매 가격이 계속 상승하고 있습니다.

安全到达

안전하게 도착하다.

- 由中远公司货轮托运的一批钟表制品已经**安全到达**仁川港。
  중위앤공사(中遠公司)로부터 화물선으로 탁송한 시계 제품이 이미 안전하게 인천항에 도착했습니다.

- 海上风浪很大, 但我们还是**安全到达**了目的地。
  해상에 풍랑이 거셌지만, 그래도 우리는 안전하게 목적지에 도착했습니다.

条款

약관, 조항.

- 这些公司自即日起, 执行价格承诺协议的有关**条款**。
  이 회사들은 당일로부터 가격 승낙 협의 관련 약관을 집행합니다.

- 在已购买保险的被访者中, 不清楚合同中免除责任**条款**的达百分之四十五。
  이미 보험에 가입한 피보험자중, 계약중 책임약관 면제를 이해하지 못하는 사람이 45%에 달합니다.

汇票

어음, 수표, 환권.

- 该商业**汇票**到期, 但承兑人因故无款可付。
  그 상업 어음이 만기되었는데, 인수자가 사고로 인하여 지불할 현금이 없습니다.

- 我公司对××公司作为提票人、××厂作为承兑人在××银行申请开立的商业承兑
  汇票提供担保。
  우리 회사는 ××회사를 제시자로 하고 ××공장을 인수자로 하여 ××은행에서 신청 발행한 상업 인
  수 어음을 담보로 제공합니다.

인수하다.

- 商业**承兑**汇票的承兑人在票据上使用何种签章有严格的要求。
  상업 인수 어음 인수자가 빌(bill)에 사용하는 인장 종류에는 엄격한 요구사항이 있습니다.

- 从财务费用来看, 该公司**承兑**损益只有17. 5万元。
  재무비용에서 볼 때, 그 회사 인수 손익은 17.5만 위엔 뿐입니다.

交易

교역하다, 거래하다.

- 会谈定于5月8日在中国北京房地产**交易**中心举行。
  5월 8일 중국 베이징 부동산 교역 센터에서 회담을 거행하는 것으로 결정되었습니다.

- 在上周最后一个**交易**日, OPEC油价跌至每桶24.79美元。
  지난주 마지막 거래일에 OPEC 유가가 배럴당 24.79달러까지 급락했습니다.

进一步征求订货函

山东省××农产品进出口公司

山东大蒜进一步征求订货函

编号：0888

韩国汉城××食品进出口公司
尊敬的总经理先生：

您好！

我方×月×日开出面额为12000美元的汇票已获承兑，值此表示敬意。我们相信，贵司对最近从我处购进的大蒜定会感到十分满意。我们认为这是你方从未买过的好货。今后，我们愿将贵公司作为最好的顾客之一。能使客户满意，就是最好的广告。我们在贸易上一向采取这种做法，并引以自豪。

无论现在或是将来，如贵方对我们有感到不满意之处，敬请即刻通知我方，我定当纠正，并在今后使之更加完美。请利用我寄上的反馈意见表，告知贵方对货物的满意度，今后能否继续给予惠顾。如能获得示覆，当不胜感激。

致以

崇高的敬意！

中国山东省××农产品进出口公司

总经理：×××（签字）

××年××月××日

地址：中国山东省济南市××区××路××号　　邮政编码：250000
电话：086-531-000-0000　　传真：086-531-000-0000

계속 주문 의사 타진서

중국 산동성 ××농산품 무역회사

산동 마늘 계속 주문 의사 타진서

문서번호: 0888

한국 서울 ××식품 무역회사
존경하는 사장님께:

안녕하십니까!

우리 측은 ×월 ×일 발행한 액면 가격 12,000달러 어음을 이미 지불받았으며, 이에 경의를 표합니다. 최근 우리로부터 수입한 마늘에 귀사가 틀림없이 매우 만족하리라고 우리는 믿습니다. 그것은 귀측이 이제껏 구매해보지 못한 좋은 물건이라고 우리는 생각합니다. 이후 우리는 귀 회사를 가장 훌륭한 고객의 하나로 삼고자 합니다. 고객이 만족하게 하는 것이 무엇보다 좋은 광고입니다. 우리는 무역에서 줄곧 이 방법을 채택하였으며, 이에 자부심을 갖고 있습니다.

지금 혹은 앞으로를 막론하고 귀측에서 우리에게 만족스럽지 못한 점이 있으면 즉각 우리 측에 통지해주시기 바랍니다. 우리는 반드시 바로잡고, 이후 더욱 잘 할 것입니다. 우리가 보내드리는 피드백 의견표를 이용하여 물건에 대한 귀측의 만족도와 이후 계속 찾아주실 수 있는지 여부를 알려주시기 바랍니다. 답장해주시면 대단히 감사하겠습니다.

이에 경의를 표합니다!

중국 산동성 ××농산품 무역회사

사장: ×××(서명)

××년 ×월 ×일

주소, 전화, 팩스

상용 단어 및 구문

已获

이미 받다.

- 关于此批货品由于原材料价格上涨而提价10%的请求**已获**对方同意。
  원재료 가격 상승으로 이 물품 가격을 10% 올릴 것을 청구한 것에 대해 이미 상대방의 동의를 받았습니다.

- 我公司该项技术**已获**得国家新产品奖。
  우리 회사의 그 기술은 이미 국가 신상품상을 받았습니다.

值此

이 ~할 때를 맞아, 이 ~할 때에 처해.

- **值此**新世纪来临之际, 谨祝各位朋友万事如意, 新的世纪再创辉煌!
  뉴 밀레니엄이 오는 이때, 여러분 모두의 만사가 뜻대로 이루어질 것과 뉴 밀레니엄에 다시 찬란한 성과를 거둘 것을 축원합니다!

- **值此**贵公司成立十周年之际, 特去函表示热烈祝贺。
  귀 회사 창립 10주년을 맞는 이때, 특별히 서신을 보내 뜨거운 축하를 표합니다.

购进

구매하다, 수입하다.

- 我公司最近**购进**的一批办公家具出现较多质量问题。
  우리 회사가 최근 수입한 사무용 가구의 품질에 꽤 많은 문제가 드러났습니다.

- 在股市低迷时期, 该公司**购进**大量××公司股票。
  주식 시세가 혼미한 시기에 그 회사는 ××회사 주식을 대량 구매했습니다.

一向

줄곧.

- 对于同行之间的争端, 我公司**一向**本着息事宁人的态度对待和解决问题。
  업계의 분쟁에 대하여 우리 회사는 줄곧 서로 한 발 양보하는 자세로 문제를 대하고 해결해왔습니다.

- 我厂**一向**致力为世界各地不同汽车和车主生产新颖、时尚、高品质的汽车用品。
  우리 공장은 줄곧 세계 각지 다양한 자동차와 차주를 위하여 최신·유행·고품질 자동자 용품을 생산해왔습니다.

即刻

즉각.

- 我公司紧急服务小分队**即刻**出发, 将于三个小时后到达现场。
  우리 회사 긴급 서비스 팀이 즉각 출발하여 3시간 후 현장에 도착할 것입니다.

- 如需租用虚拟主机, 请填妥租用表格并送出, 我们**即刻**着手设站事宜。
  虚拟主机를 임대 사용해야 한다면, 임대 사용표 양식을 채워 보내주면, 우리는 즉각 설치에 착수하겠습니다.

完美

완미하다.

- 如果外包装由塑料改为纸质包装, 则该产品将更加**完美**。
  겉포장을 플라스틱에서 지질 포장으로 바꾸면 그 상품이 더욱 완미해질 것입니다.

- 我们为消费者的服务力臻**完美**, 争取使贵方更加满意。
  우리는 소비자를 위한 서비스를 완미하게 하여 귀측이 더욱 만족하도록 하겠습니다.

反馈

피드백.

- 用户的意见**反馈**对我公司来说非常宝贵。
  사용자의 의견 피드백이 우리 회사로서는 매우 소중합니다.

- 您若有何建议或意见以及技术咨询请及时**反馈**给我们, 我们会尽快与您联系。
  어떤 건의나 의견 및 기술 자문 건이 있을 때마다 우리에게 피드백을 해주시면 우리는 가능한 한 빨리 연락하겠습니다.

示覆

회답하다.

- 如蒙应允, 实属荣幸之至, 祈请**示覆**。
  만약 허락하신다면 실로 매우 영광이옵니다. 회답을 부탁드립니다.

- 未知阁下能否拨冗出席, 祈请**示覆**。
  귀하께서 출석해주실 수 있는지 회답을 부탁드립니다.

取消酒类订单函

韩国汉城××食品进出口公司

000-000 韩国汉城市××区××洞××号
Tel: 0082-2-000-0000   Fax: 0082-2-000-0000

请求取消酒类订单函

编号: 0767

中国四川××食品进出口公司
尊敬的总经理先生:

您好!

我公司曾于×月×日向贵公司发出酒类订单一份, 订单号为BN035号。

关于上述订单, 很抱歉我们被迫请求贵方予以撤消, 原因是我国政府从××年×月×日起对此种货物增加了关税。

我们知道撤消订单将给贵方带来麻烦, 但望贵方理解, 我们对此事确实无能为力, 恳请贵方同意我们的请求。

此致

敬礼!

韩国汉城××食品进出口公司
总经理: ×××(签字)
××年×月×日

주류 주문 취소서

한국 서울 ××식품 무역회사

주류 주문 취소 청구서

문서번호: 0767

중국 쓰츄안(四川) ××식품 무역회사

존경하는 사장님께:

안녕하십니까!

우리 회사는 ×월 ×일 귀 회사에 주류 주문서 한 부를 발송한 바 있으며, 주문서 번호는 BN035호입니다.

대단히 죄송하지만 우리는 상술한 주문서를 취소할 수밖에 없습니다. 그 원인은 우리나라 정부가 ××년 ×월 ×일부터 그 물건에 대한 관세를 인상했기 때문입니다.

주문 취소가 귀측을 번거롭게 하리라는 것을 알지만 귀측의 이해를 바랍니다. 우리는 어떻게 할 힘이 없으니, 우리의 부탁에 귀측이 동의해주기를 간청합니다.

안녕히 계십시오!

한국 서울 ××식품 무역회사

사장 : ×××(서명)

××년 ×월 ×일

상용 단어 및 구문

被迫

어쩔 수 없이 ~하게 되다, ~하도록 압박을 받다.

- 由于种种原因, 原定于 × 月 × 日的会议**被迫**取消。
  여러 가지 원인으로, 원래 ×월 ×일로 정했던 회의를 취소할 수밖에 없습니다.

- 由于汉城上空受烟雾影响, 载着代表团成员的班机**被迫**转向釜山机场着陆。
  서울 상공 연무 영향으로 대표단 구성원을 태운 항공편이 부산 공항으로 회항할 수밖에 없게 되었습니다.

予以

~해주다.

- 对于该顾客所提技术问题, 请你公司尽快**予以**解答为盼。
  그 고객이 제기한 기술 문제에 대하여 귀 회사에서 빨리 해결해주시기 바랍니다.

- 我公司成立五年来, 贵公司一直**予以**极大支持, 在此深表谢意。
  우리 회사 창립 이후 5년 동안 귀 회사가 줄곧 큰 지지를 해주시어, 이에 깊이 감사드립니다.

原因

원인.

- 机器出现故障, **原因**不明。
  기기에 고장이 생겼는데, 원인은 밝혀지지 않았습니다.

- 减速机一般故障**原因**及改善方法详见使用说明书。
  감속기의 일반적 고장 원인 및 개선 방법은 사용설명서를 참고하십시오..

关税

관세.

- 印度将对进口化肥征收合理**关税**。
  인도는 화학비료 수입에 대하여 합리적인 관세를 징수할 것입니다.

- 我国加入WTO后将有二十二项农产品实施**关税**配额。
  우리나라는 WTO에 가입한 후 22 항목 농산품에 관세 쿼터를 실시했습니다.

理解

이해하다.

- 我公司的上述举动, 请贵公司**理解**。
  귀 회사는 상술한 우리 회사 조치를 이해해주시기 바랍니다.

- 今天很多所谓的电子商务公司, 他们对电子商务的**理解**都比较片面。
  오늘날 수많은 이른바 전자 상무(商務) 회사가 전자 상무를 상당히 단편적으로 이해하고 있습니다.

无能为力

어찌 할 힘이 없다, 어찌 할 수 없다.

- 这两天又请了不少高手到现场解决这个难题, 结果都是**无能为力**。
  현장으로 가서 이 난제를 해결해달라고 며칠 동안 적잖은 전문가에게 부탁했지만 모두 어쩌지 못했습니다.

- 对于贵公司目前的困境, 我们实在**无能为力**。
  목전의 귀 회사 곤경에 대하여 우리는 실로 어찌 할 힘이 없습니다.

恳请

간청하다.

- 公司工会发起捐助活动, **恳请**员工发挥爱心协助灾区重建家园。
  회사 근로자회에서 의연금 활동을 시작하였으니, 근로자들은 재해 지역에 주택을 중건하는 일에 사랑의 마음을 발휘하여 협조해주기를 간청합니다.

- 特发去此函, **恳请**得到您的帮助。
  특히 이 문서를 보내, 귀하의 도움을 간청합니다.

5장

주문 및 확인

自行车包装协议函

山东济宁市××自行车厂

自行车包装协议函

编号: 0393

韩国釜山××公司

尊敬的总经理先生:

您订购的10000辆自行车准备于明年×月×日发出。

每辆自行车都由波纹硬纸板封装, 20辆自行车为一束, 包在塑料中。一个集装箱可装240辆, 一船可装20个集装箱, 每个集装箱重8吨。货物可直接从我们的工厂通过火车发送到威海港, 再装船运出。从工厂运出的离岸价运费为每集装箱××美元, 整个发送费用为×××美元, 其中除去贵方应支付的集装箱租用费。

请贵方就交货运输给予我们更多指教。

山东济宁×××自行车厂

厂长: ×××(签字)

×××年×月×日

地址: 山东省济宁市×××自行车厂　　邮政编码: 272100

电话: 086-537-000-0000　　传真: 086-537-000-0000

자전거 포장 협의서

산동 지닝(济宁) ××자전거 공장

자전거 포장 협의서

문서번호: 0393

한국 부산 ××회사

존경하는 사장님께:

　귀하가 주문한 자전거 10,000대는 내년 ×월 ×일 보내려고 합니다.

　매 자전거마다 골판지로 봉함 포장하고, 자전거 20대를 한 묶음으로 플라스틱 안에 포장했습니다. 컨테이너 하나에 240대를 실을 수 있고, 배 하나에 컨테이너 20개를 실을 수 있으며, 매 컨테이너 당 중량은 8톤입니다. 화물은 직접 우리 공장에서 기차로 웨이하이(威海) 항으로 운송한 다음 선적하여 운송할 수 있습니다. 공장에서 운송하는 F. O. B. 운송 비용은 매 컨테이너 당 ××달러로, 전체 발송 비용은 ××××달러이며, 그중 귀측에서 지불해야 하는 컨테이너 임대비는 제외했습니다.

　물품 인도 운수에 대하여 우리에게 더 많은 귀측의 가르침을 부탁드립니다.

산동 지닝(济宁) ××자전거 공장

공장장: ×××(서명)

××년 ×월 ×일

주소, 전화, 팩스

상용 단어 및 구문

于

~에. [시간, 장소 등을 나타냄]

- 这批货物已于 × 月 × 日发出。
  이 화물은 ×월 ×일에 이미 발송했습니다.

- 以上报价请贵公司于 × × × × 年 × 月 × 日前回复。
  이상 제안가격에 대해 귀 회사는 ××××년 ×월 ×일 전에 회신 바랍니다.

集装箱

컨테이너.

- 该批货物请贵方用**集装箱**运输。
  귀측은 그 화물을 컨테이너로 운반 바랍니다.

- 我方已经将该**集装箱**开箱检查。
  우리 측은 이미 그 컨테이너를 열어 검사했습니다.

直接

직접.

- 贵公司在销售中遇到什么问题, 可以**直接**与我联系。
  귀 회사가 판매 중에 무슨 문제를 만나면 직접 저와 연락하면 됩니다.

- 请你方**直接**将该批货物发往汉城 × × × 公司。
  귀 측은 그 화물을 직접 서울 ×××회사로 발송 바랍니다.

通过

통과하다, ~를 통하다.

- 我方一直在努力**通过**友好协商解决此次争议。
  우리 측은 줄곧 우호적 협상을 통하여 이 쟁의를 해결하려고 노력했습니다.

- 依照您的要求, 我们已**通过** × × 公司向您发去40包棉花。
  귀하 요청대로, 우리는 이미 ××회사를 통하여 귀하에게 면화 40포를 발송했습니다.

离岸价

본선인도가격, F. O. B.

- 我公司专用小麦此次出口, 其**离岸价**比普通小麦每吨高出200元。
  우리 회사는 이번에 전용 소맥을 수출하는데, 그 F. O. B.는 보통 소맥보다 매 톤당 200위엔 높습니다.

- 该种手表**离岸价**为18至22美元。
  그 손목시계 본선인도가격은 18~22달러입니다.

费用

비용.

- 据我们核实, 阁下尚有3笔运输**费用**未付给我方。
  우리 조사에 따르면, 귀하는 세 항목 운수 비용을 아직 우리 측에 지불하지 않았습니다.

- 请回信告知, 这次运往北京的5箱货物的详细内容、收货人, 以及**费用**由谁负担。
  이번에 베이징으로 운송하는 화물 다섯 상자의 상세 내용 · 수취인 및 비용은 누가 부담하는지 서신으로 알려주시기 바랍니다.

交货

교역, 물품 인도.

- 现时有关货品正在生产中, 我方会按贵公司订单要求的日期**交货**。
  지금 관련 물품을 생산 중으로, 우리 측은 귀 회사 주문서에서 요구한 기일대로 인도할 수 있습니다.

- 我方已将贵公司订单作优先处理, 但**交货**期仍可能会延误。
  우리 측은 귀 회사 주문을 우선 처리하였으나, 다만 물품 인도 기일은 지연될 가능성이 있습니다.

医疗器械装运指示函

上海××医疗器械进出口公司

关于医疗器械装运的要求

编号：0404

韩国釜山××医疗器械进出口公司
尊敬的总经理先生：

我方按照×月×日签定的第B107号合同向贵公司购买10台精密医疗器械。

我方已通过中国银行开立以贵方为抬头的不可撤消即期信用证，金额为987000美元。贵方收到后请立即安排装运上述货物。

我方得知××号货轮即将于×月×日左右从釜山开航至上海。该轮比较令人满意，因其船长经验丰富，且航速较快。如有可能，请将货物装上该轮。

另外，特提醒贵方注意，货物必须妥善包装，以免在运输中受损。务请将货物用坚固木箱单件包装，外捆铁腰子，其易损部位应用柔软物加以保护，箱子如以往一样刷唛。

期待早日收到贵方装船通知。

上海××医疗器械进出口公司
总经理：×××（签字）
××年×月×日

地址：上海市××区××路×××号　　邮政编码：200000
电话：021-0000-0000　　传真：021-0000-0000

의료기계 선적 지시문

상하이 ××의료기계 무역회사

의료기계 선적 요청

문서번호: 0404

한국 부산 ××의료기계 무역회사

존경하는 사장님께:

우리 측은 ×월 ×일 서명한 제B107호 계약대로 귀 회사로부터 정밀의료기계 10대를 구매합니다.

우리 측은 귀측을 수취인으로 기재한 철회불가 즉기 신용장을 중국은행을 통해 이미 발행하였으며, 금액은 987,000달러입니다. 귀측은 수령 이후 즉시 상술한 화물을 선적 조치해주시기 바랍니다.

우리 측은 ××호 화물선이 ×월 ×일 쯤에 부산에서 상하이로 출항한다는 것을 알게 되었는 바, 그 화물선 선장의 경험이 풍부하고 항해 속도 또한 비교적 빨라, 매우 만족스럽습니다. 가능하면 화물을 그 화물선에 선적해주시기 바랍니다.

그밖에, 귀측이 주의해줄 것을 특별히 당부합니다만, 화물이 운송 중 손상을 당하지 않도록 포장을 잘 해야 합니다. 화물을 견고한 나무 상자로 하나씩 포장하고, 강철 띠로 밖을 묶고, 파손되기 쉬운 부위를 부드러운 것으로 보호하고, 상자에 이전과 똑같이 마크를 인쇄해주시기 바랍니다.

빠른 시일 안에 귀측의 선적 통지를 받기를 기대합니다.

상하이 ××의료기계 무역회사

사장: ×××(서명)

××년 ×월 ×일

주소, 전화, 팩스

상용 단어 및 구문

即将

곧 ~하다[할 예정이다].

- 本公司最新款产品**即将**上市。
  본 회사는 곧 최신 상품을 출시할 것입니다.

- 我公司总经理××先生**即将**启程前往贵公司访问。
  우리 회사 ××× 사장님이 귀 회사를 방문하고자 곧 출발할 것입니다.

从~至…

~부터 …까지.

- **从**本市**至**贵公司所在的烟台市, 大约需要两天时间。
  본 시에서 귀 회사 소재지 옌타이시(烟台市)까지 대략 이틀이 소요됩니다.

- **从**1998年**至**今, 我公司代理销售金额已达到3000万元。
  1998년부터 지금까지 우리 회사가 대리 판매한 금액이 이미 3,000만 위엔에 달합니다.

因其

… 때문에, …로 인해.

- 这种地板**因其**取材于天然材料, 在市场上倍受欢迎。
  이 바닥판은 천연물에서 재료를 취했기 때문에 시장에서 배로 환영받습니다.

- 笔记本电脑**因其**便于携带, 受到IT人士的极大欢迎。
  노트북 컴퓨터는 휴대가 편하기 때문에 IT 인력의 지대한 환영을 받습니다.

且

또한.

- 这种榛子产品不仅包装小巧、设计奇特, **且**有名贵礼品包装。
  이 개암 상품은 포장이 깜찍하고 디자인이 뛰어날 뿐 아니라, 선물 포장도 있습니다.

- 目前, 我公司的礼品系列产品销路良好, **且**价格看涨。
  현재 우리 회사의 선물 시리즈 상품은 판로가 아주 좋고 가격 또한 오르고 있습니다.

以免

~하지 않게 하다, ~을 면하게 하다.

- 我们建议贵公司尽快回复, **以免**延误该产品的销售。
  그 상품 판매가 지연되지 않게, 귀 회사가 가능한 한 빨리 답신했으면 합니다.

- 请您尽快订购, **以免**价格再次上涨。
  가격이 재차 오르기 전에 빨리 주문하시기 바랍니다.

务请

~하기 바랍니다.

- 贵公司代表如再来兰州时, **务请**到本公司来。
  귀 회사 대표가 또 란저우(兰州)에 오시면 본 회사에 들려주십시오.

- 该产品最近价格波动很大, **务请**贵公司谨慎订购。
  그 상품은 최근 가격 파동이 크니까, 귀 회사는 신중하게 주문하기 바랍니다.

加以

~를 더하다. 더욱 ~하다.

- 我们保证对以后的船货, 尽全力**加以**关注。
  우리는 이후 선박 화물에 더욱 전력을 기울여 관심을 쏟겠습니다.

- 我公司建议增加该条款, 以期对双方的行为**加以**限制。
  쌍방의 행위에 더욱 구속력을 기하고자 그 조항 첨가를 우리 회사는 건의합니다.

医疗器械装船通知函

韩国釜山××医疗器械进出口公司

000-000韩国釜山市××区××街××号
Tel: 0082-51-000-0000　　Fax: 0082-51-000-0000

医疗器械装船通知函

编号: 0416

上海××医疗器械进出口公司
尊敬的总经理先生:

　　贵公司×月×日定购的10台精密医疗器械,已装上××号货轮,该轮于×日自釜山港开航。兹将该货物发票及提单奉上,请查收。

　　因本公司在包装及搬运方面格外小心,故货物抵达你处时,会保持良好情况。为有助于贵公司开箱验货,我们将货物分成了三大类,每一类都分别编号。因此,你们会发现每一箱的编号,都与发票相对应。相信贵公司会对该商品感到满意,并希望将来能有更多的机会,证明我们在完成定购方面,能够提供及时、周到的服务。

韩国釜山××医疗器械进出口公司
总经理: ×××(签字)
××年×月×日

의료기계 선적 통지문

한국 부산 ××의료기계 무역회사

주소
전화, 팩스

의료기계 선적 통지문
문서번호: 0416

상하이 ××의료기계 무역회사

존경하는 사장님께:

　귀 회사가 ×월 ×일 주문한 정밀의료기계 10대를 이미 ××호 화물선에 선적하였으며, 그 화물선은 부산항에서 ×일 출항합니다. 이에 그 화물 송장과 선하증권을 보내드리오니, 잘 수령하시기 바랍니다.

　본 회사는 포장 및 운반에 각별히 주의하였으므로 화물이 양호한 상태로 그쪽에 도착할 것입니다. 귀 회사가 개봉하여 물품을 검사하는 데 도움이 되도록, 우리는 화물을 세 부류로 구분하고 매 부류마다 따로 번호를 부여하였습니다. 따라서 귀측은 매 상자 번호가 송장과 일치하는 것을 알 수 있을 것입니다. 귀 회사가 그 상품에 만족하리라 믿으며, 아울러 우리가 구매를 성사시키기 위해 언제나 시일에 맞추어 공급하고 주도면밀하게 서비스한다는 점을 증명할 수 있는 더 많은 기회가 있기를 희망합니다.

한국 부산 ××의료기계 무역회사
사장: ×××(서명)
××년 ×월 ×일

상용 단어 및 구문

发票

송장, 인보이스, 영수증.

- 请贵公司尽快将**发票**寄来。
  귀 회사는 가능한 한 빨리 송장을 보내주시기 바랍니다.

- 非常遗憾, 贵公司上次开具的**发票**大小写不符。
  매우 유감스럽게도 귀 회사가 지난번 발행한 송장은 철자법이 맞지 않습니다.

提单

선하증권, B/L.

- 请将保管在贵公司的30包棉花, 运交 × × 公司, 并将**提单**寄本公司。
  귀 회사가 보관하고 있는 면화 30포를 × × 회사에 운송하고 선하증권을 본 회사에 보내주시기 바랍니다.

- 同函奉寄"上海"号货轮所装杂货24箱的**提单**以及上述货物的清单各一份, 数额为 300,000美元, 请予查收为荷。
  '상하이' 호 화물선에 선적한 잡화 24상자 선하증권 및 상술한 화물 명세서 각 1부를 동봉하여 보내며, 액수는 300,000달러이니, 잘 검토하여 받아주시면 감사하겠습니다.

搬运

운반하다.

- 贵方所交付的资料应具有适于长途运输及多次**搬运**的坚固包装。
  귀측은 장거리 운송과 여러 차례 적재하역에 적합한 견고한 포장을 갖춘 자료를 제시해야 합니다.

- 请注意, 该货品**搬运**不当可致损坏报废。
  그 물품은 운반할 때 파손되면 안 된다는 것에 주의하시기 바랍니다.

故

그러므로.

- 基于上述合约的价值不足1000美元, **故**希望贵公司能接受现款交易的方式。
  가격이 1,000달러가 안 되므로, 귀 회사는 상술한 합의 약정에 따라서 현금 교역 방식을 받아들였으면 합니다.

- 我们相信阁下只是一时忘记而延误付款，**故**发去此函予以提醒。
  우리는 귀하가 단지 일시적으로 잊어 대금 지불이 늦춰진 것이라고 믿고 있기 때문에 이 문서를 보내 상기시켜 드립니다.

保持

유지하다.

- 在此谨衷心感谢贵公司的配合，并请继续**保持**联络。
  이에 귀 회사 배려에 삼가 충심으로 감사드리며, 아울러 계속 연락해주시기 바랍니다.

- 今年以来，中韩双边贸易继续**保持**快速增长态势。
  금년에 들어와, 중한 쌍방 무역이 계속 빠른 속도로 증가 추세를 유지하고 있습니다.

开箱验货

개봉 검사하다.

- 我公司已收到贵公司自昆明空运来的鲜花，并于当日**开箱验货**。
  우리 회사는 귀 회사가 쿤밍(昆明)으로부터 항공 운수해온 생화를 이미 받았으며, 아울러 당일 개봉 검사했습니다.

- 请贵公司收到货物后尽快**开箱验货**。
  귀 회사는 화물을 받은 후 가능한 한 빨리 개봉 검사하시기 바랍니다.

电视机装船通知函

××电子株式会社

000-000汉城市××区××路××号
Tel: 0082-2-000-0000　　Fax: 0082-2-000-0000

××牌电视机装船通知函

编号: 0035

中国烟台××家用电器进出口公司
敬启者:

信用证第166号
600台电视机

确认今天上午我方发出的电传, 我方已将第A933号合同项下下列货物按信用证166号规定装上××海运公司×××号货轮, 运费已付:

物品	600箱××牌彩色电视机
××－01型	300台
××－02型	300台
毛重20千克	总值280,000美元, 为CIF烟台交货价。
韩国制造	

×××轮将于×月×日由仁川启航至烟台, 相信不久货物即可安全送达, 随函寄上有关装船单据副本如下, 请查收:

第S325号清洁, 已装船提单副本

第749号商业发票一式三份

第2147号保险凭证

同时, 我方已开出面额为280,000美元见票30天付款的汇票, 向中国银行议付。届时请予以承兑为荷。

希望贵方对这批货满意并继续向我方订货。

韩国××电子株式会社

货物发运部经理: ×××（签字）

××年×月×日

TV 선적 통지문

한국 ×× 전자 주식회사

주소
전화, 팩스

×× 표 TV 선적 통지문

문서번호: 0035

중국 옌타이(烟台) ××가전기기 무역회사
알려드립니다:

신용장 제166호
TV 600대

　　우리 측은 제A933호 계약서 내용의 아래 화물을 신용장 166호 규정에 따라 ××
해운회사 ×××호 화물선에 이미 선적하였음을 오늘 오전 전송으로 확인해 드리며,
운송비는 이미 지불했습니다:

　　물품　　　　　　××표 컬러 TV 600상자

　　×× － 01형　　　300대

　　×× － 02형　　　300대

　　총중량 20kg　　총액 280,000달러, C. I. F. 옌타이(烟台) 인도가격.

　　한국 제조

　　×××화물선은 ×월 ×일 인천에서 옌타이로 출항하며, 머지 않아 화물이 안전
하게 송달되리라 믿습니다. 선적 관련 증빙 서류 부본을 아래와 같이 첨부하니, 잘 받
아보시기 바랍니다:

　　제S325호 클린(clean), 선적 선하증권 부본

　　제749호 상업 송장 1 양식 3부

　　제2147호 보험증명서

　　동시에 우리 측은 중국은행에서 지불하도록 액면 가격 280,000 달러 일람 30일
지불 어음을 이미 발행했습니다. 기일이 되면 인수해주시면 감사하겠습니다.

　　물건이 만족스럽기를 기대하며, 아울러 계속 우리 측에 주문해주시기를 희망합니다.

한국 ××전자 주식회사
화물발송부 매니저: ×××(서명)
××년 ×월 ×일

상용 단어 및 구문

项下

항목(에서).

- 该合同**项下**的货物共计6大品种, 78个系列。
  그 계약 항목의 화물은 도합 6 종류, 78개 시리즈입니다.

- 本合同**项下**的贷款限用于借款人在××厂的投资股本。
  이 계약 항목의 대출은 대출자가 ××공장에 투자하는 지분에 한하여 사용됩니다.

按

~에 따라서, ~대로.

- 我方客户不会**按**市价购买这些衬衫, 他们希望得到折扣。
  우리 측 고객은 시중 가격으로 이 셔츠를 사려고 하지 않습니다. 그들은 할인을 원합니다.

- 合资企业其他事宜**按**中国《中外合资法》有关规定执行。
  합자기업의 나머지 건은 중국의 《중외합자법》의 관련 규정에 따라서 집행합니다.

已付

이미 지불하다.

- 我们已于今日, 将下列资料通过铁路快运寄往您处, 运费**已付**。
  우리는 오늘 아래 자료를 쾌속철도운송을 통하여 이미 그쪽에 보냈으며, 운송비는 이미 지불했습니다.

- 如系C.I.F条款请在提单上注明"运费**已付**"。
  C. I. F.조항에 관련된 것은 선하증권에 "운송비 이미 지불"이라고 밝혀주시기 바랍니다.

送达

송달하다.

- 现已安排开立信用证, 可望于十日内**送达**贵公司。
  현재 이미 신용장 개설을 처리하였으니, 10일 내 귀 회사에 송달되리라 기대합니다.

- 我们可将该合同以传真或电子邮件的方式**送达**给您。
  우리는 그 계약을 팩스 혹은 이메일로 귀하에게 송달할 수 있습니다.

单据副本

증빙 서류 부본.

- 载运货船启碇后，请你方立即航空邮寄全套**单据副本**一份给我方。
  화물선에 선적하여 출항 이후 귀측은 즉시 항공 우편으로 전체 증빙 서류 부본 1부를 우리 측에 보내 주시기 바랍니다.

- 请凭货运**单据副本**向我行申办担保提货，以尽速向船公司办理提货。
  가능한 빨리 선박회사에서 물건을 출하할 수 있도록, 선적 증빙서류 부본에 준하여 우리 측 은행에 출하담보를 처리하여 주십시오.

清洁

깨끗하다.

- 请你公司提供全套已装船**清洁**海运提单，外加两套副本。
  귀 회사는 선적 완료 클린 해운 선하증권 전체 그리고 부본 2부를 제공해주시기 바랍니다.

- 我们已经将全套已装运洋轮的**清洁**提单寄出。
  우리는 화물선 선적 완료 클린 선하증권 전부를 이미 보냈습니다.

商业发票

상업 송장.

- 甲方在代理过程中，承诺所有乙方有关业务的资料，如**商业发票**，报关单，外销合同，内贸合同，各种内容的传真等，都将置于严格的保密之下。
  갑측은 대리 과정에서, 을측의 업무 관련 자료, 예를 들면 상업 송장, 통관서류, 외지 판매 계약, 내지 거래 계약, 각종 내용 팩스 등은 모두 엄격하게 비밀 보장할 것을 승낙합니다.

- 我公司采用预定购物的方式，以低于市场售价10%的特别优惠价向广大顾客提供，有良好售后服务，并开据正规**商业发票**。
  우리 회사는 예정 주문 방식을 채택하여, 많은 고객에게 시장 판매가격보다 10% 낮게 특별우대하고 양호한 애프터서비스를 제공하며, 또한 정규 상업 송장을 발행합니다.

届时

그 때가 되다, 기일이 되다.

- **届时**双方将另签协议。
  기일이 되면 쌍방은 별도 협의에 서명한다.

- **届时**您若能抽空看看我们的产品，相信也会同意我们的产品质料上乘、手工精巧，能吸引有鉴赏力的买主。
  귀하께서 시간을 내 우리 상품을 보신다면, 우리의 상품이 품질 좋고 기술 정교하여 안목있는 구매자를 끌어들일 수 있다는 것을 믿고 또한 동의하실 것입니다.

海产品罐头装运通知函

韩国仁川××食品进出口公司

000-000 韩国仁川市××区××街××号

Tel: 0082-32-000-0000　　Fax: 0082-32-000-0000

海产品罐头装运通知函

编号: 0144

中国沈阳××食品进出口公司

尊敬的总经理先生:

您好!

兹确认我方今日电报,通知贵公司×月×日订购的下列商品,已于今日装上韩国××号货轮发运,详见随函所寄第155号装运单副本。

唛头　 JH

SHENYANG编号1-150号

150箱蟹肉罐头及油浸沙丁鱼罐头

根据中国银行所通知的信用证,我们已通过该行开出以贵公司为付款人,见票后30天付款的汇票,金额4,000,000元,望该汇票一经提示,即予承兑。

相信该产品,定能安全到达。望今后继续保持联系,增加业务往来。

韩国仁川××食品进出口公司

总经理: ×××(签字)

××年×月×日

해산물 통조림 선적 통지서

한국 인천 ××식품 무역회사

주소
전화, 팩스

해산물 통조림 선적 통지서

문서번호: 0144

중국 선양(沈阳) ××식품 무역회사
존경하는 사장님께:

안녕하십니까!

귀 회사가 ×월 ×일 주문한 아래 상품을 오늘 한국 ××호 화물선에 이미 선적하여 발송하였음을 우리 측은 전보를 통하여 확인시켜 드리는 바이며, 상세한 것은 이 문서에 첨부한 제155호 선적 증빙서류 부본을 참고하기 바랍니다.

마크　△JH

SHENYANG 번호 1–150호

게살 통조림 및 조미 정어리 통조림 150상자

중국은행이 통지한 신용장에 근거하여, 우리는 귀 회사를 지불인으로 하는 일람 후 30일 지불 어음을 그 은행을 통해 이미 발행하였으며, 금액은 4,000,000위엔이며, 그 어음을 제시하면 즉시 인수해주시기 바랍니다.

상품은 필시 안전하게 도착하리라 믿습니다. 이후 계속 연락을 유지하면서 더욱 많은 거래가 있기를 희망합니다.

한국 인천 ××식품 무역회사
사장: ×××(서명)
××년 ×월 ×일

상용 단어 및 구문

已

이미.

- 该货物我公司**已**于××年×月×日收到。
  우리 회사는 그 화물을 ××년 ×월 ×일에 이미 받았습니다.

- 我方**已**按贵方的要求进行加工。
  우리 측은 이미 귀측 요구대로 가공했습니다.

发运

발송하다.

- 我们已将委托购买的各种商品在附页列明, 请立即**发运**。
  우리는 구매를 위탁한 각 상품을 첨부 페이지에 열거하였으니, 즉시 발송해주시기 바랍니다.

- 上述定购货物已备齐, 请早日指示, 如何**发运**。
  상술한 주문품이 모두 준비되었으니, 어떻게 발송할 것인지 빠른 시일 내에 알려주시기 바랍니다.

唛头

마크, mark.

- 请将本公司的10包货物, 尽快用火车运来, 并请标注**唛头**。
  본 회사 물품 10포를 가능한 한 빨리 기차로 발송해주시기 바라며, 마크를 찍어주시기 바랍니다.

- 每箱均须标印**唛头**, 同时加上连续编号。
  상자마다 모두 마크를 찍어야 하며, 일련번호를 붙여 주십시오.

根据

근거하다.

- **根据**贵方来函介绍的情况, 我方准备试销贵方产品。
  귀측이 문서를 보내 소개한 것에 근거하여, 우리 측은 귀측 상품을 시험 판매하고자 합니다.

- 我方的销售计划是**根据**市场的需求制定的。
  우리 측 판매 계획은 시장 수요에 근거하여 결정된 것입니다.

见票后30天付款

일람 후 30일 지불.

- 我公司有现货在天津保税仓，以信用证方式结算，**见票后30天付款**。
  티엔진(天津) 보세창에 있는 우리 회사 물품은 신용장 방식으로 결산하며, 일람후 30일 지불입니다.

- 我公司的付款条件为信用证**见票后30天付款**。
  우리 회사의 지불 조건은 신용장 일람 후 30일 지불입니다.

一经

일단[한번] ～를 거치다.

- 该商品**一经**销售概不退换。
  그 상품은 일단 판매하면 반환되지 않습니다.

- 贵公司反映的情况我方**一经**查实，将立即给贵公司补发货品。
  귀 회사가 알려준 상황을 일단 우리 측이 실사하여, 즉시 귀 회사에 물품을 보충 발송하겠습니다.

草莓酱发货通知函

上海××食品进出口公司

草莓酱发货通知函

编号: 0438

韩国釜山××食品进出口公司
尊敬的总经理先生:

您好!

我们很高兴通知您,贵方定购的草莓酱已于今晨经海运发货。尽管我们注意了包装上的每一个细节,但有时在交转过程中还可能发生瓶子破碎现象,如果一旦发生任何破损或其它原因引起贵方投诉,请不要犹豫和我们联系。

货物是通过××公司进行托运的。这批货物将于×月×日到达釜山。关于更多的细节,包括包装和标记号,请详见附寄副本中号码为1001的发票。我们期待着收到贵方第一笔银行转帐付款或支票付款。

我们确信中国草莓酱会在贵国畅销。

附件发票号1001

上海市××食品进出口公司
货物发运部经理: ×××(签字)
××年×月×日

地址: 上海市××区××路×××号　　邮政编码: 200038
电话: 086-21-0000-0000　　传真: 086-21-0000-0000

딸기쨈 발송 통지서

상하이시 ××식품 무역회사

딸기쨈 발송 통지서
문서번호: 0438

한국 부산 ××식품 무역회사

존경하는 사장님께:

안녕하십니까!

귀측이 주문한 딸기쨈을 이미 오늘 아침 해운으로 발송하였음을 귀하에게 통지하게 되어 기쁩니다. 우리는 포장에서 하나하나 세세한 점까지 주의를 기울였습니다만, 때로 전달 과정에서 병이 깨지는 현상이 있을 수 있기에, 만약 일단 파손이나 기타 원인으로 컴플레인할 일이 귀측에 발생하면 주저하지 말고 우리에게 연락하기 바랍니다.

화물은 ××회사를 통하여 탁송했습니다. 이 화물은 ×월 ×일 부산에 도착할 것입니다. 포장 및 표기 번호를 포함한 더 많은 자세한 사항은 첨부해 보내는 부본 중 1001번 송장을 참고하기 바랍니다. 우리는 귀측의 일류 은행 대체 지불 혹은 어음 지불을 기다립니다.

우리는 중국 딸기쨈이 귀국에서 잘 팔리리라 확신합니다.

첨부 송장 번호 1001

상하이시 ××식품 무역회사
화물발송부 매니저: ×××(서명)
××년 ×월 ×일

주소, 전화, 팩스

상용 단어 및 구문

尽管

비록 ～지만, 비록 ～해도.

- 尽管孟加拉在抵制英货, 但棉织品仍然畅销。
  비록 방글라데시가 영국 상품을 배척하고 있기는 하지만, 면직품은 여전히 잘 팔립니다.

- 尽管合同已经取消, 但你方仍须向我方交付上述规定赔偿。
  비록 계약은 이미 최소되었지만, 귀측은 상술한 규정의 배상을 우리 측에 지불해야 합니다.

在交转过程中

(여러) 전달 과정에서.

- 该货物在交转过程中没有出现损坏。
  그 화물은 전달 과정에서 파손되지 않았습니다.

- 我公司准备就该货物在交转过程中出现的损毁向保险公司提出赔偿。
  그 화물이 전달 과정에서 생긴 파손에 대하여 우리 회사는 보험회사에 배상을 요청하고자 합니다.

托运

탁송하다.

- 此次交易我公司可代办托运事宜。
  이번 교역에서 우리 회사는 탁송 건을 대리 처리할 수 있습니다.

- 请贵方在托运货物时一定要仔细填写国际货物托运书。
  화물을 탁송할 때 반드시 국제 화물 탁송서를 자세히 작성해주시기 바랍니다.

将于

～에 …할 예정이다, ～에 …하려고 한다.

- 该订单项下商品已经全部生产完毕, 将于明日发出。
  그 주문서 항목의 상품은 이미 전부 생산 완료하여 내일 발송할 것입니다.

- ××公司访问团将于×月×日来我会社洽谈合作事宜。
  ××회사 방문단이 합작 건 협상을 하러 ×월 ×일에 우리 회사에 옵니다.

号码

번호.

- 请立即通知我方进口许可证**号码**。
  즉시 우리에게 수입허가증 번호를 통지해주시기 바랍니다.

- 贵公司**号码**为SS010567的订单我方已经处理。
  귀 회사 SS010567번 주문서를 우리 측은 이미 처리했습니다.

银行转账

은행대체지불.

- 本公司可以以**银行转账**方式收款。
  우리 회사는 은행대체지불 방식으로 지불할 수 있습니다.

- 请将货款通过**银行转账**付给我公司。
  물품 대금을 은행대체지불로 우리 회사에 지불하시기 바랍니다.

确信

확신하다.

- 不论收到贵方任何订单, 我方均非常感谢, 并**确信**必将如期完成, 使贵方感到满意。
  귀측으로부터 어떤 주문서를 받든 우리 측은 늘 매우 감사할 것이며, 아울러 반드시 기일대로 완성하여 귀측이 만족을 느끼도록 할 것임을 확신합니다.

- 我们**确信**能胜任任何交易, 并能迅速执行所接受的任何订货。
  우리는 어떤 교역이든 맡을 수 있으며, 어떤 주문이든 접수하면 신속하게 실행할 수 있음을 확신합니다.

东北大豆发货通知函

中国辽宁省××农产品进出口公司

东北大豆发货通知函

编号: 0037

韩国釜山××食品进出口公司
尊敬的总经理先生:

您好!

贵公司×月×日所订购的20吨东北大豆,已于今日由中国大连××航运公司的货轮"××号"从大连港运出。我们已将有关情况电告贵公司,现随函附上电报副本。

兹奉上发票及其他货运单据副本。根据信用证要求,我们已通过中国银行,向贵公司开出见票后三个月付款的汇票,面额为发票金额,即12000美元。相信这批大豆会安全到达你处,并望以后继续定购。

此致

敬礼!

中国辽宁省××农产品进出口公司

总经理:×××(签字)

××年×月×日

地址: 中国沈阳市××区××街×××号　　邮政编码: 110100
电话: 086-24-0000-0000　　传真: 086-24-0000-0000

동북 대두(大豆) 발송 통지서

동북 대두 발송 통지서

문서번호: 0037

한국 부산 ××식품 무역회사
존경하는 사장님께:

안녕하십니까!

귀 회사가 ×월 ×일 주문한 동북 대두 20톤을 중국 따리엔(大连) ××항운회사의 화물선 "××호"를 통해 오늘 따리엔 항에서 발송했습니다. 우리는 이미 관련 상황을 귀 회사에 전보 통지하였으며, 이제 이 문서에 전보 부본을 첨부합니다.

이에 송장 및 기타 화물 운송 증빙 서류 부본을 보내드립니다. 신용장 요건에 따라서 우리는 이미 중국은행을 통해 일람 후 3개월 지불 어음을 귀 회사에 발행하였으며, 액면가격은 송장 금액 즉 12,000달러입니다. 이 대두가 안전하게 그쪽에 도착하리라 믿으며, 아울러 이후 계속 주문해주시기 바랍니다.

안녕히 계십시오!

중국 랴오닝성(辽宁省) ××농산품 무역회사
사장: ×××(서명)
××년 ×월 ×일

주소, 전화, 팩스

상용 단어 및 구문

运出

운출하다, 송출하다.

- 其余90包货物, 请用下次轮船**运出**。
  나머지 화물 90포는 다음 화물선으로 송출해주시기 바랍니다.

- 发票上所列绝缘胶带, 将于11月15日由火车**运出**。
  송장에 열거한 절연고무테이프는 11월 15일에 기차로 송출할 것입니다.

电告

전보로 알리다, 전통하다.

- 请将空运提单号、提单日期、合同号、件数和重量**电告**我方。
  항공 운송 선하증권 번호·선하증권 기일·계약 번호·건수·중량을 전보로 우리 측에 알려주시기 바랍니다.

- 由于贵方未及时**电告**我方, 以致货物未及时保险而发生损失。
  귀측이 제때에 우리 측에 전보로 통지하지 않아 화물 unexpired insurance 손실이 발생했습니다.

兹奉上

이에 ∼를 (보내) 드립니다.

- **兹奉上**我们新的产品目录和常用的皮革样本, 谨供参考。
  이에 우리 신상품 목록과 상용 피혁 샘플을 보내 드리오니, 참고하시기 바랍니다.

- **兹奉上**本公司订单, 订购下列货物, 条件如下:
  이에 본 회사 주문서를 보내, 아래 물건을 주문하며, 조건은 아래와 같습니다:

货运单据

화물 운송 증빙 서류.

- 该**货运单据**请贵公司妥善保存。
  그 화물 운송 증빙 서류를 잘 보관하시기 바랍니다.

- 货物出运后, 请立即将全套正本**货运单据**、全套洁净装船提单、发票、包装单、产地证明书、质量检验证书直接寄给我方的议付银行。
  화물을 송출한 뒤 즉시 화물운송 증빙서류 원본 전체·조사선적 선하증권 전체·송장·포장서·산지증명서·품질점검증서를 직접 우리 측 지불 은행에 보내주시기 바랍니다.

向

~를 향하여, ~에게.

- 兹确认您昨天**向**我们提出的订单, 承蒙惠顾非常欣慰。
  귀하가 어제 우리에게 제시한 주문서를 확인하였으며, 보살펴주시어 매우 기쁩니다.

- 我公司已经**向**××公司提出索赔。
  우리 회사는 이미 ××회사에 클레임을 청구했습니다.

开出

발행하다, 개설하다.

- 请查收所**开出**的下列汇票。
  발행한 아래 어음을 받아주시기 바랍니다.

- 我们很高兴得知贵公司早于5月5日向××银行**开出**信用证。
  우리는 귀 회사가 일찌감치 5월 5일에 ××은행에 신용장을 개설한 것을 알게 되어 매우 기쁩니다.

并望

아울러 ~하기 바라다.

- 请贵公司大力支持, **并望**提出宝贵意见。
  귀 회사의 많은 지지를 부탁드리며, 아울러 소중한 의견을 제시해주시기 바랍니다.

- 我公司出品的领带, 深受顾客欢迎, 现奉上样品一条, 请您试用, **并望**提出宝贵意见。
  우리 회사가 출품한 넥타이는 고객의 대단한 환영을 받았습니다. 지금 샘플을 드리오니 사용해보시고 소중한 의견을 제시해주시기 바랍니다.

指示改用航空运送通知函

韩国汉城××食品进出口公司

000-000 韩国汉城市××区××路××号
Tel: 0082-2-000-0000　　Fax: 0082-2-000-0000

改用航空运送通知函

编号: 0360

中国广东省××食品进出口公司
尊敬的总经理先生:

　　我公司在贵公司订购的400袋中餐佐料,原计划于×月×日装船运至仁川港,现因用户急用,改用航空运送。请象以往那样包装,加上下列唛头及编号,航空直接运至汉城,收货人为××公司×××。

　　本公司将通知韩国××航空公司安排此事。因此,务请于下星期一早晨,与韩国××航空公司驻广州办事处接洽。

　　该公司代为该货物投保,其保险费及运费,均由收货人负担。

40袋烹调用佐料
唛头ss1/40
毛重: 120公斤

韩国汉城××食品进出口公司

总经理:×××(签字)

××年×月×日

운송 방법 변경 지시 통지문

한국 서울 ××식품 무역회사

주소
전화, 팩스

항공 운송으로 변경 통지 문서

문서번호: 0360

중국 광동성(广东省) ××식품 무역회사
존경하는 사장님께:

저희가 귀 회사에 주문한 중국 요리 부재료 400 자루를 원래 ×월 ×일 선적하여 인천항으로 보낼 계획이었으나, 현재 고객이 급히 써야 하니 항공 운송으로 변경하여 주십시오. 이전의 그 포장으로 상하에 마크와 번호를 표기하여, 항공을 이용하여 직접 서울로, 수령인을 ××회사 ×××로 해주시기 바랍니다.

우리 회사는 한국 ××항공사에 이 일의 처리를 통지할 것입니다. 이로 인해 다음 주 월요일 아침 한국 ××항공사 광저우(广州) 주재 사무소와 접촉 협의하기 바랍니다.

그 회사가 그 화물 보험을 대리 가입하며, 보험료 및 운송비는 모두 수령자 부담으로 합니다.

요리용 부재료 40자루
마크 ssl/40
총중량: 120kg

한국 서울 ××식품 무역회사
사장: ×××(서명)
××년 ×월 ×일

상용 단어 및 구문

原计划

원래 ~하기로 계획하다, 원래 ~할 예정이다.

- **原计划**定于5月8日举行的巡展活动因故取消。
  원래 5월 8일 개최하기로 정했던 순회 전시 활동 계획을 사고로 인하여 취소합니다.

- 我公司**原计划**于12月推出这款新产品。
  우리 회사는 이 신상품을 원래 12월에 내놓을 계획이었습니다.

用户

고객.

- 贵公司的样品已收到, 现已转给**用户**。
  귀 회사 샘플은 이미 받았으며, 현재 이미 고객에게 전달했습니다.

- 作为代理商, 我们对**用户**对产品的意见和申诉进行了收集整理。
  대리상으로서 우리는 상품에 대한 고객의 의견과 불만을 수집 정리하고 있습니다.

改用

~로 바꾸어 이용하다. ~로 바꾸다.

- 这批出租车已经全部**改用**液化气燃料。
  이 택시들은 이미 전부 액화 가스 연료로 바꾸어 이용하고 있습니다.

- 该批货物已部分**改用**空运方式发运。
  이 화물은 부분적으로 항공 운수 방식으로 바꾸어 운송하고 있습니다.

直接运至~

직접 ~까지 운송하다.

- 请将货物**直接运至**××公司。
  화물을 직접 ××회사까지 운송해주시기 바랍니다.

- 这批货物已**直接运至**釜山港。
  이 화물은 이미 직접 부산항까지 운송했습니다.

接洽

접촉하여 상담[협의]하다.

- 我公司已与经营茶叶有20年经验的××先生订立了协定, **聘请**他为我公司的代表 **接洽**业务, 特此奉告。
  우리 회사는 찻잎 취급 20년 경험이 있는 ××씨와 협정을 맺어, 그가 우리 회사의 대표가 되어 접촉하여 업무를 협의하라고 의뢰하였기에, 이에 알려 드립니다.

- 感谢寄来的样品, 但目前我公司库存过多, 待需用时, 定当与贵公司**接洽**。
  샘플을 보내주시어 감사합니다. 하지만 지금은 우리 회사에 재고가 너무 많습니다. 필요하게 되면 꼭 귀 회사와 접촉 상담하겠습니다.

代为

대신 ~하다.

- 该情况请贵公司**代为**转告其他经销商。
  그 상황을 귀 회사는 대신 다른 판매상에 전달해주시기 바랍니다.

- 经核实, 该笔费用暂由开户银行**代为**征收。
  조사를 거쳐서, 그 비용은 우선 계좌개설 은행으로부터 대신 징수하겠습니다.

由~负担

~가[에서] 부담하다.

- 这次巡回展出的费用全部**由**总公司**负担**。
  이번 순회 전시 비용은 전부 본사에서 부담합니다.

- 这次对顾客的赔偿**由**我公司**负担**, 请您先行垫付。
  이번 대고객 배상은 우리 회사가 부담하는데, 귀하께서 우선 대신 지불해주시기 바랍니다.

买方提货不全通知函

江苏省××机械进出口公司

进口××机器提货不全通知函

编号: 0299

韩国汉城××机械进出口总公司
敬启者:

第404号订单

我方404号定单项下的一套机器已于上周由"×××"号运至我方××港口,对贵方的迅速执行订单,我们万分感谢。

但令人失望的是,我们提货时发现2号箱不在其中。我们不清楚这一短少究竟是贵方粗心造成的,还是运输公司的问题。

这一短少给我方造成很大麻烦,因为缺少了2号箱的部件,我们所收到的其他一切部件成了一堆废物。

希望贵方调查此事并尽快给我们一个满意的解释。

江苏省××机械进出口公司
总经理:×××(签名)
××年×月×日

地址: 南京市××区××路××号　　邮编: 210000
电话: 086-25-000-0000　　传真: 086-25-000-0000

구매측 인수 불완전 통지서

지앙쑤성 ××기계 무역회사

수입 ××기기 인수 불완전 통지서

문서번호: 0299

한국 서울 ××기계 무역회사

말씀드립니다 :

제404호 주문서

우리 측 404호 주문서 항목의 한 기기가 이미 지난 주에 "×××"호를 통해 우리 측 ××항구에 도착했습니다. 귀측이 주문서를 신속히 처리해준 것에 우리는 매우 감사드립니다.

그러나 실망스러운 것은 우리가 하역할 때 그중 2호 상자가 없다는 것을 발견하였습니다. 이 결손이 귀측의 부주의로 생긴 것인지 아니면 운수회사 문제인지 우리는 확실히 알 수 없습니다.

이 결손은 우리 측에 큰 곤란을 주어, 2호 상자의 부품이 없어서 우리가 받은 다른 모든 부품이 폐물이 되어 버렸습니다.

귀측은 이 건을 조사하고 가능한 한 빨리 우리에게 만족스런 해명을 해주시기 바랍니다.

지앙쑤성(江苏省) ××기계 무역회사

사장: ×××(서명)

××년 ×월 ×일

주소, 전화, 팩스

상용 단어 및 구문

执行订单

주문서를 집행[이행, 처리]하다.

- 在**执行订单**过程中, 我们发现订单所列商品有重复现象。
  주문서 처리 과정에서 우리는 주문서에 열거된 상품이 중복된 것을 발견했습니다.

- 我公司通常在3日内**执行订单**。
  우리 회사는 통상 3일 내에 주문서를 처리합니다.

令人失望

실망하게 하다.

- 我方认为, 贵公司的答复非常**令人失望**。
  우리 측은 귀 회사의 답변이 매우 실망스럽다고 생각합니다.

- 贵公司此批产品的质量非常**令人失望**。
  귀 회사의 이 상품 품질은 매우 실망스럽습니다.

提货

(물품) 인도하다, 하역하다.

- 请你方抓紧时间**提货**。
  귀측은 시간을 꼭 지켜 인도하시기 바랍니다.

- **提货**时请不要将货品倾斜或倒置。
  인도할 때 물품을 기울게 하거나 거꾸로 하지 말아 주십시오.

究竟

결국, 대체.

- 本次订货**究竟**是1000公斤还是1000磅, 请回复。
  이번 주문한 물품이 대체 1,000kg인지 아니면 1,000파운드인지 회신해주시기 바랍니다.

- 请你方协助调查此次事故**究竟**是产品质量问题还是操作不当问题。
  이번 사고가 도대체 상품의 품질 문제인지 아니면 조작을 제대로 하지 못한 문제인지 조사하는 데 귀측 협조를 부탁합니다.

造成

생기게 하다, 조성하다, 초래하다.

- 贵方延迟发货给我方**造成**一定销售损失。
  귀측이 물품 발송을 지연한 것이 우리 측에 일정한 판매 손실을 입혔습니다.

- 由于你方拖延发货时间, **造成**我方商品断档长达一个月。
  귀측이 물품 발송 시간을 지연하여, 우리 측에 상품이 한달 동안이나 길게 품절되는 상황을 초래했습니다.

因为

～때문에.

- **因为**更改包装会令成本上涨, 所以我方难以接受你方要求。
  포장을 다시 하면 원가가 상승되기 때문에 우리 측은 귀측의 요구를 받아들이기 어렵습니다.

- **因为**我公司所在城市上周发生海啸, 我方请求暂缓执行该订单。
  우리 회사가 있는 도시에 지난 주 해일이 발생했으므로, 잠시 주문서 이행을 늦춰줄 것을 부탁합니다.

调查

조사하다.

- 你方反映的上述质量问题, 我公司已派出人员展开**调查**。
  귀측이 제기한 상술한 품질 문제를 우리 회사는 이미 사람을 보내 조사하게 했습니다.

- 经过**调查**, 我们认为该投诉比事实明显夸大。
  조사를 거치고 나서, 우리는 그 이의제기가 사실보다 분명히 과장되었다고 생각합니다.

尽快

가능한 한 빨리.

- 我公司的上述要求请贵公司**尽快**答复。
  우리 회사의 상술한 요구를 귀 회사는 가능한 한 빨리 답신해주시기 바랍니다.

- 请你方**尽快**发运该订单项下货品。
  귀측은 가능한 한 빨리 그 주문서 항목의 물품을 발송해주시기 바랍니다.

关于提货不全的复函

韩国汉城××机械进出口公司

000-000 韩国汉城市××区××路××号
Tel: 0082-2-000-0000   Fax: 0082-2-000-0000

关于××机器提货不全的复函

编号: 0818

江苏省××机械进出口公司
尊敬的总经理先生:

　　非常遗憾从贵方×月×日来函中得悉第404号订单下之2号箱提货不着。

　　我方保证全部货物(共6箱)都已装入船中。关于这一点, 我方所得到的清洁已装船提单足以为证。贵方所说之短少, 无疑是发生在运输途中, 运输行应对此负全责。

　　我方已就此事与××轮船公司交涉, 一俟收到其回复, 再行函告。

　　　　此致

敬礼!

韩国汉城××机械进出口公司
总经理: ×××(签字)
××年×月×日

인수 불완전에 관한 답신

한국 서울 ××기계 무역회사

주소
전화, 팩스

기기 인수 불완전에 관한 답신

문서번호: 0818

지앙쑤성(江苏省) ××기계 무역회사

존경하는 사장님께:

　　제404호 주문서에서 2호 상자가 인수되지 못한 것을 귀측이 ×월 ×일 보낸 문서로부터 알게 되어 매우 유감입니다.

　　우리 측은 화물 전부(도합 6상자)를 모두 배에 선적하였음을 보증합니다. 이점에 관해서는 우리 측이 받은 클린 선적 선하 증권이 충분히 증명합니다. 귀측이 말씀하신 결손은 운수 도중에 발생하였음이 의심할 바 없으니, 이에 대해 운수회사에서 전적으로 책임져야 합니다.

　　우리 측은 이 건에 대하여 이미 ××화물선 회사와 교섭을 진행하고 있으며, 그쪽의 회신을 받으면 다시 문서로 알려 드리겠습니다.

안녕히 계십시오!

한국 서울 ××기계 무역회사

사장: ×××(서명)

××년 ×월 ×일

상용 단어 및 구문

遗憾

유감이다.

- 得知贵公司认为××牌茶叶价格过高, 无利可图, 本公司极感**遗憾**。
  ××표 차잎이 가격이 너무 높아 이윤이 나오지 않는다고 귀 회사가 생각함을 알게 되어, 본 회사는 매우 유감입니다.

- 非常**遗憾**地通知贵方: 11月9日的来信中所提出的价格我们实无法满足。
  유감스럽게 귀측에 통지합니다: 11월 9일 보낸 문서에서 제시한 가격에 우리는 실로 만족스럽지 못합니다.

提货不着

인수하지 못하다, 인수 안 되다.

- 请向我方出示整件**提货不着**的证明。
  인수 불명 증명서 전체를 우리 측에 제시하여 보여주시기 바랍니다.

- 此批货物我公司**提货不着**。
  우리 회사는 그 화물을 인수하시지 못했습니다.

足以为证

충분히 증명이 되다, 증명이 되기에 충분하다.

- 该货物的损毁情况, 有商检局的有关文件, **足以为证**。
  상품검사국의 관련 서류가 있으니 그 화물이 훼손된 상황은 충분히 증명이 됩니다.

- 关于此批货物售价提高一事, 我公司已于上周通知过你公司采购部门, 现有其回复的电子邮件, **足以为证**。
  이 화물의 판매가를 올린 건에 관해서는 우리 회사가 이미 지난 주에 귀 회사 구매부서에 통지하였고, 그에 회답한 이메일이 있어, 충분히 증명이 됩니다.

无疑

의심할 바가 없다.

- 根据外观判断, 此批瓷器是次品**无疑**。
  외관 판단에 의하면 이 자기는 2등품임이 의심의 여지가 없습니다.

- 我方上述报价, **无疑**将随市场变化而变动。
  상술한 우리 측 제안 가격은 의심할 바 없이 시장 변화에 따라 변동될 것입니다.

对～负全责

~에 모든 책임을 지다.

- 我们认为贵方的开户行应**对**此次错误支付**负全责**。
  우리는 귀측의 계좌개설 은행이 이 착오에 대해 응당 모든 책임을 지고 지불해야 한다고 생각합니다.

- 作为一家国际货运公司，我们**对**运输中每一个环节**负全责**。
  국제 화물운송회사로서, 우리는 운수 중 매 단계마다 모든 책임을 집니다.

交涉

교섭하다.

- 关于此次参展展位安排问题，我们已经与会展组委会**交涉**。
  이번 전람회의 전람 위치 안배 문제에 관하여 우리는 이미 전람회 조직위원회와 교섭했습니다.

- 我们代表消费者多次向该公司**交涉**未果。
  우리는 소비자를 대표하여 그 회사와 여러 차례 교섭을 벌였으나 아직 결과가 없습니다.

一俟

일단 기다리다.

- 该方案**一俟**各合作方准备就绪，便可正式实施。
  그 방안은 일단 각 계약측이 결론을 맺어야 정식으로 실시할 수 있습니다.

- **一俟**得到你方具体询盘，我们将立即报价。
  귀측의 구체적 가격문의가 있으면 우리는 즉시 가격을 알려드릴 것입니다.

6장

대금 지불

出口商跟单托收通知函

中国辽宁省××农产品进出口公司

东北大豆跟单托收通知函

编号: 0038

韩国釜山市××食品进出口公司
尊敬的总经理先生:

您好!

贵方20吨东北大豆的订货今天已由××轮运出,特此通知。

为支付我方货款,我方已经由中国××银行沈阳分行寄给贵方全部发票金额6000美元的见票即付(见票后30天付款)的汇票,并指示在其收到贵方货款(贵方承兑汇票)后交付货运单据。

请见票后予以兑付,万分感谢。

中国辽宁省××农产品进出口公司

总经理: ×××(签字)

××年×月×日

地址: 辽宁省沈阳市××路××号　　邮政编码: 110100
电话: 086-24-0000-0000　　传真: 086-24-0000-0000

수출상 화환추심(货换推寻) 통지서

중국 랴오닝성(辽宁省) ××농산품 주식회사

동북 대두(大豆) 화환추심 통지서

문서번호: 0038

한국 부산시 ××식품 무역회사

존경하는 사장님께:

안녕하십니까!

귀측이 주문한 동북 대두 20톤을 오늘 ××화물선으로 송출하였기에, 이에 통지합니다.

우리 측에 물품 대금 지불을 위하여 우리 측은 이미 중국 ××은행 선양(沈陽) 지점을 통하여 귀측에 전체 송장 금액 6,000달러 일람즉시지불(일람 후 30일 지불) 어음을 보내고, 아울러 귀측의 물품 대금(귀측 인수 어음)을 받은 이후 화물운송 증빙 서류를 교부하도록 지시하였습니다.

어음을 보신 후 태환 지불해주시면 대단히 감사하겠습니다.

중국 랴오닝성(辽宁省) ××농산품 무역회사

사장: ×××(서명)

××년 ×월 ×일

주소, 전화, 팩스

상용 단어 및 구문

特此

(특히) 이에 ~하다.

- ××同志1997年至2001年曾在我公司任职经理, **特此**证明。
  ×× 씨는 1997년부터 2001년까지 우리 회사에서 매니저로 임직하였기에, 이에 증명하는 바입니다.

- 本厂已迁移到上述地址, **特此**通知。
  본 공장은 이미 상술한 주소로 이전하였기에, 이에 통지하는 바입니다.

支付

지불하다.

- 敬请告知该货以现金**支付**的最低价格。
  그 물품의 현금 지불 최저 가격을 알려주시기 바랍니다.

- 我公司付款条件为交货后3个月内**支付**现金。1个月内付清货款者, 可打5%折扣。
  우리 회사 지불 조건은 물품 인도 후 3개월 내 현금 지불입니다. 1개월 내 물품 대금을 지불 완결하는 경우에는 5% 할인 가능합니다.

指示

지시하다.

- 根据有关**指示**, 我公司“灵通”系列产品即日起上调价格。
  관련 지시에 따라 우리 회사 “灵通” 시리즈 상품 가격을 즉일부터 상향 조정합니다.

- 根据公司领导**指示**, 我们正加紧该项技术产品的研制开发。
  회사 상부 지시에 따라 우리는 그 기술 상품 연구 개발에 박차를 가하고 있습니다.

其

그.

- 一切货物均须用内衬马口铁或锡纸的木箱包装, 且外壳必须清楚地标明**其**内所装物品。
  모든 화물은 양철 혹은 은박지를 안에 덧댄 나무상자로 포장해야 하며, 그 안에 포장된 물품을 겉면에 반드시 명시해야 합니다.

- 我们会于这星期发出补货, 并保证**其**质量合乎贵公司要求。
  우리는 이번주에 상품을 보충하여 보낼 수 있으며, 그 질량은 귀측의 요구에 부합할 것임을 보증합니다.

교부하다.

- 首批出口韩国的传动轴类产品, 日前在上海港**交付**。
  맨 처음 한국에 수출한 전동축(传动轴) 상품은 일전에 상하이항에서 교부했습니다.

- 该批工艺产品已如期出口韩国并**交付**使用。
  그 공예품은 이미 기일대로 한국에 수출 교부하여 사용하고 있습니다.

兑付

태환 지불하다.

- 我方在提取该笔货款时遭到你方开户行拒绝**兑付**。
  우리 측이 그 물품 대금을 받으려고 하자 귀측 거래 은행이 태환지불을 거절했습니다.

- 贵方可以在当地就近指定的邮局**兑付**汇票。
  귀측은 그곳에서 가까운 지정 우체국에 가서 어음을 태환 지불받을 수 있습니다.

进口商跟单托收付款函

韩国釜山市××食品进出口公司

000-000 韩国釜山市××区××路××号
Tel: 0082-51-000-0000　　Fax: 0082-51-000-0000

20吨东北大豆跟单托收付款函

编号：0390

中国××银行沈阳分行
敬启者：

　　兹交付下列单据，盼能代我方收取××号轮所运20吨东北大豆的有关款项。

① 我方第CD1630号汇票，受票人为中国辽宁省××农产品进出口公司，付款金额为6000美元。
② 我方第AS68168号商业发票一式两份。
③ 全套清洁、已装船提单DB1247号。
④ 保险单第2130号。
⑤ 装箱单第6868号。
⑥ 由××签发的第2028号重量检验证书。

货款收到后，请扣除贵方手续费，货记我方账户，并通知我方。

韩国釜山市××食品进出口公司
总经理：×××（签字）
××年×月×日

수입상 화환추심 지불서

한국 부산시 ××식품 무역회사

동북 대두 20톤 화환추심 지불서

문서번호: 0390

중국 ××은행 선양 지점

말씀드립니다:

아래 증빙 서류를 제출하오니, 우리 측을 대리하여 ××호 화물선이 운송한 동북 대두 20톤의 관련 대금을 수취해주시기 바랍니다.

① 우리 측 제CD1630호 어음, 수취인 중국 랴오닝성 ××농산품무역회사, 지불 금액 6,000달러.

② 우리 측 제AS68168호 상업 송장 양식 2부.

③ 전체 검수 · 선적 완료 선하 증권 DB1247호.

④ 보험증명 제2130호.

⑤ 컨테이너 증명서류 제6868호.

⑥ ××에서 서명 발행한 제2028호 중량 검사 증명서.

물품대금을 받은 후 귀측 수속비를 제하고 우리 측 구좌에 넣고 아울러 우리 측에 통지해주시기 바랍니다.

한국 부산시 ××식품 무역회사

사장: ×××(서명)

××년 ×월 ×일

상용 단어 및 구문

盼

바라다.

- 您在商场上如有需求, 即**盼**来函询价。
  매장에서 수요가 있으면 즉시 문서를 보내 가격 문의하시기 바랍니다.

- **盼**复。
  답장 바랍니다.

代

대신하다.

- 请**代**为试销。
  대신 시험 판매해주시기 바랍니다

- 请**代**为转达我本人对贵公司×××董事长先生的问候。
  귀 회사 ××× 이사님에게 저의 안부를 대신 전해주시기 바랍니다.

收取

수취하다.

- 根据合同规定, 我们有权对每次达成的交易**收取**佣金。
  계약 규정에 근거하여 우리는 매 차례 달성된 교역에 대하여 커미션을 수취할 권리가 있습니다.

- 我们同意这笔积年账款按80%**收取**。
  우리는 이 누적 잔고를 80%로 수취하는 것에 동의합니다.

受票人

어음 수취인.

- 该汇票的**受票人**为中国××银行××分行。
  그 어음 수취인은 중국 ××은행 ××분점입니다.

- 我公司所开具的支票**受票人**见票即付。
  우리 회사가 발행한 어음은 수취인 일람 즉시 지불입니다.

由~签发

~를 통하여 (날인, 증명, 서명) 발행하다.

- 你方交货依据中必须含有**由**商检部门**签发**的品质检验合格证书。
  귀측 물품 인도 증빙 자료 중에는 반드시 상품검사 부서에서 증명 발행한 품질 검사 합격증서가 포함되어 있어야 합니다.

- 为保证本合同的履行, 任一方须向另一方提交**由**双方同意的银行**签发**的履约保函。
  본 계약 이행을 보증하기 위해, 어느 한측은 다른 어느 한측에게 쌍방이 동의한 은행에서 발행한 계약 이행 보증서를 제출해야 합니다.

扣除

제하다.

- 在寄送销售账单时, 我将从有关账户中**扣除**保险费。
  판매 계산서를 보낼 때 저는 관련 명세에서 보험비를 제합니다.

- 作为代理商, 在**扣除**佣金及支出后, 我们会以月付款, 并按月提交销售报告。
  대리상으로서, 우리는 커미션 및 지출을 제하고 월별 지불하고, 월마다 판매보고를 제출하겠습니다.

账户

계좌.

- 我公司已经在中国××银行××分行开设新的**账户**。
  우리 회사는 이미 중국 ××은행 ××지점에서 새로운 계좌를 개설했습니다.

- 我方提供的现金投资将分两期汇入合资公司的银行**账户**内。
  우리 측이 제공하는 현금 투자는 두 시기로 나누어 합자회사 은행 계좌로 입금될 것입니다.

进口商要求延期付款函

中国湖北省××药材公司

关于第CD540号汇票延期付款的通知

编号: 0401

韩国汉城市××药材进出口公司
尊敬的总经理先生:

　　您好!

　　贵方寄出的第CD540号汇票由我方承兑,但是非常遗憾,我方不得不要求对×月×日到期的这张汇票延期付款。

　　也许您已经从报纸上看到我地区发生水灾的报导。我方仓库因被水浸泡损失严重,使我方面临财务困难。不知贵方能否将付款日期延长30天,到那时情况定会好转。贵方若接受,请予以确认。我们会永远记住贵方给予的帮助。

　　　　致以
崇高的敬礼!

中国湖北省××药材公司

总经理: ×××(签字)

××年×月×日

地址: 中国湖北省武汉市××区××路××号　　邮政编码: 430000
电话: 086-27-0000-0000　　传真: 086-27-0000-0000

수입상 지불 연기 요청서

중국 후베이성(湖北省) ××약재회사

제CD540호 어음 지불 연기에 관한 통지

문서번호: 0401

한국 서울시 ××약재 무역회사

존경하는 사장님께:

안녕하십니까!

귀측이 보낸 제CD540호 어음을 우리가 인수했습니다만, 대단히 유감스럽게도 우리 측은 ×월 ×일 기한의 이 어음에 대해 지불 연기를 요청하지 않을 수 없게 되었습니다.

우리 지역에 수재가 발생했다는 보도를 사장님께서도 이미 신문을 통해 보셨을 것입니다. 우리 측 창고가 물에 침수되는 심각한 손실을 입어, 우리 측이 재정적 어려움에 직면하였습니다. 귀측이 지불 기일을 30일 연장해주실 수 있는지 모르겠습니다. 그때가 되면 상황이 반드시 호전될 것입니다. 귀측이 받아들인다면 확인 연락 부탁드립니다. 귀측이 우리에게 준 도움을 우리는 영원히 잊지 않을 것입니다.

이에 높은 경의를 표하는 바입니다.

중국 후베이성(湖北省) ××약재회사

사장: ×××(서명)

××년 ×월 ×일

주소, 전화, 팩스

상용 단어 및 구문

不得不

~하지 않을 수 없다.

- 由于贵方不能履行合同, 我们**不得不**中断与您的生意往来。
  귀측이 계약을 이행할 수 없음으로 우리는 귀하와의 무역 거래를 중단하지 않을 수 없습니다.

- 很抱歉由于我司在今后一段时间内, 所有货物品已完全够用, 因此, **不得不**取消此次订货。
  우리 회사는 이후 일정 기간 동안 모든 물품이 충분하기에 이번 주문을 취소하지 않을 수 없게 되었음을 죄송하게 생각합니다.

延期付款

지불 연기하다.

- 请贵公司支付本次**延期付款**的罚金。
  귀 회사는 지불 연기한 벌금을 지불하기 바랍니다.

- 我方在此要求**延期付款**。
  우리 측은 이에 지불 연기를 요청합니다.

也许

아마 ~일 것이다.

- **也许**贵公司最近已经得悉我公司即将分拆业务的消息。
  귀 회사는 우리 회사가 업무를 분리한다는 소식을 최근 이미 들었을 것입니다.

- 在不久的将来, 多媒体出版物**也许**会成为出版和阅读的主流。
  머지 않은 장래에 멀티미디어 출판물이 출판과 독서의 주류가 될 것입니다.

损失惨重

손실이 심각[엄중, 막대]하다.

- 由于此次货轮出险, 我公司**损失惨重**。
  이번 화물선 사고로 우리 회사는 심각한 손실을 입었습니다.

- 受亚洲金融风暴的影响, 我国贸易企业**损失惨重**。
  아시아 금융 위기의 영향으로 우리나라 무역 기업의 손실이 심각합니다.

财务困难

재정[재무] 곤란[곤경].

- 韩国××集团的主席目前否认了××媒体关于××集团出现**财务困难**的报道。
  한국 ××그룹 총수는 ××그룹에 재정적 곤란이 드러났다고 ×× 매스컴이 보도한 것을 현재 부인했습니다.

- 该公司因**财务困难**急需资金支援。
  그 회사는 재정이 어렵기 때문에 급히 자금 지원이 필요합니다.

延长

연장하다.

- 经研究, 我方同意再次**延长**贵公司付款期限。
  검토 끝에 우리 측은 귀 회사가 다시 지불 연장하는 것에 동의합니다.

- 经双方协商, 该合同期满后自动**延长**两年。
  쌍방 협상을 거쳐서 그 계약은 기간 만료 후 자동으로 2년 연장됩니다.

定会

반드시 ~할 것이다.

- 相信我们双方**定会**从此次合作中得到满意的收益。
  우리 쌍방은 이번 합작에서 반드시 만족스런 수익을 얻을 수 있으리라 믿습니다.

- 作为多年的合作伙伴, 相信贵方**定会**支持我们的行动。
  몇 년 동안 합작한 동료로서 귀측은 우리 조치를 반드시 지지하리라고 믿습니다.

出口商同意延期付款的回复

韩国汉城市××药材进出口公司

000-000 韩国汉城市××区××洞××号
Tel: 0082-2-000-0000   Fax: 0082-2-000-0000

同意CD540号汇票延期付款的复函

编号: 0680

中国湖北省××药材进出口总公司
尊敬的总经理先生:

您好!

从贵方×月×日来信中得悉贵方目前的困境, 甚为遗憾。考虑到贵方在商界良好的信誉, 我们愿意将第CD540号汇票延至×月×日付款, 希望此举对贵方有所帮助。

我们相信在不久的将来贵方的生意会更加兴旺, 期待贵方在×月×日前能付清全部款项。

此致

敬礼!

韩国汉城市××药材进出口公司
总经理: ×××(签名)
××年×月×日

지불 연기에 수출측이 동의하는 회신

한국 서울시 ××약재 무역회사

주소
전화, 팩스

CD540호 어음 지불 연기에 동의하는 회신

문서번호: 0680

중국 후베이성(湖北省) ××약재 무역회사
존경하는 사장님께:

안녕하십니까!

귀측이 ×월×일 보낸 문서로부터 현재 귀측의 곤경을 알게 되어, 매우 안타깝습니다. 업계에서 귀측의 양호한 신용을 고려하여, 우리는 제CD540호 어음을 ×월 ×일까지 지불 연기하는 것에 동의하며, 이 조치가 귀측에 도움이 되기를 바랍니다.

우리는 머지 않은 장래에 귀측의 영업이 더욱 흥성하리라 믿으며, 귀측이 ×월×일 이전에 금액 전부를 결제할 수 있게 되기를 기대합니다.

안녕히 계십시오!

한국 서울시 ××약재 무역회사
사장: ×××(서명)
××년 ×월 ×일

상용 단어 및 구문

困境

곤경.

- 该公司陷入**困境**, 日前已申请破产保护。
  그 회사는 곤경에 빠져서, 일전에 이미 파산 보호를 신청했습니다.

- 本公司已经靠技术创新走出亏损的**困境**。
  본 회사는 신기술 창조로 이미 적자의 곤경을 벗어났습니다.

考虑到

~까지 고려하다.

- **考虑到**与贵方是首次交易, 我们同意接受此次小批量订货。
  귀측과의 첫 번째 교역임을 고려하여, 우리는 이번 소량 주문을 받아들이는 데 동의합니다.

- **考虑到**贵方准备在圣诞节前销售此批货品, 我们已通知工厂加紧赶制。
  귀측이 크리스마스 이전에 이 물건을 판매할 예정임을 고려하여, 제작을 앞당기도록 우리는 이미 공장에 통지했습니다.

此举

이번 조치[행동].

- 该公司在商品包装上印有"建议零售价", **此举**受到顾客的欢迎。
  그 회사가 상품 포장에 "권장소매가"라고 인쇄하여, 이 조치가 고객의 환영을 받았습니다.

- 我们认为贵公司**此举**大大伤害了我们的民族感情。
  귀 회사의 이번 행동이 우리의 민족 감정을 대대적으로 해쳤다고 생각합니다.

有所

~한 바가 있다.

- 受季度因素影响, 本公司空调产品第四季度销售额**有所**回落。
  계절 요인의 영향을 받아, 본 회사 에어컨 상품 제4분기 판매액이 하락한 바 있습니다.

- 近年来, 电子零部件等高附加值商品对韩出口**有所**增加。
  근년 동안 전자부품 등 고부가가치 상품 대한국 수출이 증가한 바 있습니다.

不久的将来

머지 않은 장래.

- 我们希望在**不久的将来**, 合资公司将占据中国1/4的洗涤品市场。
  우리는 머지 않은 장래에 합자회사가 중국 세척품 시장 1/4 을 점유하리라 희망합니다.

- 希望**不久的将来**我们能相聚在北京。
  머지 않은 장래에 우리가 베이징에서 만날 수 있기를 희망합니다.

生意

장사, 영업, 거래.

- 贵公司如对这次**生意**有兴趣, 请迅速通知我们。
  귀 회사가 이번 거래에 흥미가 있다면 신속히 우리에게 통지해주시기 바랍니다.

- 此事已引起我们极大不便, 并影响每天的**生意**额。
  이 일은 우리에게 막대한 불편을 가져다 주었고, 아울러 매일 거래액에 영향을 끼쳤습니다.

兴旺

왕성하다, 흥성하다.

- 巴黎股市今年初以来交易**兴旺**。
  파리 주식시장은 금년 초 이래 교역이 왕성합니다.

- 在我国, 电子产品消费市场出现**兴旺**景象。
  우리나라에서 전자제품 소비시장에 왕성한 활황이 나타났습니다.

付清

결산 지불하다, 청산 지불하다.

- 请你方从发票开出之日起30日内将货款**付清**。
  귀측은 송장 발행일로부터 30일 내에 대금을 지불하기 바랍니다.

- 在10日内以现金**付清**货款者, 我公司可给与3%折扣。
  10일 내 현금으로 결산 지불하는 경우 우리 회사는 3% 할인해줄 수 있습니다.

货款支付通知函

中国河南省××机械进出口公司

货款支付通知函

编号: 0188

韩国釜山××机械进出口公司

敬启者:

　　兹通知贵方, 贵方×月×日发票(发票号: MN663号)所列货物已安全送达, 且令人满意。

　　依据贵方2467号销货确认书所开条款, 现附上支票一张,(支票号: SN1026), 面额18600美元, 以支付扣除2%折扣后之贵方发票货款, 务请收到后立即通知我方。

　　　　此致

敬礼!

中国河南省××机械进出口公司

总经理: ×××(签字)

××年×月×日

地址: 中国河南省郑州市××区××路××号　　邮政编码: 450000

电话: 086-371-000-0000　　传真: 086-0371-000-0000

물품 대금 지불 통지서

중국 허난성(河南省) ××기계 무역회사

물품 대금 지불 통지서

문서번호: 0188

한국 부산 ××기계 무역회사

말씀드립니다:

귀측 ×월 ×일 송장(송장 번호: MN663호)에 열거한 화물이 이미 안전하게 송달되었고, 또한 만족하였음을 귀측에 통지합니다.

귀측 2467호 물품판매확인서의 조항에 의거하여 지금 어음 한 장(어음 번호: SN1026)을 첨부하는 바, 액면 금액 18,600달러, 2% 할인을 제한 뒤의 귀측 송장 대금을 지불하오니, 받은 후 즉시 우리 측에 통지하여 주시기 바랍니다.

안녕히 계십시오!

중국 허난성(河南省) ××기계 무역회사

사장: ×××(서명)

××년 ×월 ×일

주소, 전화, 팩스

상용 단어 및 구문

令人满意

만족시키다, 만족스럽게 하다.

- 上年度各代理商的销售业绩非常**令人满意**。
  작년 각 대리상 판매 업적이 대단히 만족스럽습니다.

- 如果这次试销结果**令人满意**, 我们将大量进货。
  이번 시험 판매 결과가 만족스러우면 우리는 대량 수입할 예정입니다.

依据

~에 의거하다, ~에 근거하다.

- 本人所说均为**依据**事实的直言, 可证明确有其事。
  본인이 말한 것은 모두 사실에 근거한 말로, 확실히 그 일이 있었음을 증명할 수 있습니다.

- **依据**《中华人民共和国技术合同法》的规定, 合同双方就××项目的技术开发,
  经协商一致, 签订本合同。
  《중화인민공화국기술계약법》의 규정에 의거하여, 계약 쌍방은 ××항목의 기술 개발 협상에서 의견
  일치에 도달하여, 본 계약에 서명 체결합니다.

所

~하는 바[것].

- 贵方**所**需要的上述货品我公司均能满足供应。
  귀측이 필요로 하는 상술한 물품을 우리 회사는 모두 만족스럽게 공급할 수 있습니다.

- 正如贵方信中**所**说, 我们双方的合作是非常愉快的。
  귀측 문서에서 말한대로, 정말 우리 쌍방의 합작은 매우 유쾌했습니다.

以

~를 …로 하다.

- **以**×××总经理为团长的商务考察团即将来访。
  ××× 사장을 단장으로 하는 상무 시찰단이 즉시 내방할 예정입니다.

- 几年来我们一直**以**贵方为主要渠道进行对华销售。
  몇 년 동안 우리는 줄곧 귀측을 주요 통로로 하여 대중국 판매를 진행했습니다.

面额

액면 가격.

- 这张支票的**面额**是1080美元。
  이 어음의 액면 가격은 1,080달러입니다.

- 请贵方尽快寄出一张**面额**为2300美元的汇票, 以便结算。
  결산에 편하도록 귀측은 가능한 한 빨리 액면 가격 2,300달러 어음 한 장을 보내주시기 바랍니다.

折扣

할인하다.

- 我方此次大量进货, 同时也希望得到更大幅度的**折扣**。
  우리 측은 이번에 대량 수입하면서 더 큰 폭의 할인을 받기를 희망합니다.

- 上述价目单是以汇票付款拟订的, 我们认为还可以打很多**折扣**。
  상술한 가격서는 어음 지불 기준으로 정한 것으로, 우리는 그밖에 많은 할인을 할 수 있다고 생각합니다.

收款回复函

韩国釜山市××机械进出口公司

000-000 韩国釜山市××区××路××号
Tel: 0082-51-000-0000　　Fax: 0082-51-000-0000

收款回复函

编号：0087

中国河南省××机械进出口总公司
尊敬的总经理先生：

您好！

兹收到贵方×月×日来函，以及函中的第SN1026号支票，用以支付我方MN663号发票所列款项。

谨此随函奉上我方正式收据，盼查收无误。

感谢贵方按时付款，希望今后能再次为贵方服务。

　　此致

敬礼！

韩国釜山市××机械进出口公司

总经理：×××（签名）

××年×月×日

대금 수령 회신

한국 부산시 ××기계 무역회사

대금 수령 회신

문서번호: 0087

중국 허난성(河南省) ××기계 무역회사
존경하는 사장님께:

안녕하십니까!

귀측이 ×월 ×일 보낸 문서 및 문서 중 제SN1026호 어음을 받았으며, 이는 우리 측 MN663호 송장에 열거된 대금을 지불한 것입니다.

이 문서에 우리 측 정식 영수증을 첨부하니, 착오없이 잘 받으시기 바랍니다.

귀측이 시일대로 대금을 지불한 것에 감사드리며, 앞으로 귀측을 위하여 재차 서비스할 수 있게 되길 희망합니다.

안녕히 계십시오!

한국 부산시 ××기계 무역회사
사장: ×××(서명)
××년 ×월 ×일

상용 단어 및 구문

来函

(상대방이 보내) 받은 문서[서신].

- 贵公司 × 月 × 日**来函**已经收到。
  귀 회사가 ×월 ×일 보낸 문서는 이미 받았습니다.

- 贵公司关于此次进货的意见, 请**来函**告知。
  귀 회사는 이번 물품 수입에 관한 의견을 문서로 알려주시기 바랍니다.

用以

(～하여), 이로써 ～에 쓰다.

- 我公司新近购进一批无线步话机**用以**商场内的调度。
  우리 회사는 최근 새로 무선 워키토키를 하나 들여와 매장 내 관리에 쓰고 있습니다.

- 我公司现订购服务器一台, **用以**公司开发电子邮件系统。
  우리 회사는 지금 서비스기 한 대를 주문하여 회사가 이메일 시스템을 개발하는 데 쓰고자 합니다.

谨此

삼가 이에 ～합니다.

- 承蒙7月31日来函报盘100公吨精白米, **谨此**致谢。
  7월 31일 정백미 100톤 가격을 알리는 문서를 받게 되어, 삼가 이에 감사를 표합니다.

- **谨此**预祝会谈成功。
  이에 회담이 성공하기를 삼가 미리 축원합니다.

收据

영수증.

- 关于对我方代表的电话查询, 我们高兴地告知货物的**收据**已经发现。
  우리 측 대표에게 전화로 문의하신 것과 관련하여, 우리는 물품 영수증을 발견하였음을 기쁜 마음으로 알려드립니다.

- 我方希望贵公司先行开具**收据**给我方, 每季度末累计后开具商业发票。
  우리 측은 귀 회사가 먼저 우리 측에 영수증을 발행하고 매 분기말에 누계한 뒤 상업 송장을 발행하기를 희망합니다.

查收

(잘 검토하여) 받다, 수령하다.

- 兹将委托销售的账单寄上, 贵公司应得余款2500美元, 请**查收**。
  이에 위탁판매 계산서를 보내드리는 바, 귀 회사가 잔금 2,500달러를 받아야 하니, 수령하기 바랍니다.

- 对于4月10日所订机器, 我们于昨天运出, 请**查收**。
  4월 10일 주문한 기계를 우리는 어제 발송하였으니 잘 받으시기 바랍니다.

为

~ 위해.

- 为赶5月10日开往仁川的货轮 "××号", 我司已将您所订购的货物送至蛇口港码头。
  5월 10일 인천으로 가는 화물선 "××"호에 맞추기 위하여 우리 회사는 이미 귀하가 주문한 화물을 서커우(蛇口) 항 부두로 보냈습니다.

- 为了方便居住本地之顾客, 我方特在本地区开设分店, 以便供应品质可靠、款式新颖、价格公道的服装。
  본지에 거주하는 고객의 편의를 위하여, 우리 측은 특히 본 지역에 분점을 개설하여 믿을만한 품질, 새로운 스타일, 공정한 가격의 의류를 편하게 공급하고 있습니다.

服务

서비스하다.

- 我公司组织有变, 特附上通函一份, 今后本公司保证象过去一样热诚为您**服务**。
  우리 회사 조직에 변화가 있어서 특히 통지서 한 부를 보내오니, 이후 본 회사는 과거와 마찬가지로 열성을 다하여 귀하를 위하여 서비스할 것을 보증합니다.

- 我当迅速、认真履约, 提供高效优质**服务**。
  나는 마땅히 신속하고 성실하게 약속을 이행하여 효과 높고 우수한 서비스를 제공하겠습니다.

委婉的催款函

韩国汉城市××电子产品进出口公司

000-000 韩国汉城市××区××路××号
Tel: 0082-2-000-0000   Fax: 0082-2-000-0000

关于SN1080号汇票的催款函

编号: 0277

中国陕西省××电子产品进出口总公司

敬启者:

　　我方×月×日寄出的SN1080号汇票不知是否收到。也许因为忙碌未能引起您的注意。您通常不会在30天之内还未结算付款。这封催单只是想告诉您付款期限已过。请即回函并随函附寄一张7800美元的支票。

　　如果您已经结算, 就请不要理睬这张通知单。

　　感谢您的关照。

韩国汉城市××电子产品进出口公司

总经理: ×××(签名)

××年×月×日

완곡한 대금 독촉문

한국 서울시 ××전자제품 무역회사

주소
전화, 팩스

SN1080호 어음 대금 독촉문

문서번호: 0277

중국 산시성(陝西省) ××전자제품 무역회사
말씀드립니다:

　　우리 측이 ×월 ×일 보낸 SN1080호 어음을 받으셨는지 모르겠습니다. 아마 바쁘신 관계로 신경쓰실 겨를이 미처 없었으리라 생각됩니다. 귀하께서 통상 30일 내 대금 지불 결산을 하지 않을 리가 없습니다. 이 독촉문은 단지 귀하에게 대금 지불 기한이 이미 지났음을 알려드리는 것 뿐입니다. 즉시 회신과 아울러 7,800달러 어음 한 장을 첨부하여 보내주시기 바랍니다.

　　만약 귀하가 이미 결산을 했다면, 이 통지서에 신경쓰지 마시기 바랍니다.

　　관심에 감사드립니다.

한국 서울시 ××전자제품 무역회사
사장: ×××(서명)
××년 ×월 ×일

상용 단어 및 구문

不知

모르다.

- 贵公司长时间没有订购产品，**不知**是否因为我方服务不周所致，敬请告知。
  귀 회사가 물품을 장기간 주문하지 않았는데, 우리 측 서비스가 제대로 되지 않아 그런 건지 모르겠습니다. 말씀해주셨으면 합니다.

- 我公司产品因供不应求出现短货，**不知**贵方是否得到消息。
  우리 회사 상품이 공급이 수요를 따르지 못해 품귀 현상이 나타나는데, 귀측은 소식을 들었는지 모르겠습니다.

未能

아직 ~하지 못하다.

- 很抱歉我公司**未能**阻止此批货物损毁事件的发生。
  우리 회사가 그 화물 훼손 사건 발생을 미처 막지 못하여 대단히 죄송합니다.

- 我们很抱歉暂时**未能**清付该笔账款。
  우리가 잠시 그 대금을 결산 지불하지 못하여 매우 죄송합니다.

引起

일으키다, 야기하다.

- 对于由此**引起**的不便，我们深感抱歉。
  이로 인해 야기된 불편에 대하여 저희는 매우 미안하게 생각합니다.

- 这次错误是由于误打错字而**引起**的，对此，我们致以万分歉意。
  이번 착오는 타자를 잘못하여 일어난 것으로, 이에 대해 우리는 대단히 죄송한 마음을 금할 길이 없습니다.

结算

결산하다.

- 信用证是当今国际贸易**结算**中一种最重要、最常用的支付方式。
  신용장은 현재 국제무역 결산에서 가장 중요하고 가장 흔히 사용되는 지불 방식입니다.

- 我行根据客户需求不断改善**结算**服务，赢得了大批优质的客户群。
  우리 은행은 고객의 수요에 따라 끊임없이 결산 서비스를 개선하여 우수한 대단위 고객들을 확보하였습니다.

期限已过

기한 초과하다, 기한이 이미 지나다.

- 我公司规定的付款**期限已过**, 仍未收到贵公司的汇款。
  우리 회사가 규정한 지불 기한이 이미 지났는데, 아직 귀 회사의 대금을 받지 못했습니다.

- 该批贷款**期限已过**, 但贷款公司无能力清偿贷款。
  그 물품 대금 기한이 이미 지났으나, 대출 회사는 상환 결산할 능력이 없습니다.

理睬

신경쓰다, 문제삼다.

- 我们于今日收到贵公司的汇款, 请贵公司对我公司日前寄出的催款函不予**理睬**。
  우리는 오늘 귀 회사의 대금 지불을 받았습니다. 우리 회사가 일전에 보낸 대금 독촉문에 대해 신경
  쓰지 마시기 바랍니다.

- 此类垃圾邮件贵公司完全不必**理睬**。
  귀 회사는 이런 쓰레기 우편물에 전혀 신경쓸 필요 없습니다.

关照

관심을 가지다, 보살피다, 돌봐주다.

- 我们的产品及服务定能使贵方满意, 冒昧请你**关照**。
  귀측은 우리의 상품과 서비스에 틀림없이 만족할 것이니, 많은 관심 부탁드립니다.

- 本店现有时新商品, 如蒙**关照**, 则非常感谢。
  본 점포는 현재 최신 상품이 있으니, 관심을 가져주시면 대단히 감사하겠습니다.

再次催款函

中国天津市××五金产品进出口公司

关于未付余额的再次催款函

编号：0331

韩国汉城市××五金产品进出口公司
敬启者：
　×月×日我们根据贵方的订货给贵方运去有关五金产品。在上次货款入账后，您的未付余额为24,000美元。×月×日和×月×日我们连续两次给贵方发去两封催款函。我们不知道贵方的意见怎样，为什么至今未见回信？
　因为我们双方的关系一直很好，所以很犹豫采取任何过激行动。但很显然，我们必须立即得到付款。我们等待您的答复。

中国天津市××五金产品进出口公司
总经理：×××（签字）
××年×月×日

地址：中国天津市××区××路××号　　邮政编码：300000
电话：086-22-0000-0000　　传真：086-22-0000-0000

재차 대금 독촉서

중국 티엔진시(天津市) ××금속제품 무역회사

미지불 잔액에 관한 재차 독촉서

문서번호: 0331

한국 서울시 ××금속제품 무역회사

말씀드립니다:

    ×월 ×일 우리는 귀측 주문에 근거하여 금속 관련 제품을 귀측에 보낸 바 있습니다. 지난번 물품 대금 입금 이후 귀하의 미지불 잔액은 24,000달러입니다. ×월 ×일과 ×월 ×일에 우리는 두차례 연이어 대금 독촉서 총 2부를 귀측에 보냈습니다. 귀측의 생각이 어떤지 모르겠습니다. 왜 지금까지 회신이 없는지요?

    우리 쌍방의 관계가 그동안 줄곧 좋았으므로 어떤 과격 행동을 취하는 것을 애써 유예하고 있습니다. 그러나 분명한 것은 우리는 반드시 즉시 지불을 받아야 한다는 것입니다. 귀하의 답신을 기다립니다.

중국 티엔진시(天津市) ××금속제품 무역회사

사장: ×××(서명)

××년 ×월 ×일

주소, 전화, 팩스

상용 단어 및 구문

入账

(통장) 입금하다.

- 本月北京分公司**入账**金额为50000美元。
  이번달 베이징 지사에서 입금한 금액은 50,000달러입니다.

- 作为代理商, 你们应该每月向公司报告**入账**金额。
  대리상으로서 여러분은 매월 회사에 입금 금액을 보고해야 합니다.

余额

잔액.

- 根据计算, 贵公司尚未支付我公司货款**余额**为2005.20美金。
  계산에 의하면, 귀 회사가 우리 회사에 아직 지불하지 않은 물품 대금 잔액은 2005.20달러입니다.

- 该厂的银行账户**余额**不足50000元。
  그 공장의 은행 계좌 잔액이 50,000위엔 부족합니다.

连续

연속하다.

- 由于你公司**连续**三年亏损, 我们决定取消你公司代理人资格。
  귀 회사는 3년 연속 적자를 보았기 때문에, 우리는 귀 회사의 대리인 자격을 취소하기로 결정했습니다.

- 你们所定的货, 我们将在五个**连续**工作日内完成, 并交付使用。
  여러분이 주문할 물품을 우리는 연속 닷새 내에 완성하여 인도해 드리겠습니다.

催款函

대금 독촉서.

- 我方已数次向您公司发去**催款函**, 但一直没有回音。
  우리 측은 이미 귀하 회사에 대금 독촉서를 수차례 발송했습니다만, 줄곧 회답이 없었습니다.

- 希望本**催款函**能使您尽快结清我方账款。
  이 대금 독촉서 때문에라도 귀하가 우리 측 대금을 가능한 한 빨리 결산하기를 희망합니다.

采取

채택하다.

- 我们要求贵公司立即付款, 否则我们会**采取**其他方法收回货款。
  우리는 귀 회사가 즉시 지불할 것을 요청하며, 그렇지 않으면 우리는 다른 방법을 채택하여 물품 대금을 회수할 수도 있습니다.

- 根据贵公司的请求, 我们同意**采取**分期付款的办法收回货款。
  귀 회사의 요청에 의거하여, 우리는 분기 지불 방법을 채택하여 물품 대금을 회수하는 것에 동의합니다.

过激

과격하다.

- 我们认为你们不应该采取**过激**的行为, 这将损害我们的关系。
  우리는 귀하가 과격한 행위를 채택하면 안 된다고 생각합니다. 이는 장차 우리의 관계에 손해를 끼칠 것입니다.

- 不到迫不得已时, 我方决不使用**过激**的手段催交货款。
  부득이한 때가 아닌 한 우리 측은 결코 과격한 수단을 사용하여 물품 대금을 독촉하지 않습니다.

显然

분명하다, 뚜렷하다.

- 信中有许多说法**显然**不符合事实。
  문서에서 말한 내용 중 많은 부분이 사실에 맞지 않음이 분명합니다.

- 上述数字的错误, **显然**是因为笔误造成的。
  상술한 숫자의 착오는 잘못 써서 발생한 것임이 분명합니다.

等待

기다리다.

- 现寄去样品, 我们**等待**贵方的答复。
  지금 샘플을 보내니, 우리 측은 귀측의 답신을 기다리겠습니다.

- 我们将再**等待**7天, 如果贵方仍拒付款, 我们将付诸法律。
  우리는 7일을 더 기다렸다가, 그래도 귀측이 대금 지불을 거부하면 우리는 법적 조치를 취하겠습니다.

催款最后通知函

韩国釜山市××海产品进出口公司

000-000 韩国釜山市××区××路××号
Tel: 0082-51-000-0000　　Fax: 0082-51-000-0000

关于未付帐款的最后催款通知函

编号：0054

中国河南省××海产品进出口总公司

敬启者：

　　我们已经不断地要求您结算未付账款，数额为12600美元。遗憾的是我们不仅没有收到您的汇款，也没有收到您的回音。

　　假如我们在××年×月×日之前还未收到您的付款，我们会被迫将此事交给我们的律师处理。因为采取如此步骤肯定会损害您的声誉，所以我们真诚地希望您能立即将支票寄给我们。

韩国釜山市××海产品进出口公司

总经理：×××（签名）

××年×月×日

물품 대금 최후 독촉 통지서

한국 부산시 ××해산물 무역쇠사

주소
전화, 팩스

미지불 대금 최후 독촉 통지서

문서번호: 0054

중국 허난성(河南省) ××해산물 무역회사

말씀드립니다:

　우리는 이미 끊임없이 미지불 대금을 결산하도록 귀하에게 요구하였으며, 가액은 12,600달러입니다. 유감스럽게도 우리는 귀하의 대금 지불을 아직 받지 못했을 뿐 아니라 귀하의 회답도 받지 못했습니다.

　만약 우리가 ××년 ×월 ×일 전까지 귀하로부터 대금 지불을 받지 못하면, 우리는 이 일을 처리하도록 우리 변호사에게 넘기지 않을 수 없습니다. 이와 같은 단계를 채택하는 것은 귀하의 명예에 손해를 끼칠 것이 분명하기 때문에 우리는 진심으로 귀하가 즉시 우리에게 어음을 보낼 수 있기를 희망합니다.

한국 부산시 ××해산물 무역회사

사장: ×××(서명)

××년 ×월 ×일

상용 단어 및 구문

不断

끊임없다.

- 随着贵公司与中国贸易**不断**增长, 我们建议贵公司在北京增开新分公司。
  귀 회사와 중국의 무역이 끊임없이 증가함에 따라, 귀 회사는 베이징에 새 지사를 개설할 것을 건의합니다.

- 产品代理商应该对制造商有**不断**提供产品信息的义务。
  제품 대리상은 마땅히 제조상에게 제품 소식을 끊임없이 제공할 의무가 있습니다.

遗憾的是

유감인 것은 ~이다, ~인 것이 유감스럽다.

- 我们已如期收到你们运寄的货物, 但**遗憾的是**, 第6箱货物有缺损。
  우리는 귀측이 발송한 화물을 이미 기일대로 받았으나, 유감스럽게도 제6상자 화물이 결손입니다.

- 我们对收到你们的订单十分高兴, 但**遗憾的是**, 现在我们存货不足, 不能立即发货。
  우리는 귀측의 주문서를 받게 되어 매우 기쁘게 생각합니다. 다만 유감스러운 점은 현재 우리 재고가 부족하여 즉시 발송할 수 없다는 것입니다.

不仅

단지 ~일 뿐 아니다.

- 我公司产品包装**不仅**小巧, 而且精美, 是馈赠的佳品。
  우리 회사 제품은 포장이 아기자기할 뿐만 아니라 정미하여 선물용품으로 좋습니다.

- 我们**不仅**没有到您的产品, 也没有收到您的回音。
  우리는 귀하의 제품을 받지 못했을 뿐 아니라, 회답도 받지 못했습니다.

步骤

걸음, 단계.

- 了解你们的要求是我们合作的一个关键的**步骤**。
  귀하의 요구를 파악하는 것은 우리 합작에서 열쇠가 되는 단계입니다.

- 我们请求分**步骤**执行我们日前签订的合作协议。
  일전에 우리가 서명한 합작 협의 건은 단계를 나누어 집행할 것을 요청합니다.

손해.

- 我们要求贵公司对货物运输过程中所受的**损害**予以赔偿。
  우리는 화물 운수 과정에서 입은 손해에 대하여 귀 회사가 배상할 것을 요구합니다.

- 你们这样的做法将会**损害**我们之间的关系。
  귀측의 이러한 방법은 우리 사이의 관계에 손해를 끼칠 것입니다.

真诚地希望

진심으로 희망하다.

- 对于上次装运过程中的失误，我们**真诚地希望**你们能够谅解。
  지난번 운송 과정에서의 실수에 대하여 귀측의 양해를 진심으로 희망합니다.

- 久闻贵公司良好的信誉，我们**真诚地希望**和贵公司建立长久的贸易关系。
  귀 회사의 좋은 명망을 오랫동안 들었던 바, 우리는 귀 회사와 오랜 무역 관계를 맺기를 진심으로 희망합니다.

收到催款后的复函

韩国釜山市××海产品进出口公司

000-000 韩国釜山市××区××路××号
Tel: 0082-51-000-0000　　Fax: 0082-51-000-0000

收到催款后的复函

编号: 0083

中国河南省××海产品进出口总公司
敬启者：

　　×月×日寄出的SN601号支票收到，数额为12600美元。我们对贵方在支付过期未付余额方面做出的努力表示感激。

　　如果在写给贵方的信函中，我们有时有任何言辞激烈或损害双方关系的话，我们希望贵方能给与理解。我们也是在现行的基础上承受着收款的压力。因为我们需要降低成本，保持价格较低的报价表。

　　另外我们还想向您表示，我们认为您是一位受欢迎的客户，我们希望和您继续保持长期愉快的贸易关系。

　　　　此致
敬礼！

韩国釜山市××海产品进出口公司
总经理：×××（签名）
××年×月×日

독촉 대금 수령 이후 답신

한국 부산시 ××해산물 무역회사

주소
전화, 팩스

독촉 대금 수령 이후 답신

문서번호: 0083

중국 허난성(河南省) ××해산물 무역회사
말씀드립니다:

　×월 ×일 보낸 SN601호 어음을 받았으며, 가액은 12,600달러입니다. 우리는 귀측이 기일 초과 미지불 잔액을 지불하고자 기울인 노력에 대단히 감격했습니다.

　귀측에 보냈던 문서 내용에서 때로 무슨 언사가 격렬했거나 혹은 쌍방의 관계에 손해를 끼칠 만한 말이 있었다면, 귀측에서 이해해주시기 바랍니다. 우리도 현재로서는 대금 회수 압력을 받고 있습니다. 원가를 내림으로써 비교적 낮은 가격대를 유지해야 하기 때문입니다.

　귀하는 언제나 우리가 환영하는 고객임을 특별히 밝히는 바이며, 계속해서 귀하와 장기적으로 유쾌한 무역 관계를 유지하기를 희망합니다.

안녕히 계십시오!

한국 부산시 ××해산물 무역회사
사장: ×××(서명)
××년 ×월 ×일

상용 단어 및 구문

在~方面

~면에서.

- 如发现**在**品质或数量**方面**与本合同规定不符, 买方有权向卖方提出退货或索赔。
  만약 품질이나 수량 면에서 본 계약 규정과 맞지 않는 것이 발견되면, 구매 측은 판매 측에 물품 반환 혹은 배상을 제기할 권리가 있습니다.

- 卖方保证货物系用上等的材料和一流工艺制成, **在各方面**与合同规定的一致。
  판매 측은 물품이 상등의 재료와 일류기술로 만들어져 계약 각 규정과 일치함을 보증합니다.

做出

~를 해내다, ~하다.

- 我们希望您能很快对是否参加会议**做出**决定, 以便我们安排。
  우리의 준비를 위하여, 귀하의 회의 참가 여부를 빨리 결정하여 주시기를 희망합니다.

- 我们公司将尽快**做出**决定给您答复。
  우리 회사는 가능한 한 빨리 결정을 내려 귀하에게 회답하겠습니다.

言辞激烈

말투가 과격하다.

- 我们对上次信函中的**言辞激烈**的话, 表示我们的歉意, 请求贵方能够谅解。
  우리의 지난번 문서에서 과격한 말투에 대해 죄송하게 생각하며, 귀측이 양해해 주시기 바랍니다.

- 我们不能接受贵方的**言辞激烈**的信函。
  우리는 말투가 과격한 귀측 문서 내용을 받아들일 수 없습니다.

给与理解

이해해주다.

- **给与理解**是双方合作的基础, 因此我们同意贵方的延期付款要求。
  이해해주는 것은 쌍방 합작의 기초이며, 이에 따라 우리는 귀측의 대금 지불 연기 요청에 동의합니다.

- 因为原材料短缺造成的供货不及时, 我们请贵公司**给与理解**。
  원재료 품절로 인하여 물품을 제때 공급하지 못하는 상황이 초대된 것을, 귀 회사가 이해해 주시기 바랍니다.

받다, 인수하다, 접수하다, 감당하다, 계승하다.

- 我们和你们一样, 都**承受**着资金的压力。
  우리는 귀측과 마찬가지로 모두 자금 압력을 받고 있습니다.

- 据银行提供的信息, 该公司有很强的资金**承受**能力。
  은행이 제공한 정보에 따르면, 그 회사는 대단히 풍부한 인수 자금 능력이 있습니다.

压力

압력, 압박.

- 资金**压力**在每一个公司内部都会存在, 所以我们可以理解你们的请求。
  자금 압박은 모든 회사에 존재하는 것이므로 우리는 귀측의 요청을 이해할 수 있습니다.

- 作为本公司的分销公司, 你们更要承受销售的**压力**。
  귀측은 본 회사의 소매회사로서, 더욱 판매 압력을 받아야 합니다.

降低成本

원가를 낮추다.

- 今年我公司为了增加产品竞争力, 通过改进技术, 已经大幅度**降低成本**, 所以给你们的价格也是十分低廉的。
  금년 우리 회사는 상품 경쟁력을 높이기 위해 기술 개선을 통하여 이미 원가를 대폭 낮추었기 때문에 귀측에 제공하는 가격이 매우 저렴합니다.

- 因为贵公司产品价格较高, 在我国销售不利, 所以我们建议你们进一步**降低成本**。
  귀 회사 상품의 가격이 상당히 높기 때문에 우리나라에서 판매가 잘 되지 않으니, 우리는 귀측이 원가를 더 한층 낮출 것을 건의합니다.

受欢迎

환영받다.

- 因为贵公司小型包装日益**受欢迎**, 所以我们再次订购14克、30克、42克的小包装各20箱。
  귀 회사 소형 포장이 날로 환영받으므로, 우리는 14g · 30g · 42g 소포장 각 20상자를 재차 주문합니다.

- 我们想了解我公司产品在贵国的**受欢迎**程度。
  우리 회사 상품이 귀국에서 어느 정도 환영받는지 파악하고자 합니다.

7장

컴플레인(complaint) 과 클레임(claim)

货物品质的投诉函

韩国汉城××服装进出口公司

000-000 韩国汉城××区××路××号
Tel: 0082-2-000-0000   Fax: 0082-2-000-0000

关于运动衣质量问题的函件

编号: 0777

中国上海××服装进出口总公司

敬启者:

　　我方×月×日订购的××牌运动衣1000套收到。但是,我们发现这一批运动衣中部分存在质量问题,希望能引起您的注意。

　　在贵方提供的1000套运动衣中,出现颜色明显不一样的现象。其中尺码为12的运动衣比其他尺码的颜色浅。因为我们向每家商店发送的都是一组不同尺码的货物,客户会立刻发现运动衣颜色明显不一样。我们将其中尺码为10和12的两件作为样品邮给你们,并要求将12尺码的整批100套运动衣换成正确的颜色。

　　我们期待着贵方尽早对这一问题做出处理。

韩国汉城××服装进出口公司

总经理: ×××(签名)

××年×月×日

물품 품질 항의서

한국 서울 ××의류 무역회사

주소
전화, 팩스

운동복 품질 문제에 관한 문서
문서번호: 0777

중국 상하이 ××의류 무역회사

말씀드립니다:

　우리 측이 ×월 ×일 주문한 ××표 운동복 1,000벌을 받았습니다. 그러나 우리는 이 운동복 중 일부에 품질 문제가 있음을 발견하여, 귀하께서 주의해주셨으면 바랍니다.

　귀측이 제공한 운동복 1,000벌 중에서 색상이 뚜렷이 다른 사실이 드러났습니다. 그중 12 사이즈 운동복이 다른 사이즈 운동복보다 색상이 옅습니다. 우리가 상점에 발송한 것이 모두 각 사이즈가 들어간 한 셋트이므로, 고객은 운동복 색상이 분명히 다르다는 것을 즉각 발견할 것입니다. 우리는 그중 사이즈 10과 12 두 벌을 샘플로 귀측에 우송하고, 아울러 12 사이즈 운동복 전체 100벌을 정확한 색상으로 교환해주시기를 요청합니다.

　귀측이 조속히 이 문제를 처리하기를 기대합니다.

한국 서울 ××의류 무역회사

사장: ×××(서명)

××년 ×월 ×일

상용 단어 및 구문

部分

부분, 일부.

- 今后我公司的**部分**业务将由广州分销处负责。
  지금 이후 우리 회사 일부 업무를 광저우(广州) 대리점에서 책임집니다.

- 我们对你公司的这批货物中的**部分**货品的质量不甚满意。
  우리는 귀 회사 물품 중 일부 물품의 품질에 매우 만족하지 못합니다.

质量问题

품질 문제.

- 在销售中如果发现我公司产品有**质量问题**, 请及时与我公司联系。
  판매시 만약 우리 회사 상품에서 품질 문제가 발견되면 즉시 우리 회사와 연락하기 바랍니다.

- **质量问题**一直是我公司在产品生产和销售中最关注的问题。
  우리 회사는 상품 생산과 판매에서 줄곧 품질 문제에 가장 주목합니다.

在～中

～중(에서).

- **在**运输过程**中**出现的质量问题, 将由保险公司负责赔偿。
  운수 과정에서 나타난 품질 문제는 보험회사가 배상을 책임집니다.

- **在**你们所订的产品**中**, 目前我们有三种暂时缺货。
  귀측이 주문한 상품 중, 현재 세 가지가 잠시 품절입니다.

出现

나타나다, 드러나다, 발생하다.

- 你公司的产品在使用过程中, **出现**了严重的质量问题, 我公司因此要求退货。
  귀 회사 상품이 사용 과정에서 심각한 품질 문제가 발생하여, 이로 인해 반환을 요구합니다.

- 由于在操作过程**中出现**了重大失误, 这项工作只好暂时搁置。
  조작 과정에서 중대한 실수가 발생하여, 이 작업을 잠시 중단할 수 밖에 없습니다.

现象

현상.

- 消费者在使用过程中出现的这种**现象**不是我公司产品的质量问题, 而是由于消费者
  使用不当造成的。
  소비자가 사용 과정에서 발생한 이런 현상은 상품의 품질 문제가 아니라 소비자가 적절히 사용하지
  않아 초래한 것입니다.

- 这种产品使用初期经常自动关机, 是正常**现象**。
  이 상품이 사용 초기에 자주 자동 잠금되는 것은 정상적인 현상입니다.

比

~보다.

- ××公司的产品比××公司的产品更加大众化一些。
  ××회사 상품이 ××회사 상품보다 훨씬 대중화되었습니다.

- ××公司的股票价格比我公司的股价高得多。
  ××회사의 주식 가격이 우리 회사의 주식보다 훨씬 높습니다.

不同尺码

사이즈가 다르다, 다른[같지 않은] 사이즈.

- 请注意我方的价格单中, **不同尺码**的运动衣价格也稍有不同。
  우리 측의 가격표 중 다른 사이즈 운동복은 가격 역시 약간 다르다는 것에 주의하기 바랍니다.

- 为满足不同身材的顾客的需要, 我们定购了**不同尺码**的内衣。
  신체 사이즈가 다른 고객의 수요를 만족시키기 위하여, 다른 사이즈 내의를 주문했습니다.

尽早

가능한 한 빨리.

- 请**尽早**安排中方人员的行程。
  중국 측 인원의 일정을 가능한 한 빨리 안배하시기 바랍니다.

- 有关货物的运输价格事宜, 请**尽早**落实。
  관련 화물의 운수 가격 건을 가능한 한 빨리 확정하기 바랍니다.

货物品质投诉的处理

中国上海××服装进出口公司

关于运动衣质量问题的复函

编号：0481

韩国汉城××服装进出口公司
尊敬的总经理先生：

　　贵方投诉的12尺码运动衣颜色确实比贵方订购时所送的样品颜色浅。这显然是由于有关负责人粗心大意造成的。对于以上疏忽请接受我们的歉意。

　　本周我们将空运给贵方一批新的服装，保证颜色与订购的样品完全一致。请求贵方在方便的情况下将不合格的衣服寄回给我们，运费由收货方负担。或者贵方将这批货物作为次品以每套80美元的价格降价销售。

　　今后我们一定会把工作做得更细一些，不使再有类似的事情发生，愿我们双方合作愉快。

中国上海××服装进出口公司

总经理：×××（签字）

××年×月×日

물품 품질 항의 처리

중국 상하이 ××의류 무역회사

운동복 품질 문제에 관한 답신

문서번호: 0481

한국 서울 ××의류 무역회사

존경하는 사장님께:

　귀측이 항의한 12사이즈 운동복 색상이 귀측이 주문시 보낸 샘플 색상보다 확실히 옅음을 확인하였습니다. 이는 관련 담당자의 부주의로 초래된 것임이 분명합니다. 이상의 소홀에 대해 우리는 대단히 죄송하게 생각합니다.

　우리는 이번 주에 귀측에게 새로운 옷을 항공으로 운송할 예정이며, 주문한 샘플과 색상이 완전히 같음을 보증합니다. 불합격한 옷을 귀측 편의대로 수령측 물품 운송비 부담으로 반송해주시기 바랍니다. 혹은 귀측에서 그 물품을 2등품으로 낮추어 매벌 당 80달러에 판매하셔도 됩니다.

　이후 우리는 반드시 더욱 세심하게 작업하여 유사한 사태가 다시는 발생하지 않도록 하겠으며, 쌍방의 합작이 유쾌하길 원합니다.

중국 상하이 ××의류 무역회사

사장: ×××(서명)

××년 ×월 ×일

상용 단어 및 구문

投诉

항의하다, 소송하다.

- 该系列产品质量过硬, 在2001年达到消费者零**投诉**。
  그 시리즈 상품은 질이 아주 좋아서 2001년에 소비자의 아무런 불만사항도 접수되지 않았습니다.

- 如果接到顾客**投诉**, 我们将马上向你会社报告有关情况。
  고객의 항의를 받으면 우리는 즉시 귀 회사에 관련 상황을 보고하겠습니다.

确实

확실하다.

- 经核实, 你公司所反映的货品质量问题**确实**存在。
  조사 결과, 귀 회사가 제기한 물품 품질 문제가 확실히 존재합니다.

- 调查结果显示, 值班人员接到报警后**确实**没有及时进行处理。
  조사 결과, 담당 근무자가 경고를 접한 뒤 즉시 처리를 하지 않은 게 확실함이 드러났습니다.

与～一致

~와 일치하다.

- 在京期间, 我们**与**××公司在主要合作条件上达成**一致**意见。
  베이징에 있던 기간에 우리는 주요 합작 조건에서 ××회사와 의견 일치에 도달했습니다.

- 在这一点上, 我们的看法**与**您完全**一致**。
  이 점에서 우리의 생각은 귀하와 완전히 일치합니다.

在方便的情况下

편한 때에, 편의대로.

- 我们真诚地邀请您和董事局其他成员**在方便的情况下**访问我公司。
  귀하와 사무국 기타 인원께서 편한 때에 우리 회사를 방문하기를 우리는 진심으로 초청합니다.

- 请您**在方便的情况下**, 将故障部件寄送我公司技术部。
  고장난 부품을 편하신 때 우리 회사 기술부에 보내주십시오.

부담(하다).

- 此次订单变动并未给我公司增加**负担**, 请不必过虑。
  이번 주문서 변동은 우리 회사에 결코 부담을 증가시키지 않으니 지나치게 염려하실 필요 없습니다.

- 这次巡回展出的费用全部由总公司**负担**。
  이번 순회 전시 비용은 전부 본사에서 부담합니다.

次品

2등품.

- 在严格的质量监督制度下, 我厂不会让一个**次品**流出厂外。
  엄격한 품질 감독 제도 하에 우리는 단 하나의 2등품도 공장 밖으로 유출되게 하지 않습니다.

- 所有库存3年以上的商品将作为**次品**一次性清仓处理。
  재고 3년 이상된 상품은 2등품으로 하여 단번에 재고 정리 세일합니다.

不使

～로 하여금 …하지 않게 하다.

- 我们一定严格要求, **不使**此类事件再度发生。
  이런 류의 사건이 다시 발생하지 않도록 우리는 반드시 엄격하게 요구해야 합니다.

- 为了**不使**顾客和游客感到失望, 我们在除夕通宵营业。
  고객과 여행객이 실망을 느끼지 않게 하기 위해 우리는 연말 마지막 밤 철야 영업합니다.

合作愉快

합작이 유쾌하다.

- 祝我们**合作愉快**。
  우리 합작이 유쾌하기를 축원합니다.

- 那次**合作**非常**愉快**, 给我留下了很深的印象。
  지난번 합작은 매우 유쾌하여, 저에게 아주 깊은 인상을 남겼습니다.

因货物受损向卖方索赔

韩国汉城××瓷器进出口公司

000-000 韩国汉城××区××路××号
Tel: 0082-2-000-0000　　Fax: 0082-2-000-0000

关于瓷器受损的索赔函

编号: 0386

中国江西××陶瓷厂
尊敬的厂长先生:

　　贵方按照第SN118号订单运来的180箱瓷器已经提取。令人震惊的是, 我们在开箱时发现将近一半的货物均已破碎。从我们随附的由×××开具的第CN1756号检验报告中, 贵方可以看到, 损坏可能由于包装不当所致—箱内填充物不足, 经不起海上颠簸。

　　这次损失实在太多, 因此我们不得不向贵方索赔6000美元(包括检验费在内), 详见所附索赔清单。是给我方寄来全部金额的支票抑或是在15天内予以换货, 由贵方自己决定。若是换货, 检验费仍需由贵方负担。

　　若贵方尽快处理此事, 将万分感谢。

韩国汉城××瓷器进出口公司
总经理: ×××(签名)
××年×月×日

화물 손상으로 판매측에 배상 요구

한국 서울 ××자기 무역회사

주소
전화, 팩스

자기 손상에 관한 배상 요청서

문서번호: 0386

중국 지앙시(江西) ××도자기 공장
존경하는 공장장님:

　　제SN118호 주문서에 따라 귀측이 발송한 자기 180상자를 인도했습니다. 너무나 놀라운 것은 우리가 상자를 열었을 때 물품 거의 반이 이미 손상되었다는 것입니다. 첨부하는 ××발행 제CN1756호 검사 보고서를 보면, 귀측이 포장을 제대로 하지 않았기 때문에 손상되었을 가능성이 높다는 것을 알 수 있습니다 – 상자 안의 충전물이 부족하여 해상의 출렁거림을 견디지 못했습니다.

　　이번 손실이 너무 많아서, 이로 인해 우리는 귀측에 6,000달러(검사비 포함) 배상을 요구할 수 밖에 없으며, 상세한 내용은 첨부한 배상 요구서를 참고하기 바랍니다. 총 금액을 어음으로 보내줄 것인지, 아니면 15일 내 물품 교환으로 할 것인지, 귀측이 결정하기 바랍니다. 물품 교환으로 한다 해도 검사비는 귀측이 부담해야 합니다.

　　가능한 한 빨리 이 일을 처리해주시면 대단히 감사하겠습니다.

한국 서울 ××자기 무역회사
사장: ×××(서명)
××년 ×월 ×일

상용 단어 및 구문

提取
인수하다.

- 我方同意自销售额中**提取**3%作为×××的佣金。
  우리 측은 판매액 중 3%를 ×××의 커미션으로 취하는 것에 동의합니다.

- 该货物催领通知书已到, 请在截止期限之前**提取**货物。
  그 화물 수령 독촉 통지서가 이미 도착하였으니, 기한 전에 화물을 인수하기 바랍니다.

令人震惊
사람을 깜짝 놀라게 하다.

- 据报章所载, 你公司×××携款潜逃, 真是**令人震惊**。
  신문 보도에 의하면, 귀 회사 ×××가 돈을 가지고 잠적했다고 하니, 정말 깜짝 놀랄 일입니다.

- **令人震惊**的是, 该公司的董事长和总经理均未出席签字仪式。
  너무나 놀라운 것은 그 회사의 이사장과 사장이 모두 서명 의식에 참석하지 않았다는 것입니다.

将近
거의 ~에 달하다[가깝다].

- 时间已**将近**一半, 可是全年任务只完成了1/3。
  시간이 이미 거의 반이 흘러가는데, 올해 전체 임무를 겨우 1/3 완성했습니다.

- 我们发现**将近**一半的货品与我们的要货颜色不符。
  거의 반에 가까운 물품이 우리가 요구한 색상과 맞지 않습니다.

检验报告
검사 보고하다.

- 开箱**检验报告**表明: 到岸货物完好无损。
  개봉 검사 보고서는 해안에 도착한 화물이 손상 없이 온전함을 밝힙니다.

- 现附**检验报告**一份, 请过目。
  이제 검사 보고 한 부를 첨부하오니, 검토하시기 바랍니다.

所致

~가[이] (어떤 결과를) 가져오다[야기하다].

- 我们认为, 此次机床事故系因工作人员操作不当**所致**。
  우리가 알기로 이번 기계 사고는 작업자가 조작을 적절히 하지 못해 일어난 것입니다.

- 由于使用不当**所致**的损坏应由顾客自己负责。
  부당 사용으로 일어난 파손은 응당 고객 스스로 책임져야 합니다.

抑或

아니면[혹은].

- 这批代销产品销售情况不很良好, 我方建议降价销售**抑或**由你方收回货品。
  이 상품의 대리 판매 상황이 좋지 않아, 가격을 인하해 판매하거나 혹은 귀측이 물품을 회수할 것을 건의합니다.

- 对这个问题的处理意见不知你们是同意**抑或**反对, 请来函通知。
  이 문제 처리에 대한 의견에 귀측이 동의하는지 반대하는지 여부를 문서로 통지하시기 바랍니다.

若是

만약.

- 这项工程**若是**等到下月开工, 很可能在冬季来临之前无法竣工。
  이번 공사를 다음달에 착공하면 겨울철이 오기 전에 준공할 방법이 없을 것입니다.

- **若是**这样争执下去, 其结果对我们双方都没有好处。
  이렇게 계속 다툰다면 우리 쌍방 모두에게 결과가 좋지 않을 것입니다.

货物受损索赔的复函

中国江西××陶瓷厂

关于038号瓷器受损索赔函的复函

编号: 0663

韩国汉城××瓷器进出口公司
尊敬的总经理先生:

您好!

贵方×月×日索赔函及附件收悉。对于贵方要求我们对货物受损负责, 我们感到遗憾。我们的瓷器都是经过仔细包装的, 在包装方面很少会听到抱怨。对贵方订货的包装和我们以往的处理并无两样。因此我们认为, 造成如此大的损坏的原因是运输途中的粗鲁搬运, 对你们的索赔我们实难承担任何责任。

我们建议贵方立即向海洋运输公司提出索赔。如果这批货物已投保了破碎险, 就该向保险公司提出索赔。如果贵方急需, 我们能为你们做的只是立即再发一批货给贵方, 仍然按照上次双方议定的优惠价格结算。

此致

敬礼!

中国江西×××陶瓷厂

××年×月×日

地址: 中国江西×××陶瓷厂　　　邮政编码: 333000
电话: 086-798-000-0000　　　传真: 086-798-000-0000

물품 손상 배상 요구에 대한 회신

중국 지앙시(江西) ××도자기 공장

자기 손상 배상 요구서 038호에 관한 회신

문서번호: 0663

한국 서울 ××자기 무역회사

존경하는 사장님께:

　　안녕하십니까!

　　×월 ×일 귀측의 배상요구서 및 첨부 문건을 받았습니다. 화물의 손상에 우리 측이 책임을 지라는 귀측의 요구에 유감입니다. 우리의 자기는 모두 세세한 포장을 거치므로 포장 문제에서 불만이 제기되는 경우는 아주 적습니다. 귀측 주문 상품에 대한 포장과 이전의 우리의 포장은 변함없이 한결같습니다. 따라서 우리는 이와 같이 큰 파손을 가져온 원인은 운수 도중의 거친 운반 때문이라고 생각하며, 귀측의 배상 요구에 우리는 실로 어떤 책임도 지기 어렵습니다.

　　우리는 귀측이 즉시 해운회사에 배상을 청구할 것을 건의합니다. 만약 그 화물이 파쇄보험에 가입되었다면 보험회사에 배상 청구를 제출해야 할 것입니다. 만약 귀측이 급히 필요하다면, 우리가 귀측에 해줄 수 있는 것은 지난번 쌍방이 협의 결정한 우대 가격으로 결산하는 조건으로 즉시 다시 물품을 귀측에 발송하는 것 뿐입니다.

안녕히 계십시오!

중국 지앙시 ××도자기 공장

××년 ×월 ×일

주소, 전화, 팩스

상용 단어 및 구문

感到

~를 느끼다, ~라고 생각하다, ~로 여기다.

- 您的莅临令我们公司全体上下**感到**非常高兴。
  귀하께서 와주시어 우리 회사 모든 구성원이 매우 기쁩니다.

- 对于能和贵公司这样的国际知名企业合作, 我们**感到**非常荣幸。
  귀 회사와 같이 국제적으로 이름난 기업과 합작할 수 있게 된 것에 대해 우리는 대단한 영광이라고 생각합니다.

并无两样

결코[전혀] 다르지 않다.

- 这台高性能无人驾驶振动压路机在外观上与普通压路机**并无两样**。
  이 고성능 무인조종 진동 롤러는 겉으로 보기에는 보통 롤러와 전혀 다르지 않습니다.

- 这种新的乒乓球拍产品的拍形与传统的拍形**并无两样**。
  이 새로운 탁구 라켓 상품 디자인은 전통적인 라켓 다자인과 전혀 다르지 않습니다.

原因

원인, 이유.

- 这次货物大量散落遗失的**原因**至今尚未查明。
  이번 화물 대량 유실의 원인이 지금까지 아직 밝혀지지 않았습니다.

- 前日6时40分发生在广州石化总厂炼油厂的火灾**原因**已经查明。
  전날 6시 40분에 광저우(广州) 석유화학공장 정유공장에서 발생한 화재 원인이 이미 밝혀졌습니다.

承担

담당하다, 맡다.

- 我方认为, 该厂房的修缮责任应当由你方**承担**。
  그 공장 건물의 수선 책임은 마땅히 귀측이 맡아야 한다고 우리 측은 생각합니다.

- 该研究开发中心与大庆、胜利、辽河等油田合作共同**承担**了2项国家级攻关课题。
  그 연구개발센터는 따칭(大庆)·성리(胜利)·랴오허(辽河) 등 유전과 합작하여 공동으로 2개항의 국가급 집중연구과제를 맡았습니다.

责任

책임지다.

- 该事故**责任**由谁来负，尚待认定。
  그 사고의 책임을 누가 질 것인지 아직 결정을 기다리는 중이다.

- 根据所签合同的有关条款规定，你公司须负担此项经济赔偿**责任**。
  서명 계약한 관련 조항 규정에 근거하여, 귀 회사는 이 비용 배상 책임을 져야 합니다.

建议

건의하다.

- 请填写以下表格，告诉我们你对如何进一步提高服务水平的意见、**建议**和忠告。
  어떻게 더 한층 서비스 수준을 올릴 것인지에 대한 귀하의 의견·건의·충고를 아래 표에 작성하시어 알려 주시기 바랍니다.

- 根据目前情况，我公司**建议**裁定中止本案诉讼。
  지금 상황에 근거하여, 우리 회사는 본 사건 소송의 재정 중지를 건의합니다.

因货物短缺提出索赔

中国北京××商业贸易中心

关于货物短缺的索赔函

编号: 0838

韩国汉城××服装进出口公司

尊敬的总经理先生:

您好!

我们已及时收到第CN908号订单项下的货物。其他一切无误,只有第6号箱有问题—箱内仅有8打女式棉毛衫,而按发票所列应该是10打。由于箱子没有损坏,很可能是你们少装了2打。随附由×××出具的检验报告作为证明。

鉴于短缺数量不大,你们不必再补货,只需将600美元款项直接汇给我们。希望你们早日予以结清。

此致

敬礼!

中国北京××商业贸易中心

总经理: ×××(签名)

××年×月×日

地址: 中国北京市××区××大街×××号　　邮政编码: 100015

电话: 086-10-0000-0000　　传真: 086-10-0000-0000

물품 결손 클레임

중국 베이징 ××상업무역센터

물품 결손에 관한 클레임

문서번호: 0838

한국 서울 ××의류 무역회사

존경하는 사장님께:

안녕하십니까!

우리는 제CN908호 주문서 항목의 물품을 제 때에 받았습니다. 다른 것은 일체 착오가 없으나, 다만 제6호 상자에 문제가 있습니다 —— 상자 안에 여성용 메리야스 셔츠가 8벌밖에 없는데, 송장에 따르면 10벌이여야 합니다. 상자에 파손이 없었기 때문에 귀측이 2벌을 덜 실었을 가능성이 높습니다. 이에 ×××발행 검사보고서를 증명으로 첨부합니다.

결손 수량이 크지 않은 것을 감안하여, 물품을 보충 발송할 필요는 없고, 대금 600달러를 직접 우리에게 환급해주시면 되겠습니다. 빠른 시일에 결산해주시기 바랍니다.

안녕히 계십시오!

중국 베이징 ××상업무역센터

사장: ×××(서명)

××년 ×월 ×일

주소, 전화, 팩스

상용 단어 및 구문

无误

착오가 없다, 잘못이 없다.

- 支票填写要求准确**无误**。
  어음 기입은 착오 없이 정확해야 합니다.

- 请您确认您的以下填写**无误**: 姓名、通信地址、邮政编码、电话、传真等。
  귀하가 기입한 아래 내용에 착오가 없는지 확인해주십시오: 성명 · 연락주소 · 우편번호 · 전화 · 팩스 등.

仅有

단지[겨우] ～이다.

- 截止今日, **仅有**100家厂商报名参展。
  오늘까지 겨우 100개 공장만이 전람회 참가에 등록했습니다.

- 做这项工作, **仅有**热情是不够的, 还需要耐心、细致和毅力。
  이 일을 하려면 단지 열정만으로는 부족하고, 인내심 · 세심함 · 의연함도 필요합니다.

出具

발행하다.

- 提货时请**出具**单位介绍信。
  물품 인수시 부서 소개서를 발행해주십시오.

- 由于非法**出具**信用证, 导致银行损失6000万元, 该分行行长已被批准逮捕。
  신용장 불법 발행으로 은행에 6,000만 위엔 손실을 입혀서, 그 지점 행장의 체포 건이 이미 비준되었다.

作为

～가 되다, ～로 하다.

- **作为**一个国际知名企业, 贵公司应该在信息化方面先人一步。
  귀 회사는 국제적으로 이름난 기업으로서 마땅히 정보화 면에서 남보다 한 걸음 앞서야 합니다.

- **作为**该公司的股东, 我们有权行使我们的权益。
  우리는 그 회사의 주주로서 우리의 권익을 행사할 권리가 있습니다.

短缺

결손되다, 모자라다.

- 在国际市场上, 电子元器件的**短缺**已成为电子整机生产厂商所共同面临的问题。
  국제시장에서 전자제품 완제품 공장이 공통으로 직면한 문제는 전자부품 부족입니다.

- 联合国粮农组织预测今后几年世界鱼产品将面临**短缺**。
  이후 몇 년 안에 세계 생선 상품이 부족 사태에 직면할 것이라고 UN 양식 농업 기구는 예측합니다.

不必

~할 필요 없다.

- 由于此批刺绣产品尚有大量库存, 上次所缺货品暂时**不必**补发。
  이 자수 상품은 재고가 아직 많으므로, 지난번 결손 물품은 당분간 보충 발송할 필요 없습니다.

- 由于此次是受外方邀请, 代表团成员此次出国**不必**再提供国外经济担保书。
  이번은 외국측 초청을 받은 것이므로, 대표단 구성원은 이번 출국에서 국외경제보증서를 더 이상 제출할 필요가 없습니다.

只需

단지[오직] ~하면[이면] 되다.

- 我公司新出品的这种防流感新药服用方便, 每天**只需**口服一粒即可。
  우리 회사에서 새로 출품한 이 유행성 감기 예방 신약은 복용이 편리해서, 매일 한 알만 복용하면 됩니다.

- 由于该市现在采取了“一站式”办公, 合资企业**只需**一天就可以办理好相关手续。
  그 시는 현재 ‘원스톱(one-stop)’ 업무 처리를 채택하여, 합자기업은 하루면 관련 수속을 마칠 수 있습니다.

予以结清

결산해주다.

- 请将剩余货款在10日内**予以结清**。
  나머지 물품 대금을 10일 안에 결산해주시기 바랍니다.

- 关于此笔款项, 请尽快**予以结清**。
  이 대금을 가능한 한 빨리 결산해주시기 바랍니다.

货物短缺索赔函复函

韩国汉城××服装进出口公司

000-000 韩国汉城××区××路××号
Tel: 0082-2-000-0000　　Fax: 0082-2-000-0000

关于083号货物短缺索赔函的复函

编号: 0129

中国北京××商业贸易中心
尊敬的总经理先生:

　　从贵方×月×日来信中得悉, 第CN908号订单项下女式棉毛衫订货少装了2打。

　　根据我们的记录, 全部100打棉毛衫均已付运。不过也可能存在因不熟练包装导致短缺的情况。我们在此送上面额为600美元的支票(支票号为F1097), 给你们带来麻烦, 我们深表歉意。

　　　　此致
敬礼!

韩国汉城××服装进出口公司
总经理:×××(签名)
××年×月×日

물품 결손 배상 요청에 대한 회신

한국 서울 ××의류 무역회사

주소
전화, 팩스

083호 물품 결손 배상 요구에 관한 회신

문서번호: 0129

중국 베이징 ××상업무역센터

존경하는 사장님께:

　귀측이 보낸 ×월 ×일 문서를 통해 제CN908호 주문서 항목의 여성용 메리야스 셔츠 주문 수량에서 2벌을 덜 실었음을 알게 되었습니다.

　우리의 기록에 따르면 전체 100벌 메리야스 셔츠를 이미 모두 발송 처리했습니다. 그러나 포장에 숙련되지 않아 결손의 상황을 초래했을 가능성도 있습니다. 우리는 이에 액면 600달러의 어음(어음 번호 F1097)을 보내드립니다. 불편을 끼친 것에 대단히 미안할 따름입니다.

안녕히 계십시오!

한국 서울 ××의류 무역회사
사장: ×××(서명)
××년 ×월 ×일

상용 단어 및 구문

记录

기록하다.

- **请将我们双方会谈的记录整理成备忘录。**
  우리 쌍방 회담의 기록을 비망록으로 정리하기 바랍니다.

- **公司规定: 所有人员接到投诉电话必须做电话记录。**
  회사 규정: 근무자가 민원 전화를 받으면 반드시 전화 기록을 해둔다.

均已付运

모두 이미 발송 처리하다.

- **经核实, 你方所订货品均已付运。**
  조사를 거쳐서, 귀측이 주문한 물품을 이미 모두 발송 처리했습니다.

- **贵公司的订货, 包括2000公斤大葱、4000公斤大蒜和80000公斤土豆均已付运, 将在近日内到货。**
  귀 회사가 주문한 대파 2,000kg · 마늘 4,000kg · 감자 80,000kg 등을 이미 모두 발송 처리하였으니, 가까운 시일에 화물이 도착할 것입니다.

因

～로 인하여, ～ 때문에.

- **因近日天气不佳, 我商店的野营用品出现滞销。**
  최근 날씨가 좋지 않아서 우리 상점의 야영용품이 판매부진이다.

- **由于我们奉行质量至上的宗旨, 我公司从未发生过因质量不好导致顾客投诉的事件。**
  우리는 품질 지상 원칙을 지키기 때문에, 품질이 나빠서 고객의 항의를 야기한 사건이 이제껏 발생한 적이 없습니다.

导致

(～한 결과를) 가져오다.

- **有研究结果显示, 农药可能导致帕金森病, 所以我们在进口食品时, 十分注意农药残存量。**
  어떤 연구 결과는 농약이 파킨슨병을 초래할 가능성이 있음을 보여주는데, 그래서 우리는 식품을 수입할 때 농약의 잔존량에 매우 주의를 기울입니다.

- 计算机"千年虫"的发作**导致**该公司大部分客户资料丢失。
  컴퓨터 '밀레니엄 버그'가 발생하면 그 회사 대부분 고객의 자료를 잃을 수 있습니다.

在此送上

이에 ~를 보내다.

- **在此送上**我对贵公司和您本人的最真诚的祝福。
  이에 저는 귀 회사와 귀하 본인에게 가장 정성어린 축복을 보냅니다.

- **在此送上**样品一件, 请按原样仿制。
  이에 샘플 하나를 보내니, 원본과 비교해보시기 바랍니다.

深表歉意

대단히 미안한 마음을 표하다.

- 由于公司效益严重滑坡, 董事会向投资者**深表歉意**。
  회사 이익이 심각하게 곤두박질하여, 이사는 투자자에게 대단히 미안한 마음을 표합니다.

- 对由此给您造成的不便, 我们**深表歉意**, 并敬请谅解。
  이로 말미암아 귀하에게 끼친 불편에 대해 대단히 미안한 마음을 표하며, 아울러 삼가 양해를 부탁합니다.

向运输公司索赔函

韩国釜山××农产品进出口公司

000-000 韩国釜山××区××路××号
Tel: 0082-2-000-0000　　Fax: 0082-2-000-0000

关于大豆运输途中受损的索赔函

编号: 0336

中国××海洋运输公司

敬启者:

很遗憾通知贵公司,由贵公司××轮装运的200包大豆在到达我处时已受损。大约有三分之二的包完全湿透,里面的大豆已全无用处。

随函附上××商检局出具的第LN168号检验报告,该商检局证实这批货物受海水浸湿损坏,对此贵公司应负责任。我们要求贵公司对我们遭受的损失予以赔偿,详见所附索赔清单。同时,我们原封不动保管这些浸泡过的大豆等候贵公司来人检查。

望贵公司认真处理此事。

韩国釜山××农产品进出口公司
总经理: ×××(签名)
××年×月×日

운수회사에 배상을 요구하는 문서

한국 부산 ××농산물 무역회사

주소

전화, 팩스

운수 도중 손상 입은 대두 배상 요청서

문서번호: 0336

중국 ××해양운수회사

말씀드립니다:

　귀 회사 ××화물선으로 선적 운반한 대두 200포가 우리 측에 도착했을 때 이미 손상을 입었음을 귀 회사에 통지하게 되어 매우 유감입니다. 대략 2/3포가 완전히 물에 젖어, 그 안의 대두가 완전히 못쓰게 되었습니다.

　××상품검사국이 발행한 제 LN168호 검사보고서를 첨부하여 보내는 바, 그 상품검사국은 이 화물이 해수에 침수되어 손상되었음을 증명하므로, 이에 대해 귀 회사는 응당 책임을 져야 합니다. 우리는 귀 회사가 우리가 입은 손실을 배상해줄 것을 요구하며, 자세한 것은 첨부하는 배상요구 명세서를 참고하십시오. 동시에 우리는 이 침수당한 대두를 상태 그대로 보관하여 귀 회사가 인원을 보내 검사하기를 기다립니다.

　귀 회사는 이 건을 성실히 처리해주시기 바랍니다.

한국 부산 ××농산품 무역회사

사장: ×××(서명)

××년 ×월 ×일

상용 단어 및 구문

受损

손상을 입다[당하다].

- 由于中美海底光缆**受损**阻断, 我们与贵公司的网上联系一度中断。
  중·미 해저 광케이블이 손상을 입어 절단되어, 귀 회사의 네트워크 연락이 잠시 중단되었습니다.

- 由于这批货物运输途中**受损**严重, 我们的销售受到很大影响。
  이 화물이 운수 도중 심각한 손상을 입어서, 우리의 판매에 큰 영향을 끼쳤습니다.

大约

대략.

- 经过此次并购, 我公司共持有该电话电报公司**大约**16%的股份。
  이번 통합 구매로, 우리 회사는 그 전화전보회사의 주식 대략 16%를 소지하게 되었습니다.

- 该宠物外套的长度**大约**为小狗从颈部到尾巴的长度。
  그 애완동물 외투의 길이는 대략 강아지의 목부분부터 꼬리까지의 길이입니다.

商检

상품 검사하다.

- 据**商检**部门证实, 市场上没有100%的泰国香米。
  상품 검사 부서의 증명에 따르면, 시장에 100% 태국 향미(香米)는 없습니다.

- 我公司现要求在该出口合同中增加有关**商检**条款。
  우리 회사는 그 수출 계약에서 상품검사 관련 조항을 추가할 것을 요청합니다.

证实

실증하다, 증명하다.

- 专家调查**证实**该合资厂房的火灾属于意外。
  전문가 조사에 따르면 합자공장 건물의 화재는 의외에 속하는 것이라고 증명했습니다.

- ××公司发言人日前**证实**该公司将解雇近500名员工.
  ××회사 대변인은 그 회사는 근로자 500명을 해고할 것이라고 전에 실증했습니다.

应负责任

마땅히 책임을 져야 하다.

- 由于货品的严重损坏, 我公司准备在近期向船务公司追偿其**应负责任**。
  물품이 심각하게 파손되어, 우리 회사는 가까운 시일에 해운회사에 배상 책임을 추심할 예정입니다.

- 我公司认为, 应追究贵方开户银行结算过程中违反结算制度**应负责任**。
  우리 회사는 귀측이 은행 결산을 개설하는 과정에서 결산 제도를 위반한 응분의 책임을 추궁해야 한다고 생각합니다.

予以赔偿

배상해주다.

- 其中一名消费者按消费者权益法规定, 要求我公司**予以赔偿**。
  그중 소비자 한 명이 소비자 권익법 규정에 따라 배상해줄 것을 우리 회사에 요청했습니다.

- 根据货物保险合同规定, 保价货物部分损毁或短少按实际损失的价值**予以赔偿**。
  화물보험 계약 규정에 근거하여, 보험 화물 부분 훼손 혹은 결손은 실제 손실 가치에 따라 배상해주어야 합니다.

索赔清单

배상 요구 명세서.

- 收货人向保险人索赔时, 必须提供包括**索赔清单**、检验报告、保险单等各种单据。
  화물 수취인이 보험자에게 배상을 요구할 때는 배상 요구 명세서·검사 보고서·보험 증명서 등 각종 증빙 서류를 함께 제시해야 합니다.

- **索赔清单**包括受损财产清单、各种费用(如施救费用)清单等文件。
  배상 요구 명세서에는 손상재산 명세·각종 비용(응급구제 비용 등) 명세서 등 서류가 포함됩니다.

原封不动

원래 그대로 봉하여 놓아두다.

- 我们认为贵公司作为代理商不应该把问题**原封不动**地摆到我公司面前, 应首先自行尽力解决问题。
  대리상인 귀 회사가 문제를 우리 회사에 그대로 떠넘기면 안 되고 마땅히 우선 스스로 문제를 해결하려고 노력해야 한다고 생각합니다.

- 这种酒一般分为三大种类, 其中**原封不动**以木桶状态出厂的称为"桶装酒"。
  이 술은 일반적으로 세 가지 종류로 나누는데, 그중 원래 상태 그대로 나무통 상태로 출고하는 것을 "통장주(桶装酒)"라고 합니다.

向保险公司索赔函

中国上海××商业贸易中心

关于照相机运输途中受损的索赔函

编号: 0651

韩国××保险公司

尊敬的总经理先生:

　　××号轮抵达上海港时, 商品检验局派人检查了货物并交给我们一份检查报告, 该报告说我们从韩国进口的100架照相机中有10架严重损坏。

　　我方要求贵公司按有关条款赔偿损失货物, 当然这对双方来说都是件不愉快的事。我们已为该批货物投保了平安险和破碎险, 因此我们要求贵公司赔偿10架破损照相机, 折合为18000美元。现随函附上索赔清单、检验证书、发票、装箱单、提单副本及保险单, 请查收。

　　望尽早偿付我方损失货物之金额。

中国上海××商业贸易中心

总经理: ×××（签名）

××年×月×日

地址: 中国上海市××区××路××号　　　邮政编码: 200000

电话: 086-21-0000-0000　　　传真: 086-21-0000-0000

보험회사 배상 요구서

중국 상하이 ××상업무역센터

카메라 운수 도중 손상에 관한 배상요구서

문서번호: 0651

한국 ××보험회사

존경하는 사장님께:

　　××호 화물선이 상하이항에 도착했을 때, 상품검사국이 인원을 파견하여 화물을 검사하고 아울러 우리에게 검사보고서를 건네주었는 바, 그 보고서는 우리가 한국에서 수입한 카메라 100대 중 10대가 심각한 손상을 입었음을 증명하고 있습니다.

　　우리 측은 귀 회사가 관련 조항에 따라 손실 화물을 배상해줄 것을 요청하며, 물론 이는 쌍방으로 말하자면 모두에게 유쾌하지 않은 일입니다. 우리는 이미 그 화물을 위해 손해보험과 파쇄보험에 가입하였으며, 이로 인해 우리는 귀 회사가 파손된 카메라 10대를 배상해줄 것을 요청하며, 도합 18,000달러입니다. 이에 배상요구 명세서 · 검사증서 · 송장 · 컨테이너 증빙서류 · 선하증권 부본 및 보험증서를 첨부해 보내니, 잘 검토하여 받아주시기 바랍니다.

　　우리 측 손실된 화물의 금액을 가능한 한 조속히 배상해주시기 바랍니다.

중국 상하이 ××상업무역센터

사장: ×××(서명)

××년 ×월 ×일

주소, 전화, 팩스

상용 단어 및 구문

派人

사람을 파견하다.

- 我公司已经**派人**赶往事故现场进行处理。
  우리 회사는 이미 사고 현장에 사람을 파견하여 처리하도록 하였습니다.

- 该公司2000和2001年两次**派人**参加了××公司新产品展示会。
  그 회사는 2000년과 2001년에 두 차례 사람을 파견하여 ××회사 신상품 전시회에 참가하게 하였습니다.

严重损坏

심하게 파손되다.

- 由于突然停电, ××公司正在工作的数控机床**严重损坏**。
  갑작스런 정전으로 ××회사에서 한창 작업중이던 기계 몇 대가 심하게 파손되었습니다.

- 在这次事故中, 该公司车辆**严重损坏**。
  이번 사고에서 그 회사 차량이 심하게 파손되었습니다.

按有关条款

관련 조항에 따르다.

- **按有关条款**, 你公司应向我公司交纳一定数额的滞纳金。
  관련 조항에 따라, 귀 회사는 마땅히 우리 회사에 일정액의 체납금을 납부해야 합니다.

- 具体操作请**按有关条款**执行。
  구체적 조작은 관련 조항에 따라 진행하십시오.

平安险

평안보험, 안전보험.

- 该保险公司独家承保了全市4万多在校学生的**平安险**业务。
  그 보험회사는 혼자서 시 전체 4만여 재학생의 안전보험 업무를 인수받았습니다.

- 海运欺诈不属于**平安险**的范围。
  해운 사기는 안전보험 범위에 속하지 않습니다.

破碎险

파쇄보험.

- 本保险单一式两份, 投保海洋运输货物平安险, 包括**破碎险**和转船险。
  이 보험증명서는 한 양식 두 부로, 해양 운수 화물 안전보험에 가입한 것이며, 파쇄보험과 환선보험을 포함합니다.

- 我们发现, 该货物保险单竟然遗漏了有关**破碎险**条款。
  우리는 그 화물 보험증에 파쇄보험과 관련된 조항이 뜻하지 않게 누락되었음을 발견했습니다.

不愉快的事

유쾌하지 않은 일.

- 我们希望能尽快忘掉双方谈判过程中所发生的**不愉快的事**。
  쌍방 담판 과정에서 발생했던 불유쾌한 일을 가능한 한 빨리 잊기를 희망합니다.

- 此次我们遇到的购买了假冒产品这种令人**不愉快的事**, 希望能引起贵公司管理层的关注。
  이번에 우리가 당한, 위조 상품을 구매했다는 유쾌하지 않은 일에 대해 귀 회사 관리층은 주의해주시기를 희망합니다.

折合

환산하다, 상당하다, ～에 맞먹다.

- 该批蜗牛冻肉(去壳)的批发价为每10盎司10.95美元, **折合**人民币323.43元/公斤。
  그 냉동 달팽이살 판매가는 10온스 당 10.95달러로, kg 당 인민폐 323.43위엔에 상당합니다.

- 该开发区规定, 新投资项目如果注册资本**折合**30万美元以上, 免收5年所得税。
  그 개발 구역은 새로 투자한 항목이 등록자본 30만달러 이상이면 5년 동안 소득세 징수를 면제한다고 규정했습니다.

偿付

배상하다.

- 我公司希望该笔损失能尽早得到贵公司**偿付**。
  우리 회사는 그 손실에 대해 귀 회사 배상을 가능한 한 빨리 받게 되기를 희망합니다.

- 该公司于前日宣布将无力**偿付**到期的企业债券。
  그 회사는 기한이 된 기업 채권을 배상할 힘이 없다고 선언하였습니다.

要求卖方代为索赔函

中国上海××商业贸易中心

要求卖方代为索赔函

编号：0660

韩国汉城××公司
尊敬的总经理先生：

　　您好！

　　贵方按照CN606号订单发出的货物已抵上海。××号轮到达时，我们按照惯例请保险验货员开箱检查，当时有××海洋运输公司代表在场。可是让我们吃惊的是，该批货物的100架照相机中竟然有10架遭到严重损坏。

　　鉴于该保险由贵方承办，我们希望贵方在收到验货报告及××海洋运输公司代表的报告后代为向保险公司索赔。

　　谨先致谢意。

中国上海××商业贸易中心
总经理：×××（签名）
××年×月×日

地址：中国上海市××区××路××号　　邮政编码：200000
电话：086-21-0000-0000　　传真：086-21-0000-0000

판매측이 대신 보상을 요구할 것을 요청하는 문서

중국 상하이 ××상업무역센터

판매 측이 대신 보상을 요구할 것을 요청하는 문서

문서번호: 0660

한국 서울 ××회사

존경하는 사장님께:

안녕하십니까!

귀측이 CN606호 주문서에 따라 발송한 화물이 이미 상하이에 도착했습니다. ××호 화물선이 도착했을 때 우리는 관례에 따라 보험검사원에 개봉 검사를 부탁하였고, 당시 ××해양운수회사 대표가 현장에 있었습니다. 그러나 놀랍게도 그 화물 카메라 100대 중 10대가 심하게 파손되었습니다.

그 보험이 귀측 인수 처리임을 감안하여, 우리는 귀측이 검사원 보고서 및 해양운수회사 대표의 보고서를 받은 이후 대신 보험회사에 배상을 요청하기를 희망합니다.

감사합니다.

중국 상하이 ××상업무역센터

사장: ×××(서명)

××년 ×월 ×일

주소, 전화, 팩스

상용 단어 및 구문

抵

~에 도착하다[도달하다].

- 据调查, 韩国××号货轮已**抵**天津港。
  조사에 따르면 한국 ××호 화물선은 이미 티엔진(天津)항에 도착했습니다.

- 该批大豆已运**抵**仁川港。
  그 대두는 이미 인천항에 도착했습니다.

验货员

물품검사원

- 接到验货通知后, 上海质检所**验货员**×××已经赶到。
  물품검사 통지를 받고 상하이 품질검사소 검사원 ×××가 이미 도착했습니다.

- 我们有多位专业的业务人员、设计师及**验货员**为您提供最佳的产品款式及品质和完整的售后服务。
  우리는 많은 전담 인원·설계사·물품검사원이 있어, 귀하를 위하여 가장 좋은 디자인 및 품질과 완벽한 애프터 서비스를 제공합니다.

开箱检查

개봉[상자를 열어서] 검사하다.

- 请**开箱检查**箱内是否有产品合格证、中文说明书、使用手册等。
  상자를 열어서 상자 안에 상품합격증·중국어 설명서·사용 매뉴얼 등이 있는지 검사해주십시오.

- 验货员将外包装为"玩具"的货物**开箱检查**, 发现货箱装的是涉嫌假冒的香烟。
  물품검사원이 겉포장에 "완구"라고 되어 있는 화물을 개봉 검사하여, 상자 안에 담긴 것이 위조 혐의가 있는 담배임을 발견했다.

在场

현장에 있다, 그곳에 있다.

- 我公司对**在场**的船务公司代表当场提出质疑。
  우리 회사는 현장에 있는 해운회사 대표에게 즉석에서 질의를 제기했습니다.

- 该施工架组合在拆除时需有作业主管亲自**在场**指挥。
  그 시공틀 조립을 철거할 때 작업 책임자가 직접 현장에 있으면서 지휘해야 합니다.

让我们吃惊的是

우리를 놀라게 한 것은 ~이다, 놀라운 것은 ~이다.

- **让我们吃惊的是**, 该企业竟是一家国有"老字号"企业。
  놀라운 건 그 기업이 뜻밖에도 전통있는 국유기업이라는 것이다.

- **让我们吃惊的是**, 该公司提供的2001财年报表中的数据, 前后内容不一。
  우리를 놀라게 한 것은 그 회사가 제공한 2001년 연간재정보고표 수치의 앞뒤 내용이 맞지 않는다는 것이다.

竟然

뜻밖에도.

- 这次的货品经检查**竟然**有1/3都是次品。
  이번 물품 검사 결과 뜻밖에도 1/3이 모두 2등품이었습니다.

- 抽查显示, 该批进口水果**竟然**没有卫生检验检疫证书。
  추출 검사 결과 그 수입 과일은 뜻밖에도 위생검사 검역증서가 없다는 것이 드러났습니다.

由~承办

~가 인수 처리[진행]하다.

- 本届国际服装节经贸洽谈会**由**××公司等**承办**。
  이번 국제의류축제 (경제) 무역 상담은 ××회사 등이 인수 진행합니다.

- **由**北京大学**承办**的中国卫星卫生教育网建设项目, 已经获得美国风险投资逾亿美元。
  베이징대학이 인수 진행하는 중국 위성위생교육망 건설 사업은 이미 1억 달러가 넘는 미국 벤처 투자를 받았습니다.

索赔函复函

韩国汉城××公司

000-000 韩国汉城××区××路××号
Tel: 0082-2-000-0000　　Fax: 0082-2-000-0000

关于071号索赔函的复函

编号: 0320

中国上海××公司
尊敬的总经理先生:

　　您好!

　　拜读贵公司×月×日来函, 获知贵公司对我公司委托销售的部分杂货不甚满意, 提出索赔, 对此深表遗憾。

　　我已指示我公司驻上海代表处负责人×××先生前往贵公司拜访、调查此事, 一旦收到他的报告, 我们将立即给予适当处理。

　　　　此致
敬礼!

韩国汉城××公司
总经理:×××(签名)
××年×月×日

배상 요청 회신

한국 서울 ××회사

주소
전화, 팩스

071호 배상 요청서에 관한 회신

문서번호: 0320

중국 상하이 ××회사
존경하는 사장님께:

안녕하십니까!

귀 회사가 ×월 ×일 보내온 문서를 보고, 우리 회사가 판매를 위탁한 일부 잡화에 귀회사는 대단히 만족스럽지 못하여 배상 요청을 제출한 것을 알게 되어, 이에 대해 깊은 유감을 표시하는 바입니다.

귀 회사를 방문하여 이 건을 조사하도록 저는 이미 우리 회사 상하이 주재 대표처 책임자 ×××에게 지시하였고, 일단 그의 보고를 받는 즉시 합당한 처리를 해드리겠습니다.

안녕히 계십시오!

한국 서울 ××회사
사장: ×××(서명)
××년 ×월 ×일

상용 단어 및 구문

拜读

(상대방이 보낸 것을) 읽다. [겸양 표현]

- 贵公司 × 月 × 日的函电已经**拜读**。
  귀 회사의 ×월 ×일 팩스 문서는 이미 보았습니다.

- 通过**拜读**贵公司董事长 × × × 先生的专著, 我们对贵公司的经营理念有了初步了解。
  귀 회사 × × × 이사장의 저술을 읽고, 우리는 귀 회사의 경영 이념을 어느 정도 파악하게 되었습니다.

获知

알(게 되)다.

- 我们日前在 × × 公司处**获知**, 贵公司高层管理人员已经变动。
  우리는 귀 회사 고위 관리 인원에 이미 변동이 있음을 일전에 × × 회사로부터 알게 되었습니다.

- 我们刚刚**获知**贵公司在中国的代理 × × 公司的负责人已经变动。
  귀 회사 중국 주재 대리상 × × 회사의 책임자에 변동이 있음을 알게 되었습니다.

委托销售

위탁 판매하다, 판매 위탁하다.

- 我们要求你公司在该批钢材的**委托销售**中严格执行有关价格政策。
  우리는 그 강재 위탁 판매 중 귀회사가 관련 가격 정책을 엄밀히 집행해줄 것을 요청합니다.

- 该公司对 × × 在华投资企业生产的产品进行市场推广和**委托销售**。
  그 회사는 중국 주재 × × 투자기업이 생산한 상품의 시장 확충과 위탁 판매를 진행하고 있습니다.

不甚满意

매우 만족스럽지 못하다.

- 贵公司的处理意见令消费者**不甚满意**。
  귀 회사의 의견 처리에 소비자는 매우 만족스럽지 못합니다.

- 我公司**不甚满意**贵会社的合作态度。
  우리 회사는 귀 회사의 합작 태도에 매우 만족스럽지 못합니다.

前往

~로 가다[향하다].

- 代表团成员已经出发**前往**合资企业新建工厂参观。
  대표단은 합자기업이 새로 지은 공장을 참관하러 이미 출발했습니다.

- 该货轮在**前往**大连送货时因天气原因停靠旅顺港。
  그 화물선은 따리엔(大连)으로 화물 운송 도중 날씨 때문에 뤼순(旅顺)항에 머물렀습니다.

拜访

(상대방을) 방문하다. [겸양 표현]

- 我公司要求代理商每周必须**拜访**20家客户。
  우리 회사는 대리상이 매주 반드시 20분의 고객을 방문할 것을 요청합니다.

- 我们于日前**拜访**了该网站负责人×××先生。
  우리는 일전에 그 웹사이트 책임자 ×××를 방문했습니다.

适当处理

합당[적절]하게 처리하다.

- 希望贵公司对遗留问题进行**适当处理**。
  귀 회사는 남겨놓은 문제를 합당하게 처리하기 바랍니다.

- 部分外资公司的上述行为, 已违反中国现行条例, 需要作出**适当处理**。
  일부 외자회사의 상술한 행위는 이미 중국의 현행 조례를 위반한 것으로, 적절한 처리를 필요로 합니다.

8장

신용장

中国XX银行北京分行信用证

中国××银行北京分行

(国际业务部)

第6868号不可撤销信用证

总金额: 600美元

韩国汉城××服装进出口公司:

我行受北京××服装进出口公司之请求, 兹开立以贵公司为受益人的不可撤销信用证, 并授权贵公司开立以韩国汉城××银行为付款人、面额为陆佰美圆整($600.00)的即期汇票, 并随附下列单据:

商业发票一式二份。

证实的中国海关发票一式三份。

全套清洁、已装船提单。

发票总金额用于购买如下服装:

××牌 12码 男西服 30套

××牌 12码 男衬衣 30件

××牌 10码 女西服 20套

××牌 10码 女衬裙 20件

总计: 100套(件)。

装运港韩国仁川船上交货, 目的地中国北京, 运费到付。

本证于××年×月×日前议付有效。

有关上述开证情况, 本银行将信告韩国汉城××银行, 并请议付行将上述全套装运单据航空寄我行。

中国××银行北京分行(公章)

××年×月×日

중국 ××은행 베이징 지점 신용장

중국 ××은행 베이징 지점

(국제영업부)

제6868호 철회 불가 신용장

총금액: 600달러

한국 서울 ××의류 무역회사:

우리 은행은 베이징 ××의류 무역회사의 청구를 받아서, 이에 귀 회사를 수익자로 하는 철회 불가 신용장을 발행하며, 아울러 한국 서울 ××은행을 지불자로 하는 액면 600달러($600.00) 즉시 어음을 발행하는 권한을 귀 회사에 부여하며, 아울러 아래 증빙 자료를 첨부합니다:

상업 송장 1식 2부.

검사필 중국 세관 송장 1식 3부.

전체 명세 · 선적 선하 증권.

송장 총 금액은 아래 의류를 구매하는 데 사용:

××표 12 사이즈 남성 양복 30벌

××표 12 사이즈 남성 셔츠 30장

××표 10 사이즈 여성 양복 20벌

××표 10 사이즈 여성 속치마 20장

총계: 100벌(장)

선적항은 한국 인천 선상 물품 인도, 목적지는 중국 베이징, 운송비 도착 지불.

본 증은 ××년 ×월 ×일 전까지 지불 유효합니다.

상술한 증 발행에 관한 상황을 본 은행은 한국 서울 ××은행에 문서로 알리고, 아울러 지불 은행은 상술한 전체 선적 증빙 서류를 항공으로 우리 은행에 보내주시기 바랍니다.

중국 ××은행 베이징 지점(날인)

××년 ×월 ×일

상용 단어 및 구문

请求

청구하다, 부탁하다.

- 因为公司内部原因, 我们**请求**撤消10月8日发出的棉花定单函。
  회사 내부 원인으로 인하여, 우리는 10월 8일 발송한 면화 주문서를 취소합니다.

- 上次发货时出现了失误, 我们**请求**你方的原谅。
  지난번 물품 발송할 때 실수가 드러나, 우리는 귀측의 양해를 부탁합니다.

以贵公司为受益人

귀 회사를 수익자로 하다.

- 该信用证**以贵公司为受益人**。
  그 신용장은 귀 회사를 수익자로 합니다.

- 我们立即开立**以贵公司为受益人**的信用证一张。
  우리는 귀 회사를 수익자로 하는 신용장 한 통을 즉시 발행합니다.

授权

권한을 주다.

- 我公司**授权**你公司在上述范围内使用该商标。
  우리 회사는 상술한 범위 안에서 그 상표를 사용하도록 귀 회사에 권한을 주겠습니다.

- 该书版权引进需签署著作使用**授权**同意书。
  책의 판권을 들여오려면 저작 사용 권한 동의서에 서명이 필요합니다.

付款人

지불인.

- 该公司委托银行向**付款人**收取该笔款项。
  그 회사는 지불인으로부터 그 금액을 수취하도록 은행에 위탁했습니다.

- 请注意, 该笔委托收款以××银行为**付款人**。
  그 위탁수취는 ××은행을 지불인으로 하는 것에 주의하시기 바랍니다.

即期汇票

즉시 어음.

- 我们已开具**即期汇票**, 并通过银行向你方提示, 请见票后立即付款。
  우리는 이미 즉시 어음을 발행하였고, 아울러 은행을 통하여 귀측에 제시하니, 어음을 일람 후 즉시 지불하여 주십시오.

- 我公司现将以你公司为抬头的**即期汇票**交予你方。
  우리 측은 귀 회사를 명의로 하는 즉시 어음을 귀측에 교부하려고 합니다.

船上交货

선상 물품 인도.

- 我们要求将合同中的"**船上交货**"改为"工厂交货"。
  우리는 계약 중의 "선상 물품 인도"를 "공장 물품 인도"로 바꿀 것을 요청합니다.

- 请在合同中补充有关"装运港**船上交货**条件"的条款。
  계약에서 "선적항 선상 물품 인도 조건"에 관련된 조항을 보충해주시기 바랍니다.

情况

상황.

- 现将合资企业的营业执照办理**情况**通报如下。
  합자기업의 영업허가증 처리 상황을 아래와 같이 통보합니다.

- 我公司已在上封信中介绍了该产品的有关**情况**。
  우리 회사는 지난번 문서에서 그 상품에 관련된 상황을 소개했습니다.

议付行

협의 지불 은행, 어음 매입 은행.

- 我公司已经收到**议付行**的垫款。
  우리 회사는 이미 협의 지불 은행의 입체금을 받았습니다.

- 此笔款项的**议付行**已经指定为中国银行××分行。
  이 금액의 협의 지불 은행은 이미 중국은행 ××지점으로 지정하였습니다.

韩国汉城XX银行信用证

韩国汉城××银行

(国际业务部)

第18018号不可撤销信用证

总金额：800美元

中国北京工艺品总公司：

受韩国汉城工艺品进出口公司之请求，兹开立以贵公司为受益人的不可撤销信用证，并授权贵公司开立以中国××银行北京分行为付款人、面额为800美元整的即期汇票，并随附下列单据：

商业发票一式三份。

证实的韩国海关发票一式三份。

全套清洁、已装船提单。

发票总金额用于购买如下工艺品：

景泰蓝	8寸	花瓶	60个
景泰蓝	6寸	花瓶	60个
漆 雕	8寸	盘	50个
漆 雕	6寸	盘	50个
彩塑仕女			80个

总计：300个并300盒。

每个均附有黑漆木制台架。

装运港天津塘沽船上交货，目的汉城，运费到付。允许分批装运。

根据本信用证开具之汇票，应注明"本汇票系根据韩国汉城××银行××年×月×日开立之18018号信用证出具"，其背面必须背书。

本行根据本证，并按照本证所列条款开具汇票的出票人、背书人以及合法的持票人保证，对于及时提示汇票并支付本证所列之单据者，本行必将履行付款责任。本证于×××年×月×日前议付有效。

本行将信告中国××银行北京分行有关上述开证情况，并请议付行将上述全套装运单据航空寄往韩国汉城××银行。

韩国汉城××银行

××年×月×日于汉城

한국 서울 ××은행 신용장

한국 서울 ××은행

(국제업무부)

제18018호 철회 불가 신용장

총금액: 800달러

중국 베이징 공예품총회사:

한국 서울 공예품 무역회사의 청구를 받아, 이에 귀 회사를 수익자로 하는 철회 불가 신용장을 발행하며, 아울러 중국 ××은행 베이징 지점을 지불자로 하는 액면 800달러의 즉시 어음을 발행할 권한을 귀 회사에게 주며, 아울러 아래 증빙 자료를 첨부합니다:

상업송장 1식 3부.

검사필 한국 세관 송장 1식 3부.

전체 명세서·선적 완료 선하증권.

송장 총금액은 아래 공예품을 구매하는 데 사용함:

경태람(景泰藍)	8호	화병	60개
경태람(景泰藍)	6호	화명	60개
칠기조각	8호	쟁반	50개
칠기조각	6호	쟁반	50개
채색여자인형			80개

총계: 300개 300상자.

매 건마다 모두 검은칠 목제 대 첨부.

선적항 티엔진(天津) 탕구(塘沽) 선상 물품 인도, 목적지 서울, 운송비 도착 지불. 분리 선적 허용.

본 신용장에 근거하여 발행한 어음에는 '본 어음은 한국 서울 ××은행 ××년 ×월 ×일 개설한 18018호 신용장에 의거하여 개설' 이라고 명시해야 하며, 뒷면에는 반드시 배서가 있어야 합니다.

본 은행은 본 증에 근거하여, 아울러 본 증에 열거한 조항에 따라 어음을 발행한 발행인·배서인 및 합법적 어음소지인이 제 때에 어음을 제시하고 본 증에 열거된 증빙 서류를 제출하는 경우에 본 은행은 반드시 지불 책임을 이행할 것을 보증합니다. 본 증은 ××××년 ×월 ×일 전까지 협의 지불 유효합니다.

본 은행은 중국 ××은행 베이징 지점에 상술한 신용장 발행과 관련된 상황을 문서로 알리고, 아울러 협의 지불 은행은 상술한 전체 선적 운수 증빙 서류를 항공으로 한국 서울 ××은행에 보내주시기 바랍니다.

한국 서울 ××은행

××년 ×월 ×일 서울에서

상용 단어 및 구문

允许

허용하다, 허가하다, 윤허하다.

- 从即日起**允许**你公司以塑料袋封装产品。
  당일부터 귀 회사가 비닐 포대로 상품을 포장하는 것을 허용합니다.

- 中国将**允许**外国投资者参与工业投资基金的管理。
  중국은 외국 투자자에게 공업투자 기금의 관리에 참여하는 것을 허용할 예정입니다.

注明

분명히 밝혀서 써넣다, 명기하다.

- 我们在包裹详情单上**注明**了"损坏自负"字样。
  우리는 포장명세서에 "파손자 스스로 책임"이라는 글자를 명시합니다.

- 该发票存根联上已经**注明**"作废"字样。
  그 송장 부본철에 이미 "폐기"라고 명시했습니다.

背书

배서하다.

- 我公司已由**背书**方式自××公司取得该张汇票。
  우리 회사는 이미 배서 방식으로 ××회사로부터 그 어음을 취득했습니다.

- 我公司在合法取得汇票后，又**背书**转让给××公司。
  우리 회사는 합법으로 어음을 취득한 후 또한 배서하여 ××회사에 양도해주었습니다.

出票人

어음 발행인.

- 该汇票的正面有**出票人**写明的"不得转让"字样。
  그 어음의 정면에는 어음 발행인이 분명히 써넣은 "양도 불가"라는 글자가 있습니다.

- 经过鉴定，该汇票上的**出票人**的签章系伪造。
  감정 결과, 그 어음의 발행인 인장은 위조된 것임이 밝혀졌습니다.

背书人

배서인.

- 该银行汇票的**背书人**未填, 签发时间为2001年8月17日。
  그 은행 어음은 배서인을 써넣지 않았고, 날인 발행 시간은 2001년 8월 17일입니다.

- 该汇票的**背书人**签章模糊不清。
  그 어음의 배서인 인장이 뚜렷하지 않고 흐릿합니다.

合法的持票人

합법적 어음 소지인.

- 作为**合法的持票人**, 我们对出票人行使追索权。
  합법적 어음 소지인으로서, 우리는 어음 발행인에 대해 추심권을 행사합니다.

- 本银行现出示**合法的持票人**保证。
  본 은행은 이에 합법적 어음 소지인 보증을 제출합니다.

必将

반드시 ~일 것이다, 반드시 ~할 것이다.

- 我们双方的合作前景**必将**一片光明。
  우리 쌍방의 합작 전망은 반드시 밝을 것입니다.

- 该产品的面市, **必将**为我国果树生产带来一场革命。
  그 상품이 선을 보여, 반드시 우리나라 과수 생산에 한바탕 혁명을 가져올 것입니다.

履行

이행하다.

- 请认真**履行**外商投资企业应当**履行**的义务。
  외상투자기업이 마땅히 이행해야 할 의무를 성실히 이행하시기 바랍니다.

- 由于该商社不**履行**合同, 被告上了法院。
  그 상사는 계약을 이행하지 않아서 법원에 고소당했습니다.

信用证支付通知

中国北京工艺品总公司

关于信用证支付的通知

编号：0057

韩国汉城工艺品进出口公司

尊敬的总经理先生：

您好！

谨此通知贵方，第AB208号订单项下300件盒装工艺品，已于×月×日装上××号，顺附有关装船单据副本，请查收。

我方已根据韩国汉城××银行开出的总额为800美元的不可撤销信用证EB18018号，向贵方开具了这批船货的见票后30天付款的汇票，该汇票已在中国××银行北京市分行议付。一俟贵方承兑后，全套装船单据将交付给贵方。

希望贵方予以承兑该汇票，并于期满日之前付款。

中国北京工艺品总公司

总经理：×××（签字）

××年×月×日

地址：中国北京市××区××路××号　　　　邮政编码：100025

电话：086-10-0000-0000　　　　传真：086-10-0000-0000

신용장 지불 통지

중국 베이징 공예품회사

주소

전화, 팩스

신용장 지불 통지

문서번호: 0057

한국 서울 공예품 무역회사

존경하는 사장님께:

안녕하십니까!

삼가 귀측에 통지하는 바, 제AB208호 주문서 항목의 상자 포장 공예품 300건을 이미 ×월 ×일 ××호에 선적하고, 선적 관련 증빙 서류 부본을 첨부하니, 수령 바랍니다.

우리 측은 이미 한국 서울 ××은행이 발행한 총액 800달러 철회 불가 신용장 EB18018호에 근거하여, 이 선적 물품의 일람후 30일 지불의 어음을 귀측에 발행하였고, 그 어음은 이미 중국 ××은행 베이징시 지점에서 협의 지불하였습니다. 귀측 인수를 기다렸다가, 전체 선적 증빙 서류를 귀측에 교부할 예정입니다.

귀측은 그 어음을 인수해주시기 바라며, 아울러 만기일 이전에 지불해주시기 바랍니다.

중국 베이징 공예품회사

사장 : ×××(서명)

××년 ×월 ×일

주소, 전화, 팩스

상용 단어 및 구문

盒裝

상자 포장하다.

- 该产品为**盒装**, 每盒24粒。
  그 상품은 상자 포장하며, 매 상자당 24알입니다.

- 我厂生产的歙砚选材正宗, 制作精良, 其中仿古砚木**盒装**产品的价格为40元。
  우리 공장이 생산하는 흡(歙) 지방 벼루는 정통의 최고 재료를 선별하여 정밀하고 우수하게 제작하고, 그중 방고연(仿古砚) 나무 상자 포장 상품의 가격은 40위엔입니다.

順附

(이번 문서를 보내는 길에) 첨부하다.

- 随函**顺附**我公司最新的产品价格表, 请查收。
  우리 회사 최신 상품 가격표를 함께 첨부하오니, 받아보시기 바랍니다.

- 货物销售单据已随函**顺附**。
  물품 판매 증빙 서류는 이미 문서에 첨부했습니다.

裝船單据

선적 증빙 서류.

- 如果收不到**装船单据**, 我们就无法付款。
  만약 선적 증빙 서류를 받지 않았다면, 우리는 지불할 수 없습니다.

- 我行已先行付款取得**装船单据**, 并转寄贵公司开户银行。
  우리 은행은 이미 지불을 선행하고 선적 증빙 서류를 취득하고, 아울러 귀 회사 개설 은행에 보냈습니다.

开具

발행하다.

- 贵公司所**开具**的汇票我们至今没有**收**到。
  귀 회사가 발행한 어음을 우리는 지금까지 받지 못했습니다.

- 请**开具**货物销售单据一式四份。
  물품 판매 증빙 서류 1식 4부를 발행해주십시오.

期满

기간 만료되다, 기한이 다 되다.

- 投资中国西部的外商企业, 在投资优惠**期满**可续享三年减税待遇。
  중국 서부에 투자한 외상 기업은 투자 우대 기간이 만료되어도 계속해서 3년 동안 감세 우대를 누릴 수 있습니다.

- 现双方特许合同**期满**, 特此续签。
  이제 쌍방 특허 계약 기간이 만료되어, 이에 연장 서명합니다.

之前

(~하기) 전에.

- 关于以上问题, 请予本月月底**之前**答复我公司。
  이상의 문제에 관하여 이번달 말 전에 우리 회사에 회답해주시기 바랍니다.

- 请贵公司一定要在3月8日**之前**将货物发到我们手中。
  귀 회사는 반드시 3월 8일 전에 물품을 발송하여 우리 수중에 들어오게 해야 합니다.

信用证支付复函

韩国汉城工艺品进出口公司

000-000 韩国汉城××区××路××号
Tel 0082-2-000-0000　　Fax 0082-2-000-0000

关于信用证支付的复函

编号：0057

中国北京工艺品总公司：

敬启者：

　　贵方就AB208号订单开具的800美元的汇票于昨日提示，我方已如期承兑。

　　鉴于我们双方长期、友好的业务关系，我们建议今后贵方能接受承兑交单30天付款支付方式，从而我方得以节省银行开证费用。

　　恭候佳音。

韩国汉城工艺品进出口公司

总经理：×××（签字）

××年×月×日

신용장 지불 답신

한국 서울 공예품 무역회사

주소
전화, 팩스

신용장 지불에 관한 답신

문서번호: 0057

중국 베이징 공예품회사

말씀드립니다:

　귀측이 AB208호 주문서에 따라 발행한 800달러 어음을 어제 제시하여, 우리 측은 이미 기간대로 인수했습니다.

　우리 쌍방의 장기적 · 우호적 업무관계를 감안하여, 우리는 이후 귀측이 서류 인수 30일 지불 방식을 받아들을 것을 건의하며, 이를 통해 우리 측은 은행 신용장 발행 비용을 절약할 수 있습니다.

　좋은 소식 기다리겠습니다.

한국 서울 공예품 무역회사

사장: ×××(서명)

××년 ×월 ×일

상용 단어 및 구문

提示

제시하다.

- 请遵照我们的**提示**去做, 以确保您能得到准确及时的评估。
  우리의 제시대로 준수하여 귀하가 정확히 제 기일에 할 수 있다는 평가를 확보하기 바랍니다.

- 该企业特别**提示**消费者, 购买时请认准"××"牌商标。
  그 기업은 구매할 때 "××"표 상표를 확인해달라고 특별히 소비자에게 제시했습니다.

如期

기한[기일, 시일]대로.

- 我公司一定全力以赴, 确保该工程**如期**试产。
  우리 회사는 반드시 전력으로 임하여 기일대로 시생산할 것을 보증하겠습니다.

- 由于准备充分, 该贸易洽谈会将**如期**举办。
  준비가 충분한 관계로 그 무역 상담회는 기일대로 거행될 것입니다.

业务关系

업무 관계.

- 我公司已与世界上150多个国家和地区建立了**业务关系**。
  우리 회사는 이미 세계 150여 국가 및 지역과 업무 관계를 맺었습니다.

- 现特此与你方通信, 意在建立友好**业务关系**。
  이에 특히 우호적 업무 관계를 맺고자 귀측과 통신합니다.

接受

받아들이다.

- 有关贵公司提出的优惠标准, 我方愿意**接受**。
  우리 측은 귀 회사가 제시한 우대 표준을 받아들이고 싶습니다.

- 我们很抱歉不能**接受**贵公司退货的要求。
  우리는 귀 회사의 물품 반환 요구를 받아들일 수 없음을 매우 미안하게 생각합니다.

支付方式

지불 방식.

- 信用证是国际贸易普遍接受和应用的国际**支付方式**。
  신용장은 국제무역에서 보편적으로 받아들이고 응용하는 국제 지불방식입니다.

- 该合同中规定的**支付方式**为100%不可撤销的即期信用证。
  그 계약에서 규정한 지불 방식은 100% 철회 불가 즉기 신용장입니다.

从而

따라서.

- 我方一般采取以销定购的方式经营，**从而**减轻存货以利资金周转。
  대체로 우리 측은 판매되는 것만큼 주문하는 방식으로 운영함으로써 재고를 경감시켜 자금 순환을 순조롭게 합니다.

- 由于我公司注重质量及售后服务，**从而**赢得了供应商的信赖。
  우리 회사는 품질 및 애프터 서비스에 주력하기 때문에 공급상의 신뢰를 얻었습니다.

得以

~할 수 있(게 되)다.

- 由于发现及时，该公司**得以**挽回损失884万多元。
  제때 발견했기 때문에 그 회사는 손실 884만여 위엔을 만회할 수 있었습니다.

- 网上销售使本公司的业务**得以**更广泛地拓展，对用户的服务更加及时。
  본 회사 업무는 인터넷 판매로 더욱 광범위하게 확장되었고 고객 서비스 또한 제때 할 수 있게 되었습니다.

佳音

(상대방의) 좋은 소식.

- 在北京国际周期间，我省对外招商工作**佳音**不断。
  베이징 국제주(国际周) 기간에 우리 성(省)의 대외 무역상 초대에서 좋은 소식이 끊이지 않는다.

- 关于此项工作，请贵公司协助落实，我们静候**佳音**。
  이 작업에 관하여 귀 회사는 협조를 결정해주기 바라며, 우리는 좋은 소식을 기다리겠습니다.

催开信用证函件

韩国汉城××药材进出口公司

000-000 韩国汉城××区××路××号
Tel 0082-2-000-0000   Fax 0082-2-000-0000

关于催开信用证的函件

编号: 0638

中国上海××药材进出口公司

敬启者:

有关贵方200包韩国人参制品的订单(AB109号),我们感到遗憾,至今未收到信用证,也未听到贵方的任何消息。

请注意,上述订单的货款经双方同意是以即期信用证方式支付,而信用证必须在收到我们销货确认书后2星期内开出。

我方在此恳请贵方以电报开立金额为2000美元、以我方为收益人的不可撤销即期信用证,使我方得以按原定计划执行上述订单。

此致

敬礼!

韩国汉城××药材进出口公司

总经理:×××(签字)

××年×月×日

신용장 발행 독촉서

한국 서울 ××약재 무역회사

주소
전화, 팩스

신용장 발행 독촉서

문서번호: 0638

중국 상하이 ××약재 무역회사

말씀드립니다:

　한국 인삼제품 200포 귀측 주문서(AB109호)와 관련하여 우리는 유감을 느끼는 바, 지금까지 아직 신용장을 받지 못하였고, 또한 귀측의 어떤 소식도 듣지 못했습니다.

　상술한 주문서의 물품 대금을 즉기 신용장 방식으로 지불하는 것에 쌍방이 동의하였으며 신용장은 반드시 우리의 물품 판매 확인서를 받은 이후 2주일 안에 발행해야 함에 주의하기 바랍니다.

　우리 측은 이에 금액 2,000달러 우리 측을 수익자로 하는 철회 불가 즉기 신용장을 귀측이 전보로 발행하여 우리 측이 원래 정한 계획대로 상술한 주문서를 처리할 수 있게 해주시기 바랍니다.

안녕히 계십시오!

한국 서울 ××약재 무역회사

사장: ×××(서명)

××년 ×월 ×일

상용 단어 및 구문

至今

지금까지.

- 贵方曾多次于传真中作出承诺, 但我们**至今**仍未收到装运通知。
  귀측이 팩스로 여러 차례 승낙을 했음에도 불구하고, 우리는 아직까지 선적 통지를 받지 못했습니다.

- 我厂始建于一九八七年, **至今**已有十多年的机针生产历史。
  우리 공장은 1987년에 처음 설립되어 지금까지 이미 10여 년 동안 기침(机针)을 생산한 역사가 있습니다.

未

아직 ~하지 않다.

- 由于我们已委任知名公司为代理, 很抱歉**未**能答应贵公司的要求。
  우리는 이미 유명한 회사를 대리로 위임하여 귀 회사 요청에 답변할 수 없어 매우 죄송하게 생각합니다.

- 多谢贵公司的报告, 很抱歉我们暂时未能清付该账款。
  귀 회사 보고에 매우 감사드리며, 우리가 잠시 그 금액을 완결 지불하지 못하여 대단히 미안합니다.

经双方同意

쌍방의 동의를 거치다.

- **经双方同意**, 特签订此合同书。
  쌍방의 동의를 거쳐, 이 계약서에 서명합니다.

- **经双方同意**, 该批货物的交货日期改为×月×日。
  쌍방의 동의를 거쳐, 화물 납품 기일을 ×월 ×일로 바꿉니다.

方式

방식.

- 如按贵公司要求的包装**方式**, 则价格会增至每打45美元。
  귀 회사가 요구하는 포장 방식으로 하면 가격이 매 포장마다 45달러 증가될 것입니다.

- 在中国, 跨国购并正在成为外国直接投资的主要**方式**。
  중국에서 다국적 기업합병이 외국 직접 투자의 주요 방식이 되고 있습니다.

而

접속사. [순접 또는 역접]

- 此项工程因为上周发生的事故**而**暂时不能运作。
  이 공사는 지난주 발생한 사고 때문에 잠시 진행할 수 없습니다.

- 我方工厂本月3日曾发生火灾, 部分机车零件亦因此事件**而**毁。
  우리 측 공장에 이번달 3일 화재가 발생하여, 일부 기계 부품 역시 이로 인해 훼손되었습니다.

按原定计划

원래 정한 계획대로 (하다).

- 该砼搅拌站已**按原定计划**在6月30日前完成场地租赁。
  그 레미콘 작업장은 이미 원래 정한 계획대로 6월 30일 전에 작업장 임대를 마칩니다.

- **按原定计划**, 该公司将于2002年分拆出其电子业务部。
  원래 정한 계획대로 그 회사는 2002년에 그 전자업무부를 분리할 것입니다.

执行

집행하다.

- 我们对合同的**执行**情况表示满意。
  우리는 계약 집행 상황에 만족합니다.

- 该批成品棉的产品质量**执行**标准为中国国家标准GB1103-72。
  그 면완성품의 상품 품질 집행 표준은 중국 국가 표준 GB1103-72입니다.

进口商开出信用证复函

中国上海××药材进出口公司

关于开出信用证的复函

编号: 0664

韩国汉城××药材进出口公司
尊敬的总经理先生:

您好!

×月×日我公司已发函确认第AB109号订单, 向贵公司订购200包韩国人参制品。现通知贵公司, 我公司已通过中国××银行上海分行开出以贵方为收益人、总额为2000美元的不可撤销信用证。该证已由中国××银行上海分行保兑, 号码为SP6210。

请收到该信用证后立即安排装运, 多谢。

中国上海××药材进出口公司

总经理: ×××(签字)

××年×月×日

地址: 上海市××区××路××号　　邮政编码: 200000
电话: 086-21-0000-0000　　传真: 086-21-0000-0000

수입상 신용장 발행 회신

중국 상하이 ××약재 무역회사

신용장 발행에 관한 답신

문서번호: 0664

한국 서울 ××약재 무역회사

존경하는 사장님께:

안녕하십니까!

×월 ×일 우리 회사는 제AB109호 주문서를 확인 발송하여, 귀 회사에 한국 인삼 제품 200포를 주문했습니다. 이에 우리 회사는 중국 ××은행 상하이 지점을 통하여 귀측을 수익자로 하는 총액 2,000불 철회 불가 신용장을 발행했음을 귀 회사에 통지합니다. 그 신용장은 이미 중국 ××은행 상하이 분점에서 지불 보증하였고, 번호는 SP6210입니다.

그 신용장을 받은 이후 즉시 선적 운수 조치해주시기 바랍니다, 대단히 감사합니다.

중국 상하이 ××약재 무역회사

사장: ×××(서명)

××년 ×월 ×일

주소, 전화, 팩스

상용 단어 및 구문

发函

문서를 보내다[발송하다].

- 我公司董事长已**发函**邀请光州市副市长来华访问。
  우리 회사 대표이사께서 광주시 부시장께 이미 문서를 발송하여 중국을 방문하러 오시도록 초청하였습니다.

- 我们每年定期向用户**发函**, 及时了解我公司产品的质量情况。
  우리는 매년 정기적으로 고객에게 문서를 발송하여 우리 회사 상품의 품질 상황을 제때 파악합니다.

现

지금, 이에, 현재.

- 我们**现**要求将发货目的地更改为天津。
  우리는 이에 물품 발송 목적지를 티엔진(天津)으로 바꿀 것을 요청합니다.

- 我方**现**正就贵公司010845号订单安排生产。
  우리 측은 현재 귀 회사 010845호 주문서에 따라 생산 조치하고 있습니다.

由

~로부터.

- 我们估计损坏是**由**重物下坠引致, 并已向保险公司索赔, 烦请尽快补回有关货品。
  우리는 무거운 물건이 낙하하여 파손이 일어난 것으로 판단하고, 아울러 이미 보험회사에 배상을 요구했으니, 번거로우시겠지만 가능한 한 빨리 관련 물품을 회송해주시기 바랍니다.

- 我们很高兴通知您, **由**即日起, ××公司成为我公司中国总代理。
  오늘부터 ××회사는 우리 회사 중국 총대리가 되었음을 기쁜 마음으로 통지하는 바입니다.

保兑

지불 보증하다.

- 该汇票我方**保兑**行已经付款。
  그 어음은 우리 측 지불 보증 은행이 이미 지불했습니다.

- 该信用证要求××银行**保兑**并指定由该行议付。
  그 신용장은 ××은행의 지불 보증을 요청하고 아울러 그 은행에서 지불하도록 지정하였습니다.

号码为～

번호는 ～이다.

- 该保单**号码为**CNTJ04-200712。
  그 보증서 번호는 CNTJ04-200712입니다.

- 该销货确认书**号码为**我公司2001056号，请核实。
  그 매매확인서 번호는 우리 회사 2001056호이니, 확인하시기 바랍니다.

多谢

대단히 고맙다.

- **多谢**贵公司的查询，我方已按贵公司要求进行包装。
  귀 회사에서 문의해주신 것에 감사드리며, 우리 측은 이미 귀 회사 요구대로 포장을 진행하고 있습니다.

- **多谢**贵公司订购该产品，但由于我们工厂的意外事故，很抱歉不能按期将货付运。
  귀 회사가 그 상품을 주문해주신 것에 대단히 감사드리며, 다만 우리 공장의 뜻밖의 사고로 말미암아
  기일대로 물품을 운송하지 못하게 되어 대단히 죄송합니다.

出口商要求修改信用证函件

北京××服装进出口公司

关于要求修改信用证的函件

编号: 0770

韩国汉城××服装进出口公司
敬启者:

信用证第EB168

　　贵方816号订单下，上述信用证经我方查核后，发现其金额不足。

　　贵方订单成本加运费总额应为4800美元，而贵方信用证所开金额仅4000美元，两者相差800美元。因此请贵方将信用证金额增至4800美元。否则，贵方订货势必将延迟发运。

北京××服装进出口公司

总经理:×××(签字)

××年×月×日

地址: 北京市××区××路××号　　　　邮政编码: 100000
电话: 086-10-0000-0000　　　　传真: 086-10-0000-0000

수출상이 신용장 수정을 요청하는 문서

베이징 ××의류 무역회사

신용장 수정 요청서

문서번호: 0770

한국 서울 ××의류 무역회사

말씀드립니다:

신용장 제EB168

　귀측 816호 주문서에 따른 상술한 신용장이 우리 측 조사 결과 그 금액이 부족함을 발견하였습니다.

　귀측 주문서 원가 더하기 운송비 총액은 4,800달러여야 합니다만, 귀측 신용장에 발행한 금액은 겨우 4,000달러 뿐이어서, 양자에 800달러 차이가 있습니다. 이로 인해 귀측 신용장 금액을 4,800달러로 올려주기 바랍니다. 그렇지 않으면 귀측 주문 물품 발송이 지연될 것입니다.

베이징 ××의류 무역회사

사장: ×××(서명)

××년 ×월 ×일

주소, 전화, 팩스

상용 단어 및 구문

查核

검사하다, 조사하다, 검토하다.

- 该批货物未经**查核**不得入库。
  그 화물은 아직 검사를 거치지 않아서 입고할 수 없습니다.

- 经**查核**样品，我们首批决定进货××吨。
  샘플 조사를 거쳐서, 우리는 처음으로 물품 ××톤을 수입하기로 결정하였습니다.

金额不足

금액이 부족하다.

- 因为贵公司去年的销售**金额不足**1.6万元，因此我方按合同中止贵公司代理资格。
  귀 회사 작년 판매 금액이 1.6만 위엔 부족하기 때문에, 우리 측은 계약대로 귀 회사의 대리 자격을 중지시킵니다.

- 该支票**金额不足**，无法用于支付该笔款项。
  그 어음은 금액이 부족하여, 그것으로 이 대금을 지불할 수 없습니다.

应为

마땅히 ~해야 하다.

- 根据我方订单，该批货物发运目的**地应为**中国西安市。
  우리 측 주문서에 근거하여, 그 화물 발송 목적지는 중국 시안시(西安市)여야 합니다.

- 订单号**应为**0067号，而不是0076号，请贵公司查明。
  주문서 번호는 0076호가 아니라 0067호여야 하니, 귀 회사는 잘 확인하기 바랍니다.

所开金额

발행 금액.

- 该发票**所开金额**与实际进口货物总额不一致。
  그 송장 발행 금액이 실제 수입 화물 총액과 일치하지 않습니다.

- 本公司此次信用证**所开金额**为50000美元。
  본 회사가 이번 신용장에서 발행한 금액은 50,000달러입니다.

两者

양자.

- 何谓"左置"及"中置"？ **两者**有何不同？请贵公司解答。
  "左置"와 "中置"는 무얼 말하는 건지, 양자는 어떻게 다른지, 귀 회사는 설명해주시기 바랍니다.

- 该公司是一家较新的公司, 比起上述**两者**可以说是后来者。
  그 회사는 비교적 새 회사로, 상술한 양자에 비하면 후발이라고 할 수 있습니다.

相差

(서로) 차이나다.

- 该服装中的"y"型代表胸围与腰围**相差**16cm。
  그 의류 중의 "y"형은 가슴둘레와 허리둘레가 16cm 차이나는 것을 나타냅니다.

- 这批货品中, 不同包装之间的价格平均**相差**10%。
  이 물품 중 포장이 다른 것들은 평균 10% 가격 차이가 납니다.

否则

아니면, 그렇지 않으면.

- 我们要求贵公司立即付款, **否则**我们会采取其他方法以收回货款。
  우리는 귀 회사가 즉시 지불할 것을 요청하며, 그렇지 않으면 우리는 다른 방법을 채택하여 물품 대금을 회수할 것입니다.

- 请立即安排装运, **否则**我们会取消订单。
  즉시 선적 조치해주기 바라며, 그렇지 않으면 우리는 주문을 취소할 것입니다.

势必

(정세상, 형편상) 반드시 ~할 것이다.

- 停水事故**势必**会影响该工程施工。
  단수 사고는 필시 그 공사 시공에 영향을 끼칠 것입니다.

- 如果将这项产品定价为999元, **势必**对市场产生重大影响.
  이 상품의 정가를 999위엔으로 하면 반드시 시장에 중대한 영향을 끼칠 것입니다.

进口商关于修改信用证的复函

韩国汉城××服装进出口公司

000-000 韩国汉城××区××路××号
Tel：0082-2-000-0000　　Fax：0082-2-000-0000

关于修改信用证的复函

编号：0710

北京××服装进出口公司
尊敬的总经理先生：

　　关于上述信用证，现在已经没有时间进行修改。唯一的办法是，贵方仍按原定计划将货物装船，开给我方金额为4800美元的汇票，包括贵方所提之小笔差额800美元在内，然后出具保证书向银行议付。我们保证如期承兑贵方所开的汇票。

　　感谢合作。

韩国汉城××服装进出口公司
总经理：×××（签字）
××年×月×日

신용장 수정에 관한 수입상의 회신

한국 서울 ××의류 무역회사

주소
전화, 팩스

신용장 수정에 관한 회신

문서번호: 0710

베이징 ××의류 무역회사

존경하는 사장님께:

　　상술한 신용장에 관해 지금으로서는 수정을 진행할 시간이 없습니다. 유일한 방법은 귀측이 원래 정한 계획대로 화물을 선적하고, 귀측이 제기한 차액 800달러를 포함시켜 우리 측에 금액 4,800달러의 어음을 발행한 연후에 보증서를 발행하여 은행에 협의 지불하는 것입니다. 우리는 기일대로 귀측이 발행한 어음을 인수 지불할 것을 보증합니다.

　　협조해주셔서 감사합니다.

한국 서울 ××의류 무역회사

사장: ×××(서명)

××년 ×월 ×일

상용 단어 및 구문

进行

진행하다.

- 这条招标公路的路基勘探工作正在紧张**进行**。
  이 입찰 도로의 노반 탐사 작업이 한창 진행 중입니다.

- 不久前××公司在亚洲区**进行**了巡回展览及讲座。
  얼마 전에 ××회사가 아시아 지역에서 순회 전람 및 강좌를 진행했습니다.

唯一

유일하다.

- 我公司是中国××集团指定**唯一**装车用润滑脂的生产供应商。
  우리 회사는 중국 ××그룹이 지정한 유일한 짐차용 윤활유 생산 공급상입니다.

- ××视频展示台成为**唯一**通过中国国家教育部视频展示台产品检测的进口品牌。
  ××비디오 디스플레이어는 유일하게 중국 국가교육부 비디오 디스플레이어 상품 검측을 통과한 수입 브랜드가 되었습니다.

仍

여전히.

- 我们至今**仍**未收到装运通知。
  우리는 지금까지 아직 선적 통지를 받지 못했습니다.

- 贵公司以往的付款记录良好，因此我方对贵公司逾期**仍**未清付账款感到奇怪。
  귀 회사의 지금까지의 지불 기록은 양호합니다. 이로 인해 우리 측은 귀 회사가 기일이 지나도 아직 대금 지불을 완결하지 않은 것에 대해 이상하게 생각합니다.

差额

차액.

- 请贵会社尽快将**差额**4879元汇出。
  귀 회사는 가능한 한 빨리 차액 4,879위엔을 송금해주시기 바랍니다.

- 在我公司购买汽车者可获得一定数额的**差额**回扣。
  우리 회사에서 자동차를 구매하면 일정 액수의 차액 수수료를 얻을 수 있습니다.

在内

~이 안에 포함되다.

- 以上价格包括货物价格、保险费用、装运费用**在内**。
  이상의 가격은 화물 가격·보험 비용·선적 운송 비용이 포함된 것입니다.

- 该工厂最近解雇了包括3名中层管理人员**在内**的40名员工。
  그 공장은 최근 중간관리자 3명을 포함한 직원 40명을 해고했습니다.

然后

연후, ~한 뒤.

- 请你先填好表格注册,**然后**才能得到我们为您提供的技术服务。
  우선 표를 작성하여 등록하기 바랍니다. 그런 다음에 귀하를 위하여 제공하는 기술 서비스를 받을 수 있습니다.

- 请先用水清洗,**然后**用干布擦拭。
  우선 물로 깨끗이 씻은 후 마른 천으로 문지르십시오.

9장

대리와 위탁판매

申请销售代理函

北京市××商贸中心

销售代理申请函

编号：0640

韩国汉城市××电子公司
尊敬的总经理先生：

　　您好！

　　特去此函询问能否担任贵方在北京的销售代理, 倘若贵方已有代理人, 就请不必考虑我方之建议。

　　我们在北京拥有一个庞大的销售网, 而且在中国享有盛誉。从我们推销员最近的报告可以看出, 在这二三年内, 这里对彩色电视机的要求旺盛, 特别是大屏幕彩电将很走俏。如果贵方能挑选一两种有竞争力的产品, 你们将在这里的市场上获得很大利润。

　　有关我公司的资信情况, 你可向中国××银行查询。

　　希望贵方对我们的建议感兴趣, 并请告知贵方的条件与要求。

北京市××商贸中心

总经理：×××（签字）

××年×月×日

地址: 北京市××区××路××号　　　　邮政编码: 100005
电话: 086-10-0000-0000　　　　传真: 086-10-0000-0000

판매 대리 신청서

베이징시 ××무역센터

판매 대리 신청서

문서번호: 0640

한국 서울시 ××전자회사
존경하는 사장님께:

안녕하십니까!

베이징에서 귀측 판매 대리를 담당할 수 있는지 문의하고자 이 문서를 보내며, 귀측이 이미 대리인을 보유하고 계시다면 우리 측 건의를 고려하지 않으셔도 됩니다.

우리는 베이징에서 방대한 판매망을 확보하고 있고, 또한 중국에서 명망을 누리고 있습니다. 우리 판매원의 최근 보고로부터 알 수 있듯이, 최근 2·3년 내 이곳은 컬러 TV 수요가 왕성하고, 특히 와이드 스크린 컬러 TV가 아주 인기를 끌 것입니다. 만약 귀측이 경쟁력 있는 상품 한두 종을 선별할 수 있다면, 귀측은 여기 시장에서 큰 이윤을 얻을 것입니다.

우리 회사의 자금 신용에 관한 상황은 중국 ××은행에 문의하시면 될 것입니다.

귀측이 우리의 제의에 흥미를 느끼기 바라며, 아울러 귀측의 조건과 요구사항을 알려주기 바랍니다.

베이징시 ××무역센터
사장: ×××(서명)
××년 ×월 ×일

주소, 전화, 팩스

상용 단어 및 구문

销售代理

판매 대리(하다).

- 我公司现在中国诚征**销售代理**商和分销商。
  우리 회사는 지금 중국에서 판매대리상과 대리점을 모집하고 있습니다.

- 本公司已与沈阳××有限公司在9月2日达成了**销售代理**协议。
  본 회사는 9월 2일에 이미 선양(沈阳) ××유한회사와 판매 대리 협의를 달성했습니다.

倘若

만약.

- **倘若**原油价格上涨, 我公司的化工制品价格还要上调。
  만약 원유 가격이 상승한다면 우리 회사의 화공제품 가격도 올라갈 것입니다.

- **倘若**贵公司同意, 我公司将把该批货物分两次发送。
  만약 귀 회사가 동의한다면, 우리 회사는 그 화물을 두 번으로 나누어 발송하겠습니다.

拥有

보유하다, 확보하고 있다.

- 我们**拥有**一支经验丰富的营销队伍, 可为推广贵公司的产品而尽力。
  우리는 경험이 풍부한 판매영업진을 보유하여, 귀 회사 상품의 판매 확산을 위하여 힘을 다할 것입니다.

- 我方**拥有**推销类似产品的经验。
  우리 측은 유사 상품을 판매한 경험을 보유하고 있습니다.

销售网

판매망.

- 该公司在中国拥有服务于金融业的**最大销售网**。
  그 회사는 중국에서 금융업에 종사하는 최대 판매망을 보유하고 있습니다.

- 该药业公司的**销售网**覆盖中国二十个主要城市。
  그 제약회사의 판매망은 중국 20개 주요 도시를 뒤덮고 있습니다.

推销员

판매원.

- 我公司认为：最好的**推销员**是产品本身。
  우리 회사는 가장 좋은 판매원은 상품 자체라고 생각합니다.

- 天津判决一起虚假广告案，两名**推销员**进牢房。
  티엔진은 허위 광고 사건 판매원 두 명을 구금하라고 판결하였습니다.

旺盛

왕성하다.

- 中国轴承产品不仅可以满足国内需求，而且保持**旺盛**出口势头。
  중국 베어링 상품은 국내 수요를 만족시킬 수 있을 뿐만 아니라 왕성한 수출세를 유지하고 있습니다.

- 全球镀锌板需求**旺盛**。
  전세계적으로 아연도금판 수요가 왕성합니다.

走俏

잘 팔리다, 시세가 좋다, 인기를 끌다.

- 目前，在国际国内食用油市场上，核桃油等三种特种食用油十分**走俏**。
  현재 국제 국내 식용유 시장에서 호두씨기름 등 세 가지 특종 식용유가 매우 잘 나가고 있습니다.

- 哈尔滨产鲜蛋**走俏**香港、澳门和广州市场，占据了50%市场份额。
  하얼빈 산 계란이 홍콩·마카오와 광저우(廣州) 시장에서 인기가 좋아서, 시장 액수 50%를 점유했습니다.

利润

이윤.

- 这次的业务扩充可使我公司年度**利润**增加8%。
  이번 업무 확충이 우리 회사 연도별 이윤을 8% 증가시킬 수 있습니다.

- 由于市场竞争激烈，该公司获取**利润**的难度不断增加。
  시장 경쟁이 치열해져서, 그 회사가 이윤을 내는 데 어려움이 끊임없이 증가하고 있습니다.

申请销售代理复函

韩国汉城市××电子公司

000-000 韩国汉城××区××洞××号
Tel: 0082-2-000-0000   Fax: 0082-2-000-0000

关于申请销售代理的复函

编号0347

北京市××商贸中心
尊敬的总经理先生:

您好!

贵方的来信很及时。我们最近的市场调查也表明中国对电子产品的需求日益增长。

随函附寄一本商品手册供您挑选贵方感兴趣的产品。在签订最后合同之前,我们想提出几个条件:

①自××年×月×日起,贵方正式作为我方的销售代理,为期3年。

②按销售额的10%我方每月付给你佣金。

③贵方不得同时担任其他厂家同类产品的代理。

④贵方必须每月向我方汇报销售情况以便安排下一步的工作。

贵方若来电确认以上条款,我们将立刻拟定合同,寄送贵方会签。

韩国汉城市××电子公司
总经理:×××(签字)
××年×月×日

판매 대리 신청 답신

한국 서울 ××은행

주소

전화, 팩스

판매 대리 신청에 관한 답신

문서번호: 0347

베이징시 ××무역센터

존경하는 사장님께:

안녕하십니까!

귀측이 보내신 문서는 시의적절했습니다. 우리의 최근 시장 조사에서도 역시 중국에서의 전자상품 수요가 날로 증가하고 있는 것으로 나타났습니다.

귀측의 마음에 드는 상품을 고를 수 있도록 상품 목록 한 부를 첨부하여 보냅니다. 최후 계약에 서명하기 전에 우리는 몇 가지 조건을 제시하고자 합니다:

① ××년×월 ×일부터 귀측은 정식으로 우리 측의 판매 대리가 되며, 기간은 3년입니다.

② 판매액의 10%를 우리 측은 매월 귀측에게 커미션으로 지급합니다.

③ 귀측은 다른 생산자의 동류 상품 대리를 동시에 맡을 수 없습니다.

④ 다음 단계 작업의 안배에 편하도록 귀측은 반드시 매월 판매 상황을 우리 측에 알려야 합니다.

귀측이 이상의 조건 수락을 확인하는 전문을 보내주시면 우리는 즉시 계약서를 입안하여 귀측의 서명할 수 있도록 보내겠습니다.

한국 서울시 ××전자회사

사장: ×××(서명)

××년 ×월 ×일

상용 단어 및 구문

及时

때에 맞다, 시의적절하다.

- 我们公司的服务宗旨是"一流的产品, **及时**的服务", 所以请贵公司相信我们的产品和服务。
  우리 회사의 서비스 정신은 "일류 상품, 적시의 서비스"이므로 귀 회사는 우리의 상품과 서비스를 믿어주십시오.

- 上次的危险已经被**及时**排除, 我们非常感谢贵方的技术支持。
  지난번 위험이 이미 적시에 제거되어, 우리는 귀측의 기술 지원에 매우 감사드립니다.

日益增长

날로 증가하다[늘어나다].

- 我们公司为满足消费者**日益增长**和变化的需求, 开发了几种新产品, 现寄送样品给贵公司。
  우리 회사는 날로 증가하고 변화하는 소비자의 요구를 만족시키기 위해 몇 가지 신상품을 개발하였기에, 이에 샘플을 귀 회사에 보내 드립니다.

- 由于韩国对中贸易的**日益增长**, 加大了对汉语人才的需求。
  한국의 중국 대상 무역이 날로 증가함에 따라 중국어 인재에 대한 수요가 한층 커졌습니다.

正式

정식(으로).

- 该合同于2001年10月15日起**正式**生效。
  그 계약은 2001년 10월 15일에 정식으로 효력이 발생됩니다.

- 请贵公司出示有关保险单据的**正式**文本。
  귀 회사는 보험 증빙 자료와 관련한 정식 문건을 제시하기 바랍니다.

为期

기간[기한]으로 하다.

- 这次贸易洽谈会**为期**5天, 届时将有全国200多家相关企业参加。
  이번 무역상담회 기간은 5일이며, 이때 전국 200여 관련 기업이 참가할 예정입니다.

- 我公司想了解贵行能否提供给我公司**为期**1年的50万元贷款。
  귀 은행이 우리 회사에 1년 기한 50만위엔 대출을 해줄 수 있는지 알아보고자 합니다.

以便

(이로써) ~에 편하게 하다.

- 请留下你们的e-mail地址, **以便**我们日后联系。
  이후 연락하기 편하도록 귀측의 이메일 주소를 남겨주십시오.

- 请详细注明你们对产品的要求, **以便**我们选择和推荐最佳产品给你们。
  우리가 귀측에 가장 좋은 상품을 선별 추천하기 편하도록 상품에 대한 귀측 요구를 상세히 적어주십시오.

拟定

입안하다.

- 为了更好的适应网络经济的发展, 我们**拟定**了新的网上营销渠道策略。
  네트워크 경제의 발전에 더 잘 적응하기 위해, 우리는 새로운 네트워크 판매영업 루트 전략을 입안했습니다.

- 中韩贸易洽谈会**拟定**于12月20日在大连召开。
  중한 무역상담회를 12월 20일 따리엔(大连)에서 개최하기로 입안하였습니다.

申请总代理函

韩国汉城市××工艺品进口公司

000-000 韩国汉城××区××洞××号
Tel: 0082-2-000-0000　　Fax: 0082-2-000-0000

苏州刺绣总代理申请函

编号：0812

中国苏州××刺绣公司
尊敬的总经理先生：

　　您好！

　　上个月，我们参观了贵公司的苏州刺绣展览，这些绣品的质地和花色都很吸引人。可是目前我们这里还买不到这种产品，因此我们相信你们的产品在我们这里一定会有市场。听说你们在我国尚未有代理人，我们愿作为你们在韩国的总代理。

　　我们是一家颇有声望的进口公司，跟这里的大多数批发商都有联系。不仅如此，我们有一批勤奋而富有经验的推销员。所以，我们相信一定能为你们的产品找到一条很好的销路。请你们考虑我方的申请。

　　　　此致
敬礼！

韩国汉城市××工艺品进口公司

总经理：×××（签字）

××年×月×日

총대리 신청서

한국 서울시 ×× 공예품 무역회사

주소
전화, 팩스

쑤저우(苏州) 자수 총대리 신청서

문서번호: 0812

중국 쑤저우(苏州) ××자수회사
존경하는 사장님께:

안녕하십니까!

지난 달 우리는 귀 회사의 쑤저우 자수 전람회를 참관하였고, 자수 제품의 품질과 디자인이 모두 매우 인상적이었습니다. 그러나 현재 이곳에서는 그런 상품을 살 수 없기 때문에 우리는 귀측의 상품이 여기에서 반드시 시장이 형성될 수 있으리라고 믿습니다. 귀측은 우리나라에 아직 대리인이 없다고 들었는 바, 우리는 한국에서 귀측의 총대리가 되기를 원합니다.

우리는 꽤 명망있는 무역회사로, 이곳의 대다수 도매상과 관계를 맺고 있습니다. 그뿐만 아니라 우리는 부지런하고 경험이 풍부한 판매원들이 있습니다. 따라서 우리는 반드시 귀측의 상품을 위하여 좋은 판로를 찾을 수 있을 것이라고 믿습니다. 우리 측의 신청을 고려해주시기 바랍니다.

안녕히 계십시오!

한국 서울시 ××공예품 무역회사
사장: ×××(서명)
××년 ×월 ×일

상용 단어 및 구문

质地

품질.

- 这批布匹**质地**优良。
  이 천은 품질이 우수합니다.

- 为使所生产的产品**质地**更加精美, 我们从国外引进了一套新的设备。
  생산하는 상품의 품질이 더욱 좋게 하기 위해 우리는 외국에서 새로운 설비를 들여왔습니다.

花色

디자인.

- 此种床上用品一共有15种**花色**。
  이 침대용품은 모두 15가지 디자인이 있습니다.

- 我公司生产的丝绸产品**花色**繁多, 种类齐全, 欢迎订货。
  우리 회사가 생산하는 실크 상품은 디자인이 다양하고 모든 종류가 다 갖추어져 있으니, 주문을 환영합니다.

尚未

아직 ~하지 않다.

- 该项订单**尚未**得到购货方确认。
  그 주문서는 아직 구매 측 확인을 얻지 않았습니다.

- 该笔货款我们**尚未**汇出。
  그 물품 대금을 우리는 아직 송금하지 않았습니다.

颇有声望

꽤[자못, 아주] 명망이 있다.

- 在中国, 该律师事务所在知识产权维护和代理方面**颇有声望**。
  중국에서 그 변호사 사무소는 지적재산권 보호와 대리 면에서 아주 명망이 있습니다.

- ××公司在中国家电领域**颇有声望**。
  ××회사는 중국 가전 영역에서 아주 명망이 있습니다.

批发商

도매상.

- 我们已经在珠江三角洲地区发展**批发商**十余家。
  우리는 이미 주지앙(珠江) 삼각주 지역에 10여 도매상을 확장했습니다.

- 我公司将于×月×日在××市召开大中华区**批发商**表彰会。
  우리 회사는 ×월 ×일 ××시에서 대중화(大中华) 지역 도매상 표창회를 개최할 예정입니다.

不仅如此

이와 같을 뿐만이 아니라.

- **不仅如此**，该公司还将发展目光扩大到整个亚太地区。
  이뿐만 아니라, 그 회사는 또한 아시아 태평양 전지역까지 안목을 확대할 예정입니다.

- **不仅如此**，我们还要你公司赔偿我公司误工费用。
  이뿐만 아니라, 우리는 또한 귀 회사에 우리 회사 작업 지체 비용을 배상할 것을 요청합니다.

富有

~이 풍부하다.

- 我们的团队朝气蓬勃，**富有**进取心。
  우리 팀은 생기가 넘쳐 흐르며, 진취적 마음이 풍부합니다.

- 我们有一支**富有**经验的销售和服务队伍。
  우리에게는 경험이 풍부한 판매 및 서비스 팀이 있습니다.

销路

판로.

- 我公司的文具制品在东亚地区**销路**很好。
  우리 회사의 문구 제품은 동아시아 지역에서 판로가 아주 좋습니다.

- 由于质量过硬，销售得力，该产品很快打开了**销路**。
  질이 매우 좋아 잘 팔려서 그 상품은 아주 빨리 판로를 열었습니다.

申请独家代理函

中国上海××电子产品进出口公司

××牌电子产品独家代理申请函

编号：0609

韩国汉城市××电子公司
尊敬的总经理先生：

　　您好！

　　我们相信我们之间的友好和成功的合作关系使我们双方都感到满意。你们的××牌电子、电器产品在我们市场上销路很好。现在我方大胆提出：恳请贵方任命我方作为贵方在上海的独家代理。我们可以保证，此地有一个很有潜力的市场，其发展前景广阔，我们一定能使您们产品的推销达到一个新水平。

　　可以预计在我地设立一代理机构会给我们双方带来很大利益。希望贵方接受我们的建议。

中国上海××电子产品进出口公司

总经理：×××（签字）

××年×月×日

地址：中国上海市××区××路××号　　　邮政编码：200000
电话：086-21-0000-0000　　　传真：086-21-0000-0000

독점 대리 신청서

중국 상하이 ××전자제품 무역회사

××표 전자 상품 독점 대리 신청서

문서번호: 0609

한국 서울시 ××전자회사
존경하는 사장님께:

안녕하십니까!

우리 사이의 우호적이고 성공적인 합작 관계에 쌍방이 만족하고 있다고 믿습니다. 귀측의 ××표 전자·전기 상품은 우리 시장에서 판로가 아주 좋습니다. 이에 우리 측은 대담하게 제시합니다: 귀측은 우리 측을 상하이에서 독점 대리상으로 임명해줄 것을 간청합니다. 이곳에는 많은 시장 잠재력이 있으며, 발전의 전망이 넓고, 우리는 반드시 귀측 상품의 판매가 새로운 단계에 이르게 할 것을 보증할 수 있습니다.

이곳에 대리상을 설립하면 우리 쌍방에 아주 큰 이익을 가져다 줄 것이 예상됩니다. 귀측이 우리의 건의를 받아들여 주시기를 희망합니다.

중국 상하이 ××전자제품 무역회사
사장: ×××(서명)
××년 ×월 ×일

주소, 전화, 팩스

상용 단어 및 구문

任命

임명하다.

- 章程规定, 企业总经理、副总经理由董事会**任命**。
  기업 사장·부사장은 이사회에서 임명한다고 장정에서 규정하고 있습니다.

- 该公司新近**任命**了一批中国代理公司。
  그 회사는 중국 대리회사들을 최근 새로 임명했습니다.

独家

독점 (회사, 점포).

- 我商社指定贵方为**独家**代理。
  우리 상사는 귀측을 독점 대리로 지정합니다.

- 我方承认有关该款洗衣机的商标、版权为甲方**独家**拥有。
  그 세탁기와 관련된 상표·판권은 갑측이 독점으로 지닌다는 것을 승인합니다.

有潜力

잠재력이 있다.

- 根据调查结果, 我们认为贵方这一产品的市场很**有潜力**。
  조사 결과에 근거하여, 우리는 귀측의 이 상품이 시장 잠재력이 크다고 생각합니다.

- 对于外国资本而言, 中国是一个极**有潜力**的大市场。
  외국 자본 입장에서 말하자면, 중국은 잠재력이 극히 많은 거대 시장입니다.

推销

널리 팔다, 판로 확장하다.

- 由于拥有**推销**类似产品的经验, 我们有信心增加贵公司产品在韩国的销售额。
  유사 상품을 판매한 경험이 있으므로, 우리는 한국에서 귀 회사 상품의 판매액을 증가시킬 자신이 있습니다.

- 现甲方委托乙方为销售代理人, **推销**下列商品。
  이에 갑측은 을측을 판매 대리인으로 하여 아래 열거한 상품을 판매하도록 위탁하는 바입니다.

预计

예상하다, 전망하다.

- 根据估算, 合资企业**预计**能于2004年收回全部投资。
  계산에 따르면, 합자기업은 2004년에 투자액 전부를 회수할 수 있을 것으로 예상됩니다.

- 货物装运日前10－15天, 买方应以电报或电传通知卖方船只**预计**到港日期及
  船运代理人的名称。
  화물 선적 10일–15일 전에 구매 측은 마땅히 전보 혹은 팩스로 판매 측 선박 항구 도착 예정 기일과
  선적 운반 대리인 명칭을 통지해야 합니다.

机构

기구.

- 章程规定, 董事会是合作公司的最高权力**机构**。
  이사회는 합작회사의 최고 권력기구라고 장정에서 규정하고 있습니다.

- 此项证明文件应由事故发生地区的公证**机构**出具。
  이 증명서류는 사고 발생 지역의 공증기구로부터 발행해야 합니다.

带来

가져오다.

- 我们深信该项产品的代销能给你方**带来**极大利益。
  그 상품의 대리 판매는 귀측에 극히 큰 이익을 가져올 수 있으리라 굳게 믿습니다.

- 这次来华招商, 该公司代表**带来**了其全部产品的样品。
  이번 중국 업체 초청에서 그 회사 대표는 그 전체 상품의 샘플을 가져왔습니다.

申请独家代理复函

韩国汉城市××电子公司

000-000 韩国汉城××区××洞××号
Tel: 0082-2-000-0000   Fax: 0082-2-000-0000

关于申请××牌电子产品独家代理的复函

编号: 0383

中国上海××电子产品进出口公司
尊敬的总经理先生:

您好!

×月×日函件收到。

我们已认真考虑了贵方欲担任我方××牌电子产品在上海独家代理的建议。鉴于贵方过去两年在推销我方产品方面表现出的能力和经验, 工作效率和热情, 我方决定委托贵方作为我方在上海的独家代理。

随函附上我们草拟的协议, 请来信告知贵方意见。

韩国汉城市××电子公司

总经理: ×××(签字)

××年×月×日

독점 대리 신청 답신

한국 서울시 ××전자회사

주소
전화, 팩스

××표 전자상품 독점 대리 신청에 관한 답신
문서번호: 0383

중국 상하이 ××전자제품 무역회사
존경하는 사장님께:

안녕하십니까!

×월 ×일 문서를 받았습니다.

우리 측은 귀측이 우리 측 ××표 전자상품의 상하이 독점 대리를 맡고 싶다는 건의를 진지하게 검토했습니다. 귀측이 과거 2년 동안 우리 측 상품을 판매하면서 보여 준 능력과 경험, 작업 효율과 열정을 감안하여, 우리 측은 귀측에게 상하이에서의 우리 측 독점 대리를 위탁하기로 결정했습니다.

우리가 작성한 협의문 초안을 첨부하여 보내오니 문서로 귀측의 의견을 보내주시기 바랍니다.

한국 서울시 ××전자회사
사장: ×××(서명)
××년 ×월 ×일

상용 단어 및 구문

考虑

고려하다, 검토하다.

- **考虑**到与贵方在过去两年的良好关系, 我方决定接受上述条件。
  귀측과의 과거 2년 동안의 좋은 관계를 고려하여, 우리 측은 상술한 조건을 받아들이기로 결정했습니다.

- 经过详细**考虑**, 我们很高兴委任贵公司为华南地区的独家代理。
  상세한 검토를 거친 끝에, 우리는 귀 회사를 후아난(華南) 지역 독점 대리로 위임하게 되어 기쁩니다.

欲

~하고 싶(어 하)다.

- 我方现**欲**再次向贵公司订购该产品。
  우리 측은 이에 귀 회사로부터 그 상품을 재차 주문하고 싶습니다.

- 对于贵公司**欲**将产品引入中国市场, 我方极感兴趣。
  귀 회사가 상품을 중국 시장에 진출시키고 싶어하는 것에 대해 우리 측은 매우 흥미를 느낍니다.

能力

능력.

- 随着员工业务**能力**的提高, 合资企业也适当提高了职工的工资。
  직원의 업무 능력이 올라감에 따라, 합자기업 역시 직원의 보수를 적절하게 올렸습니다.

- 该项产品在质量、价格等方面具有国际市场的竞争**能力**。
  그 상품은 품질 · 가격 등 면에서 국제시장에서의 경쟁력을 갖추고 있습니다.

经验

경험.

- 我们公司拥有一支**经验**丰富的销售队伍。
  우리 회사는 경험이 풍부한 판매 팀을 보유하고 있습니다.

- 该公司曾有在邮品销售方面的**经验**。
  그 회사는 우편 물품 판매 쪽에 경험이 있습니다.

效率

효율.

- 贵公司如能提供任何有关该公司的一般状况、缴付账款**效率**等资料, 我们会非常感谢。
  귀 회사가 그 회사의 일반 상황·대금 납부 효율 등에 관한 어떤 자료라도 제공해줄 수 있다면, 우리는 대단히 감사하겠습니다.

- 经过整顿, 公司的工作**效率**大为提高。
  정돈을 하고 나니, 회사의 작업 효율이 크게 향상되었습니다.

草拟

초안 작성하다.

- 现将我公司**草拟**的寄售协议附上, 请提出意见。
  이에 우리 회사가 초안 작성한 위탁판매 협의서를 첨부하니, 의견을 제시해주시기 바랍니다.

- 关于此次交易, 我公司已经**草拟**了一份协议。
  이번 교역에 대하여, 우리 회사는 이미 협의서 한 부를 초안 작성했습니다.

协议

협의하다.

- 我方保证在技术转让**协议**规定的期限内使合营公司技术人员和工人掌握所转让的技术。
  우리 측은 기술 양도 협의 규정 기한 내에 합영회사 기술 인력과 직원이 양도한 기술을 파악할 것을 보증합니다.

- ××公司, 注册地在中国上海, 与××公司, 注册地在韩国汉城, 按下列条款签订本**协议**。
  그 ××회사, 등록지는 중국 상하이, ××회사, 등록지는 한국 서울, 다음에 열거한 조항에 따라 본 협의서에 서명합니다.

申请做信用担保代理人

中国陕西省××电子产品进出口公司

信用担保代理人申请函

编号: 0877

韩国汉城市××电子公司

尊敬的总经理先生:

　　您好!

　　我公司是电子产品的主要进口商,在陕西省各主要市、镇皆设有分公司,拥有一个巨大的销售网。贵方若委任我方做您的代理,我们肯定能大力推销贵方产品。

　　有关佣金率问题,我们只要求以订单的10%收取。我们估计贵方对此地情况不熟悉,对顾客也比较陌生,因此我们愿意同时作为贵方的信用担保代理人,不过贵方为此需另给3%的佣金。如贵方采纳我方建议,您就可无忧无虑了。

　　盼早日答复。

中国陕西省××电子产品进出口公司

总经理: ×××(签字)

××年×月×日

地址: 中国陕西省西安市××区××路××号　　　邮政编码: 710006

电话: 086-29-0000-0000　　　传真: 086-29-0000-0000

신용 보증 대리인 신청

중국 산시성 ××전자제품 무역회사

신용 보증 대리인 신청서

문서번호: 0877

한국 서울시 ××전자회사
존경하는 사장님께:

안녕하십니까!

우리 회사는 전자상품 주요 수입상으로, 산시성(陝西省) 각 주요 시(市)·진(鎭)에 지사를 설치하고 있어, 거대한 판매망을 보유하고 있습니다. 우리 측이 귀측의 대리를 맡도록 귀측이 위임한다면 우리는 귀측의 상품 판로를 대대적으로 넓힐 수 있을 것입니다.

우리는 주문액의 10%만을 커미션으로 받습니다. 우리는 귀측이 이곳 상황을 잘 모르고 고객에 대해서도 비교적 생소하리라 짐작하는 바, 따라서 우리는 동시에 귀측의 신용 보증 대리인이 되고자 합니다만, 그러나 귀측은 이를 위해 따로 3% 수수료를 제공해야 합니다. 귀측이 우리 측 건의를 받아들인다면, 귀하는 아무 걱정할 거리가 없게 될 것입니다.

조속한 답변을 기다립니다.

중국 산시성 ××전자제품 무역회사
사장: ×××(서명)
××년 ×월 ×일

주소, 전화, 팩스

상용 단어 및 구문

皆

모두.

- 我们对所有的电子邮件问询**皆**做了回复。
  우리는 그동안의 이메일 문의에 모두 회답했습니다.

- 我们在中国各大城市**皆**设有办事机构。
  우리는 중국 각 대도시에 모두 사무 기구를 개설했습니다.

设有

설치하다, 개설하다.

- 我们是一家跨国公司, 以香港为基地, 在中国大陆**设有**工厂。
  우리는 다국적 회사로, 홍콩을 거점으로 하여 중국 대륙에 공장이 있습니다.

- 我们在上海**设有**陈列室, 以方便中国大陆的买家。
  우리는 중국 대륙의 구매자들이 편리하도록 상하이에 전시실을 개설했습니다.

巨大

거대하다.

- 中国有**巨大**的生活消费品市场。
  중국에는 거대한 생활 소비품 시장이 있습니다.

- 该公司拥有一个**巨大**的组织机构。
  그 회사는 거대한 조직 기구를 보유하고 있습니다.

率

비율.

- 该技术转让费采取提成方式支付, 提成**率**为销售额的15％。
  그 기술 양도비는 공제 방식으로 지불하며, 공제 비율은 판매액의 15%입니다.

- 甲方负担远期信用证及乙方预付款的利息, 年利息**率**按7.5%计。
  갑측은 장기 신용장 및 을측이 미리 지불한 이자를 부담하며, 연 이자율은 7.5%로 계산합니다.

짐작하다, 따져보다.

- 由于我方收到大量有关查询, 因此**估计**本地市场将有极大的需求。
  우리 측이 관련 문의를 많이 받은 것으로 보아, 이곳 시장에서 수요가 극히 많을 것으로 짐작합니다.

- **估计**这次故障可于周六之前解决, 因此货物可于周日前付运。
  이번 고장은 토요일 이전에 해결될 것으로 짐작하며, 따라서 화물은 일요일 이전에 발송될 수 있을 것입니다.

熟悉

잘 알다, 익숙하게 알다.

- 由于我方对此类产品并不**熟悉**, 特此请贵公司向我们提供适当报价。
  우리 측은 이런 상품을 잘 알지 못하므로, 귀 회사가 우리에게 적당한 가격을 알려주시기 바랍니다.

- 华北地区的消费者都很**熟悉**这个品牌的洗涤用品。
  후아베이(华北) 지역 소비자는 모두 이 상표 세탁용품을 잘 알고 있습니다.

陌生

낯설다, 생소하다.

- 该公司的产品在该地区还比较**陌生**。
  그 회사 상품은 그 지역에서는 아직 비교적 생소합니다.

- 我们对此车型的越野车产品感觉比较**陌生**。
  우리는 이 모델 월야차(越野车) 제품이 낯설게 느껴집니다.

采纳

채택하다, 받아들이다.

- 经过研究, 我们**采纳**了部分分销商的建议。
  검토를 거쳐서, 우리는 일부 대리상의 건의를 받아들였습니다.

- 在此次活动中; 共有1000余条建议被**采纳**。
  이번 활동에서 모두 1,000여 조항의 건의가 받아들여졌습니다.

买方申请寄售货物函

中国重庆市××家用电器公司

××牌大屏幕电视机寄售申请函

编号: 0650

韩国汉城市××电子公司
尊敬的总经理先生:

您好!

我们在重庆经营电视机零售生意多年。最近听说贵方推出一种新的大屏幕电视机, 我们对此很感兴趣。

我们相信这里对该产品有潜在的市场可待开拓, 不过目前我们不想自己购买这种商品。我们建议贵方试运200台电视机以寄售方式在我地推销, 以便试探其销售可能性。假如将来销售量增加, 我们会定期向你订购。

如果贵公司对我们的建议感兴趣, 请告知你们的有关条款。至于我们的商业信誉, 你们可向中国××银行重庆市分行查询。

中国重庆市××家用电器公司

总经理: ×××(签字)

××年×月×日

地址: 中国重庆市××区××路××号　　邮政编码: 630000
电话: 086-23-0000-0000　　传真: 086-23-0000-0000

구매측 물품 위탁 판매 신청서

중국 총칭시(重庆市) ××가전기기회사

××표 와이드 스크린 TV 위탁 판매 신청서

문서번호: 0650

한국 서울시 ××전자회사
존경하는 사장님께:

안녕하십니까!

우리는 총칭(重庆)에서 다년간 TV 소매 영업을 했습니다. 최근 귀측에서 새로운 와이드 스크린 TV를 출시했다는 것을 듣고, 우리는 이에 대단히 관심을 가지고 있습니다.

우리는 여기서 그 상품의 잠재 시장을 널리 개척할 수 있으리라 믿습니다. 그러나 지금은 우리가 그 상품을 구매하려고 하는 것은 아닙니다. 우리는 귀측이 시험삼아 TV 200대를 운송하여 위탁 판매 방식으로 이곳에서 판로를 넓혀갈 가능성을 탐색해볼 것을 건의합니다. 앞으로 판매량이 증가하면 우리는 기일을 정하여 귀하께 주문하겠습니다.

귀 회사가 우리의 건의에 흥미를 느낀다면 귀측의 관련 약관을 알려주시기 바랍니다. 우리의 상업 신용에 대해서는 중국 ××은행 총칭 지점에 문의하시면 됩니다.

중국 총칭시(重庆市) ××가전기기회사
사장: ×××(서명)
××년 ×월 ×일

주소, 전화, 팩스

상용 단어 및 구문

零售

소매하다.

- 这种型号的篮球**零售**价格约为17美元。
  이런 스타일의 농구공 소매가격은 대략 17달러입니다.

- 我公司批发、**零售**韩国××品牌服装。
  우리 회사는 한국 ××표 의류를 도소매합니다.

最近

최근.

- 我们公司**最近**接到不少有关该光盘产品的电话问询。
  우리 회사는 최근 그 CD 상품 관련 전화 문의를 적지 않게 받았습니다.

- 贵公司**最近**发出的一批大豆制品我公司已经**收**到。
  귀 회사가 얼마 전 발송한 대두 제품을 우리 회사는 이미 받았습니다.

推出

출시하다, (상품을) 내놓다.

- 敝公司将于下月向市场**推出**一种新款旅行车型。
  저희 회사는 다음 달에 새로운 스타일의 여행차량을 내놓을 예정입니다.

- 我们对贵公司新**推出**的这几种款式非常感兴趣。
  우리는 귀 회사가 새로 내놓은 이 몇 가지 스타일에 대단히 흥미를 느낍니다.

待

기다리다.

- **待**董事会会议结束后，有关价格政策才能明朗。
  이사회가 끝나야 가격 관련 정책이 비로소 분명해질 것입니다.

- 船按期抵达装运港后，如果你方未能备货**待**装，一切空舱费和滞期费由你方承担。
  배가 기일대로 선적항에 도착한 후, 만약 선적할 화물을 귀측에서 아직 준비하지 못하여 기다리는 경우, 일체 공화운임과 기일 연체 비용을 귀측에서 부담해야 합니다.

开拓

개척하다.

- 现在我方希望在贵国**开拓**市场及推广我方的全线产品。
  현재 우리측은 귀 국가에서 시장을 개척하고 우리측 전 상품의 판로를 넓히기를 희망합니다.

- 我公司准备在贵公司的协助下进一步**开拓**韩国市场。
  우리 회사는 귀 회사의 협조 하에 한국 시장을 더 한층 개척할 예정입니다.

试探

탐색하다, 시험하다.

- 现我公司与贵公司进行**试探**性接触，希望能进一步开展合作。
  현재 우리 회사는 귀 회사와 탐색적 성격의 접촉을 하고 있습니다만, 합작을 더 한층 진전시킬 수 있기를 희망합니다.

- 我公司此次订货为**试探**性订货。
  우리 회사가 이번에 주문하는 것은 시험적 성격의 주문입니다.

至于

~에 이르다.

- **至于**剩余货款，请贵公司在下次付款时一并结清。
  나머지 물품 대금은 귀 회사가 다음 지불할 때 함께 청산해주시기 바랍니다.

- **至于**你方所提出的包装条件，我方可以满足。
  귀측이 제시한 포장 조건에 우리 측은 만족시켜 드릴 수가 있습니다.

商业信誉

상업 신용.

- 我公司在业界有着良好的**商业信誉**。
  우리 회사는 업계에서 그동안 상업 신용이 아주 좋았습니다.

- 在代理、寄售市场，有否良好的**商业信誉**对一个企业来说非常重要。
  대리·위탁판매 시장에서 상업 신용이 좋은지 여부가 기업 입장에서는 대단히 중요합니다.

卖方同意寄售货物函

韩国汉城市××电子公司

000-000 韩国汉城××区××洞××号
Tel: 0082-2-000-0000　　Fax: 0082-2-000-0000

关于××牌大屏幕电视机寄售的复函

编号: 0504

中国重庆市××家用电器公司
尊敬的总经理先生:

您好!

×月×日信收悉。

贵方要求我公司以寄售方式试运一批××牌大屏幕电视机在你市场销售的建议已得到我方认可,因为我公司也想开拓新的市场。我们准备选择一些有代表性的产品,希望能在你们市场打开销路。

我们建议贵方按季度呈交寄售清单并付款。贵方可在毛利中提取10%的佣金。

一俟收到贵方确认以上条款,我们即拟一份寄售协议寄贵方会签。

韩国汉城市××电子公司
总经理: ×××(签字)
××年×月×日

판매측이 위탁 판매에 동의하는 문서

한국 서울시 ××전자회사

주소
전화, 팩스

××표 와이드 스크린 TV 위탁 판매에 관한 답신

문서번호: 0504

중국 총칭시(重庆市) ××가전기기회사
존경하는 사장님께:

안녕하십니까!

×월 ×일 문서를 잘 받았습니다.

우리 회사도 새로운 시장을 개척하려고 하고 있으므로, 위탁판매 방식으로 ××표 와이드 스크린 TV를 보내 귀측 시장에서 판매해보도록 귀측이 우리 회사에 건의한 건은 이미 우리 측 인가를 얻었습니다. 우리는 일부 대표적 상품을 선별할 예정이니, 귀측 시장에서 판로를 열 수 있기를 희망합니다.

우리는 귀측이 분기별로 위탁판매 명세서를 제출하고 지불할 것을 건의합니다. 귀측은 총 이익 중 10% 커미션을 취하게 됩니다.

이상의 조항에 귀측이 확인하는 내용을 받는 즉시 우리는 위탁판매 협의서 초안을 작성하여 서명할 수 있도록 귀측에 보내겠습니다.

한국 서울시 ××전자회사
사장: ×××(서명)
××년 ×월 ×일

상용 단어 및 구문

认可

인가하다, 인정하다.

- 感谢贵公司的努力, 使我公司的产品初步得到中国市场**认可**。
  우리 회사의 상품이 중국 시장에서 인정받는 첫걸음을 내디딜 수 있도록 해준 귀 회사의 노력에 감사 드립니다.

- 你们的市场调研报告已经得到我公司**认可**。
  귀측의 시장 조사 연구 보고는 이미 우리 회사의 인가를 받았습니다.

准备

~할 예정이다, ~하려고 한다, 준비하다.

- 你方开出信用证后, 请立即通知我方, 以便我方**准备**交货。
  우리 측이 물품 인도 준비에 편하도록 귀측은 신용장을 발행한 후 즉시 우리 측에 통지해주기 바랍니다.

- 根据 × × 公司的推荐, 我们**准备**将该商品寄给贵公司, 请代为试销.
  ××회사의 추천에 따라, 우리는 그 상품을 귀 회사에 보낼 예정이니, 대리 시판해주시기 바랍니다.

有代表性

대표성이 있다, 대표적이다.

- 我方认为, 顾客的这种购买心理很**有代表性**。
  고객의 이런 구매 심리는 아주 대표성이 있다고 생각합니다.

- 这次我们重点向中国推荐一些**有代表性**的公司。
  이번에 우리는 몇몇 대표적 회사를 중국에 중점적으로 추천합니다.

打开

열다.

- 希望在贵公司的帮助下我们能很快**打开**中国市场。
  귀 회사의 도움 아래 우리는 빨리 중국시장을 열기를 희망합니다.

- 这种产品上市后, 很快就**打开**了销路。
  이 상품은 출시 후 아주 빨리 판로가 열렸습니다.

季度

(1년을 넷으로 대체로 계절에 따라 나눈) 분기.

- 该进出口公司第一**季度**的财务报表令人失望。
  그 무역회사의 제1사분기 재무보고서는 실망스러웠습니다.

- 按规定, 我们每**季度**末定时检查该产品寄售情况。
  규정에 따라서 우리는 매 분기말 정한 시일에 그 상품의 위탁판매 현황을 검사합니다.

呈交

건네주다.

- 依照×月×日的约定, 随函**呈交**本公司新产品目录一本。
  ×월 ×일 약정에 따라서, 본 회사 신상품 목록 한 권을 첨부하여 보내드립니다.

- 请将所附信函**呈交**贵公司×××董事长。
  첨부한 문서를 귀 회사 ××× 이사장에게 전해주기 바랍니다.

毛利

총이익.

- 虽然**毛利**很大, 但由于费用支出较多, 该公司并不盈利。
  비록 총이익은 많지만 비용 지출이 꽤 많아서 그 회사는 이익이 남지 않았습니다.

- 按合资企业章程, 公司的**毛利**额首先要上缴所得税。
  합자기업 장정에 따라, 회사의 총이익 액수에서 우선 소득세를 납부해야 합니다.

拟

초안하다, 입안하다, ~하려 하다.

- 从顾客处得悉, 贵公司**拟**在本市寻找代理, 我们特申请担任这项工作。
  고객부로부터 알게 되었는데, 귀 회사가 본 시에서 대리를 찾을 계획이라고 하기에, 우리가 그 일을 맡을 것을 신청합니다.

- 我方现**拟**采购附单所开出的各项货物, 希贵方能尽量航寄最优惠的 C&F 仁川价格。
  우리 측은 이에 첨부 문서에서 열거한 각 물품을 구매하고자 하니, 귀측은 최고 우대 C. & F. 인천 가격을 항공으로 보내주시기 바랍니다.

寄售货物通知函

韩国汉城市××电子公司

000-000 韩国汉城××区××洞××号
Tel：0082-2-000-0000　　Fax：0082-2-000-0000

关于××牌大屏幕电视机寄售通知函

编号：0583

中国重庆市××家用电器公司
尊敬的总经理先生：

您好！

应贵公司要求，我方很高兴地委托贵公司办理××牌大屏幕电视机的寄售，同函奉上提单与发票，请查收为荷。

内开：××牌大屏幕电视机200台，唛头共第1号至第200号，搭载轮船××号至贵地，明日从本地开航。我们相信一切都会顺利，所有箱子里的商品都能状况良好地抵达贵地。我们恳请贵公司能从双方的共同利益出发以最有利的方法销出上述电视机，希望贵公司能将销售的情形和清单很快寄至我公司。

此致

敬礼！

韩国汉城市××电子公司

总经理：×××（签字）

××年×月×日

물품 위탁판매 통지서

한국 서울시 ××전자회사

주소
전화, 팩스

××표 와이드 스크린 TV 위탁판매 통지서

문서번호: 0583

중국 총칭시(重庆市) ××가전기기회사

존경하는 사장님께:

　　안녕하십니까!

　　귀 회사의 요청에 응하여, 우리 측은 귀 회사가 ××표 와이드 스크린 TV의 위탁판매를 담당해줄 것을 의뢰하게 되어 기쁘게 생각하며, 선하증권과 송장을 동봉하여 보내오니, 잘 받아주시면 감사하겠습니다.

　　내용: ××표 와이드 스크린 TV 200대, 마크 모두 제1번부터 제200번까지, 화물선 ××호에 선적하여 귀지까지 운송, 내일 본지에서 출항. 우리는 모든 것이 순조롭게 진행되어, 상자 안의 상품이 모두 상태 양호하게 그곳에 도착할 수 있으리라 믿습니다. 우리는 귀 회사가 쌍방의 공동 이익 입장에서 출발하여 가장 유리한 방법으로 상술한 TV를 판매해주기를 간청하며, 귀 회사는 판매 상황과 명세서를 속히 우리 회사에 보내주기를 희망합니다.

안녕히 계십시오!

한국 서울시 ××전자회사

사장: ×××(서명)

××년 ×월 ×일

상용 단어 및 구문

应

응당 ~이다[해야 한다].

- 貴公司**应**知道中国市场已有很多竞争者, 其中部分已稳占市场席位。
  중국 시장에 이미 많은 경쟁자가 있으며 그중 일부는 안정적으로 시장을 점유하고 있다는 것을 귀 회사는 이미 알고 있을 것입니다.

- 该产品的正确价格**应**是95美元而不是85美元。
  그 상품의 정확한 가격은 85달러가 아니라 95달러여야 합니다.

同函

(지금 보내는 문서에) 동봉하다.

- **同函**附上49000美元的支票, 我们为引致贵公司不便而深感抱歉.
  49,000달러 어음을 동봉하며, 귀 회사의 불편을 야기한 것에 대해 대단히 죄송하게 생각합니다.

- **同函**附上调查报告, 以说明该瓷器已严重损坏而不能作销售用途。
  조사 보고서를 동봉 첨부하며, 이로써 그 자기는 이미 심각하게 파손되어 판매용으로 사용할 수 없음을 말씀드립니다.

搭载

싣다, 탑재하다.

- 该批货物已**搭载**昨日航班发出。
  그 화물은 어제 이미 항공편에 실어 보냈습니다.

- 貴公司可将此货物**搭载**2月6日开航的××号轮船发给我方。
  귀 회사는 이 화물을 2월 6일 출항하는 ××호 화물선에 선적하여 우리 측에 보내면 됩니다.

开航

출항하다.

- 该货轮**开航**日期提前至12月20日。
  그 화물선 출항 날짜가 12월 20일로 앞당겨졌습니다.

- 该期轮船至下次**开航**期间, 仍有四个月之久。
  그 화물선 다음 번 출항 기일까지는 아직 4개월이나 남았습니다.

状况

상황.

- 关于追加数量的事宜, 本公司正研究该产品供应**状况**。
  수량 추가 건과 관련하여 본 회사는 그 상품의 공급 상황을 검토하고 있습니다.

- 恳请贵方尽量收集有关 × ×市 × ×公司的信用**状况**方面的材料。
  귀측은 × ×시 × ×회사의 신용 상황과 관련된 자료를 가능한 한 모두 수집해주기를 간청합니다.

从～出发

～에서 출발하다.

- **从**双方共同利益**出发**, 我们提出如下善后意见。
  쌍방 공동 이익에서 출발하여, 우리는 다음과 같은 사후처리 의견을 제시합니다.

- 该企业代表团今日**从**汉城**出发**前往北京。
  그 기업 대표단이 오늘 서울에서 베이징으로 출발합니다.

共同利益

공동 이익.

- 我们提出该建议, 是从双方的**共同利益**出发的。
  우리가 그것을 건의한 것은 쌍방의 공동 이익으로부터 출발한 것입니다.

- 在销售该项产品方面, 我们三方是有着**共同利益**的。
  그 상품 판매 면에서 우리 세 측에게 공동 이익이 있습니다.

以～方法

～방법으로.

- 请**以**我们规定的**方法**付款。
  우리가 규정한 방법으로 지불하시기 바랍니다.

- 请**以**最快的**方法**将货物发往我处。
  가장 빠른 방법으로 화물을 우리 측에 보내주시기 바랍니다.

收到寄售商品的复函

中国重庆市××家用电器公司

收到寄售××牌大屏幕电视机的复函

编号: 0866

韩国汉城市××电子公司

尊敬的总经理先生:

您好!

贵公司×月×日函通知寄售的200台××牌大屏幕电视机, 已由××号货轮运到, 并附有寄售发票及提单副本, 已收悉。开箱后, 我们发现该货物非常适合当地市场。因此, 相信我们一定能很快找到合适的买主, 无论如何, 我们将尽最大的努力予以销售, 相信结果一定会令贵公司满意。

货物销出后, 我们一定尽早向您报告结果。

中国重庆市××家用电器公司

总经理: ×××(签字)

××年×月×日

地址: 中国重庆市××区××路××号　　邮政编码: 630000
电话: 086-23-0000-0000　　传真: 086-23-0000-0000

위탁판매 상품 수령 답신

중국 총칭시 ××가전기기회사

××표 와이드 스크린 TV 위탁 판매 수령 답신

문서번호: 0866

한국 서울시 ××전자회사

사장님께:

안녕하십니까!

귀 회사가 ×월 ×일 문서로 위탁판매를 통지한 ××표 와이드 스크린 TV 200대를 ××호 화물선으로부터 받았으며, 아울러 첨부한 위탁판매 송장 및 선하증권 부본도 이미 받았습니다. 개봉해본 결과 우리는 그 상품이 현지 시장에 매우 적합하다는 것을 알았습니다. 이에 따라 우리는 반드시 아주 빨리 적합한 구매주를 찾을 수 있으리라 믿으며, 여하를 막론하고 우리는 판매를 위하여 최대의 노력을 할 것이며, 귀 회사는 그 결과에 반드시 만족하리라 믿습니다.

물품 판매 이후 가능한 한 조속히 결과를 알려드리겠습니다.

중국 총칭시 ××가전기기회사

사장: ×××(서명)

××년 ×월 ×일

주소, 전화, 팩스

상용 단어 및 구문

寄售

위탁 판매하다.

- 贵公司**寄售**之30箱纺织品已安然抵达。
  귀 회사가 판매를 위탁한 방직품 30상자는 이미 안전하게 도착했습니다.

- 谨送上**寄售**发票, 发票上所列绝缘油, 将于11月15日发出。
  위탁판매 송장을 보내드리오며, 송장에 열거한 절연유는 11월 15일에 발송할 것입니다.

当地

현지.

- **当地**棉花市场缺货, 价格上涨, 每磅约10先令至10先令半。
  현지 면화 시장이 품절이라 가격이 상승하여 매 파운드 당 약 10실링에서 10.5실링입니다.

- 在**当地**几家有影响力的公司的支持下, 我公司开设了轮船与保险的经纪业以及总代理店。
  현지 몇몇 영향력 있는 회사의 지지 아래, 우리 회사는 화물선과 보험 영업 및 총대리점을 개설했습니다.

买主

매주, 구매주.

- 甲方不得向经销地区其他**买主**供应本协议所规定的商品。
  갑측은 판매 지역 이외 기타 구매주에게 이 협의에서 정한 상품을 공급할 수 없다.

- 若有**买主**希望从甲方直接订购, 甲方可以供货。
  만약 구매주가 갑측으로부터 직접 주문을 희망한다면, 갑측은 물품을 제공할 수 있다.

尽

다하다.

- 我方将**尽**可能开发新品种, 以满足国内外市场的发展需要。
  우리 측은 신상품을 가능한 한 개발하여, 국내외 시장의 높아진 수요를 만족시킬 것입니다.

- 贵方应**尽**最大的努力在20天内生产出该项产品。
  귀측은 20일 안에 그 상품을 생산해낼 수 있도록 최대의 노력을 기울여야 합니다.

결과.

- 如蒙立即通知申请代理的**结果**, 我们非常感激。
  대리를 신청한 결과를 즉시 통지해주신다면 우리는 매우 감사하겠습니다.

- 请将**结果**报告董事会和总经理。
  결과를 이사회와 사장에게 알려주시기 바랍니다.

令~

~에게 …하게 하다.

- 如果这次试销结果**令**人满意, 我们将考虑大量委托。
  이번 시험 판매 결과가 만족스럽다면 우리는 대량 위탁을 고려하겠습니다.

- 在此交易中, 贵公司可得利润805,600元, 望该结果能**令**您满意。
  이 교역에서 귀 회사는 이윤 805,600 위엔을 얻을 수 있으니, 그 결과에 귀하께서 만족하셨으면 합니다.

买方要求寄售商品退货函

中国江苏省南京市××百货公司

要求寄售商品退货的通知函

编号: 0707

韩国汉城市××电子公司

尊敬的总经理先生:

很遗憾告诉贵方, 你们寄售的200打电动剃须刀, 至今才卖出1/5。

上星期, 韩国××公司的新型电动剃须刀以很有竞争性的价格打入我们的市场, 结果使你们电动剃须刀的销售量骤然下降。预计回升的机会很小, 我方要求将货寄回。不过, 如果贵方同意, 也可以对未售出货物按7折由我公司保留, 这样我们可以低价将商品出售。

盼速回函。

中国江苏省南京市××百货公司

总经理: ×××(签字)

××年×月×日

地址: 中国江苏省南京市××区××路××号　　　　邮政编码: 210000

电话: 086-25-000-0000　　　　传真: 086-25-000-0000

위탁판매 상품 반환 요청 문서

중국 지앙쑤성 난징시 ××백화점

위탁판매 상품 반환 요청 통지서

문서번호: 0707

한국 서울시 ××전자회사

존경하는 사장님께:

　귀측이 판매를 위탁한 전기면도기 200개 중 지금까지 겨우 1/5이 판매되었음을 귀측에 알리게 되어 매우 유감입니다.

　지난 주, 한국 ××회사의 신형 전기면도기가 아주 경쟁력 있는 가격으로 우리 시장에 치고 들어와, 그 결과 귀측의 전기면도기의 판매량이 갑자기 떨어졌습니다. 회복의 기회가 아주 적다고 예상되어, 우리 측은 물품을 돌려보내고자 합니다. 그러나 만약 귀측이 동의한다면 아직 판매되지 않은 물품을 30% 할인 가격으로 우리 회사에 남겨둘 수도 있으며, 그러면 우리는 저가로 상품을 판매할 것입니다.

　속히 회신해주시기 바랍니다.

중국 지앙쑤성(江苏省) 난징시(南京市) ××백화점

사장: ×××(서명)

××년 ×월 ×일

주소, 전화, 연락처

상용 단어 및 구문

电动

전동(의), 전기(의).

- 这种新上市的**电动**牙刷很受顾客欢迎。
  새로 출시한 전동치솔은 고객의 대단한 환영을 받고 있습니다.

- 这种产品分为手动和**电动**两种, 价格差距很大。
  이 상품은 수동과 전동 두 가지로 나뉘는데, 가격 차이가 아주 큽니다.

才

겨우, ~해야.

- 只有在你方大幅度削价的条件下, 我们**才**能接受这批衬衫。
  귀측에서 대폭 가격 삭감을 하는 조건에서만 우리는 이 셔츠를 받아들일 수 있습니다..

- 特此通知贵公司下次订单最少需有1000套, **才**能取得此优惠价。
  이에 다음 번 주문은 최소 1,000벌이어야만 이 우대가격을 받을 수 있음을 귀 회사에 통지합니다.

新型

신형.

- 我公司新开发的这种**新型**装饰材料具有很强的防火、阻燃性能。
  우리 회사가 새로 개발한 이 신형 인테리어 재료는 아주 뛰어난 방화·내연 성능을 갖추고 있습니다.

- 这种**新型**汽车蓄电池的诞生, 必将给汽车业的发展带来极大的推动。
  이런 신형 자동차 배터리의 탄생은 자동차 산업의 발전에 반드시 큰 추진력으로 작용할 것입니다.

竞争性

경쟁력.

- 代理商不得在代理区域内经销与代理商品相似或有**竞争性**的商品。
  대리상은 대리구역 내에서 대리상품과 유사하거나 경쟁력 있는 상품을 판매할 수 없습니다.

- 我方认为我公司的上述报价很有**竞争性**。
  우리 측은 우리 회사의 상술한 가격이 아주 경쟁력이 있다고 생각합니다.

打入

치고 들어오다, 끼어 들어오다.

- 我公司应该制定合理的价格政策, 以便**打入**中国市场。
  우리 회사는 중국 시장에 들어가기 편하도록 합리적 가격 정책을 책정해야 합니다.

- 经过多方努力, 该产品已经成功**打入**韩国市场。
  여러 방면의 노력을 통해 그 상품은 이미 성공적으로 한국 시장에 들어왔습니다.

销售量

판매량.

- 合同规定甲方在每季度结束后10天内, 向乙方提交一份甲方在上季度的每种型号
  的产品**销售量**的报告。
  계약에서 규정하길, 갑측은 매 분기가 지난 후 10일 안에 을측에게 갑측이 지난 분기 동안의 매 모델
  별 상품 판매량 보고서 한 부를 제출해야 한다.

- 鉴于贵公司的玩具**销售量**暴跌, 本公司不能继续推销该货品。
  귀 회사의 완구 판매량이 갑자기 떨어진 것을 감안하여 우리 회사는 그 상품을 계속 판매할 수 없습
  니다.

骤然

갑자기.

- 由于原材料价格**骤然**上升, 我们的产品成本大幅增加。
  원재료 가격이 갑자기 상승하여, 우리 상품 원가가 대폭 증가했습니다.

- 根据上月销售情况的报表, 我们发现该产品销售量**骤然**下降。
  지난 달 판매 상황 보고서에 근거하여, 우리는 그 상품 판매량이 갑자기 떨어졌음을 발견했습니다.

回升

반등하다, 도로 올라가다.

- 由于我们的努力, 童装的销售额略有**回升**。
  우리의 노력으로 아동복 판매액이 약간 반등했습니다.

- 由于韩国经济正在**回升**, 我们预计对我公司产品的需求量会增加。
  한국 경제가 반등하고 있어, 우리 회사 상품에 대한 수요량이 증가할 것이라고 예측합니다.

关于寄售商品退货的复函

韩国汉城市××电子公司

000-000 韩国汉城××区××洞××号
Tel: 0082-2-000-0000　　Fax: 0082-2-000-0000

关于寄售商品退货的复函

编号: 0505

中国江苏省南京市××百货公司
尊敬的总经理先生:

　　很遗憾听到我们产品的销量下降的消息。据我们所知,韩国××公司的所谓新型电动剃须刀质量还不如我们的。他们只不过是改变一下外形,以低价位推销他们那质量不佳的商品的一种手段而已。

　　对于贵方的建议,我们至多只能按8.5折价将未售出货物让给贵方。如果贵方觉得无法接受,我们只好将货运回。

　　　　此致

敬礼!

韩国汉城市××电子公司
总经理: ×××(签字)
××年×月×日

위탁판매 상품 반환에 관한 답신

한국 서울시 ××전자회사

주소
전화, 팩스

위탁판매 상품 반환에 관한 답신

문서번호: 0505

중국 지앙쑤성(江苏省) 난징시(南京市) ××백화점
존경하는 사장님께:

　우리 상품 판매량이 떨어졌다는 소식을 듣게 되어 매우 유감입니다. 우리가 아는 바에 따르면, 한국 ××회사의 이른바 신형 전기면도기는 품질이 아직 우리 것만 못합니다. 그들은 단지 외형을 조금 바꿔, 품질이 좋지 않은 그들의 상품을 낮은 가격으로 판매하는 수단의 일종일 뿐입니다.

　귀측의 건의에 대하여, 우리는 아무리 낮아도 15% 할인 가격으로 미판매 물품을 귀측에 넘길 수 있을 뿐입니다. 귀측이 받아들일 수 없다고 생각한다면 우리는 물건을 회수하는 수밖에 없습니다.

안녕히 계십시오!

한국 서울시 ××전자회사
사장: ×××(서명)
××년 ×월 ×일

상용 단어 및 구문

下降

떨어지다, 내려가다[오다], 하강하다.

- 据调查, 我公司产品在北京地区的占有率有所**下降**。
  조사에 의하면, 베이징 지역에서 우리 회사 상품 점유율이 떨어지고 있습니다.

- 近几个月来产品销售量**下降**并不是营销策略存在问题, 而是受到全球市场的影响。
  최근 몇 개월 동안 상품 판매량이 하강한 것은 판매 영업 전략에 문제가 있는 게 아니라 전체 세계 시장의 영향을 받은 것입니다.

据

~에 따르다[의하다].

- 据我们所得到的情报: 该公司为新创立的公司, 1946年9月创立, 其登记资本额为 50,000美元。
  우리가 얻어낸 정보에 따르면, 그 회사는 새로 창립한 회사로, 1946년 9월에 창립했으며, 등록 자본금은 50,000달러입니다.

- 据我公司记载, 自上笔交易以来, 我们的业务已中断了很长时间, 不知是否因为我方 服务不周所致, 敬请告知。
  우리 회사 기록에 따르면, 지난번 교역 이래 우리 거래가 아주 오랜 기간 동안 중단되었는데, 우리 측 서비스가 제대로 되지 않아서 그런 것인지 아닌지 알려주시기 바랍니다.

所知

알고 있는 바, 아는 바.

- 据我们**所知**, 你公司在我国的销售价格远低于国内价格, 因此我们认为有倾销行为。
  우리가 아는 바에 따르면, 귀 회사가 우리나라에서 판매하는 가격이 그쪽 국내 가격보다 훨씬 낮은데, 이로 인해 우리는 덤핑 행위가 있다고 생각합니다.

- 据我们**所知**, 贵国还没有类似的产品。
  우리가 아는 바에 의하면, 귀국에는 아직 유사한 상품이 없습니다.

所谓

이른바.

- 你公司**所谓**的低价, 在我地区并不具有优势。
  귀 회사에서 제시한 이른바 낮은 가격으로는 우리 지역에서는 전혀 우세가 없습니다.

- **所谓**的"企业上网套餐"，是指为企业上网提供一整套方案和服务。
  이른바 "기업 온라인 세트"란 기업 온라인을 위하여 모든 방안과 서비스를 제공하는 것을 가리킵니다.

外形

외형.

- 我们要求产品不但要质量上乘，而且**外形**要美观大方。
  상품의 품질이 최고일 뿐만 아니라 외형 또한 최고의 미감을 지녀야 합니다.

- 贵公司如能把产品**外形**做一些改变，销售额将会有所提高。
  귀 회사가 상품의 외형을 조금만 바꿀 수 있다면 판매액이 올라갈 것입니다.

低价位

저가격대.

- **低价位**和高质量是我公司的一贯宗旨。
  저가격 고품질은 우리 회사의 일관된 모토입니다.

- **低价位**的销售策略使公司获得了丰厚的利益。
  저가격대 판매 전략이 회사로 하여금 많은 이익을 얻게 했습니다.

而已

~일 뿐(이다).

- 该公司注册资本为50，000美元，但股东实际缴纳金额仅为5000美元**而已**。
  그 회사 등록 자본은 50,000달러인데, 그러나 주주가 실제로 납부한 금액은 겨우 5,000달러 뿐입니다.

- 此次降价只是一种促销手段**而已**，并不具有不正当竞争行为。
  이번 가격 인하는 단지 일종의 판매촉진 수단일 뿐, 결코 정당하지 않은 경쟁 행위가 있는 것이 아닙니다.

至多

아무리 많아도, 최대.

- 对于你们的延期付款要求，我们**至多**可以给你们15天时间。
  귀측이 지불 연기를 요구한 것에 대해, 아무리 많아야 귀측에게 15일 기간을 줄 수 밖에 없습니다.

- 从汉城到北京，发送此货**至多**需要10天时间。
  서울에서 베이징까지, 이 물품을 발송하는 데 아무리 많아도 10일이 걸립니다.

10장

의전 문서

中国丝绸节邀请函

第×届中国丝绸节组委会

第×届中国丝绸节邀请函

韩国汉城市××丝织品进口公司

尊敬的总经理先生：

　　第×届中国丝绸节定于××××年×月×日在中国江苏省苏州市举行，欢迎您及贵公司同仁莅临指导。

　　报到时间：××××年×月×日

　　报到地点：中国江苏省苏州市××区××路××号

　　回贴请寄：中国江苏省苏州市××区××路××号

　　邮政编码：215000

　　联系电话：086-512-0000-0000

　　联　系　人：××先生，××小姐

第×届中国丝绸节组委会（公章）

××年×月×日

중국 비단 축제 초청서

제 ×차 중국 비단 축제 조직위원회

제 ×차 중국 비단 축제 초청서

한국 서울시 ××실크 무역회사

존경하는 사장님께:

　제 ×차 중국 실크 축제를 ××××년 ×월 ×일 중국 지앙쑤성(江苏省) 쑤저우시 (苏州市)에서 개최하기로 결정하였는 바, 사장님과 귀 회사 관련자 분들의 참가를 환영하며 많은 지도 부탁 드립니다.

　도착보고기한 : ××××년 ×월 ×일

　도착보고장소 : 중국 江苏省苏州市 × × 区 × × 路 × × 号

　회 신　주 소 : 중국 江苏省苏州市 × × 区 × × 路 × × 号

　우 편　번 호 : 215000

　연 락　전 화 : 086-512-0000-0000

　연 락　담 당 : ××(Mr.), ××(Miss).

제 ×차 중국 비단 축제 조직위원회 (공인)

××년 ×월 ×일

상용 단어 및 구문

节

~절, ~의 날, 축제, 명절.

- 在大连, 每年都会举行服装**节**。
  따리엔(大连)에서 매년 의류 축제가 거행됩니다.

- 中国的五—劳动**节**和十一国庆节期间是旅游的旺季, 因此在此之前进行有关韩国旅游的宣传很有必要。
  중국의 5·1 노동절과 10·1 국경절 기간은 여행성수기로, 이에 따라 그 전에 한국 여행 관련 선전을 할 필요가 있습니다.

定于

~에 (~하기로) 정하다.

- 我公司在广州的业务, 由广州经销分公司负责, 该公司**定于**5月1日开始营业。
  광저우(广州)에서의 우리 회사 업무는 광저우 판매 영업 지사에서 책임지기로 했으며, 그 지사는 5월 1일에 영업을 시작하기로 결정했습니다.

- 我公司**定于**2月1日迁到更方便的上海市第5街7号新址办公, 特此通告。
  우리 회사는 2월 1일 더 편리한 상하이시(上海市) 제5가 7호 새 주소로 이사하여 업무를 보기로 결정하였기에, 이에 알려 드립니다.

举行

거행하다, 개최하다.

- 董事会每年召开一次, 原则上在合营企业的法定地址**举行**。
  이사회는 매년 한 차례 소집하며, 원칙적으로 합영기업의 법정 주소에서 거행한다.

- 每年4月1日都要在山东潍坊**举行**国际风筝节。
  매년 4월 1일, 산동(山东) 웨이황(潍坊)에서 국제 연축제를 거행하려 합니다.

同仁

동료, 구성 인원.

- 希望公司全体**同仁**一起努力, 争取完成全年销售任务。
  회사 전체 구성원이 함께 노력하여 전체 연도 판매 임무를 완성하시기 바랍니다.

- 谨此敬告贵公司全体**同仁**。
  이에 삼가 귀 회사 전체 구성원에게 알려 드립니다.

莅临

왕림하다, 오다. [상대방이 오는 것에 대한 존대 표현]

- 请贵公司代表于当日早上9时**莅临**指导。
  귀 회사 대표께서 당일 오전 9시에 왕림하시어 지도해주시기를 부탁 드립니다.

- 热烈欢迎×××代表团**莅临**我厂指导。
  ××× 대표단이 우리 공장에 지도차 왕림해주신 것을 뜨겁게 환영합니다.

指导

지도하다.

- 我方认为你方应派遣技术人员在安装过程中提供现场**指导**。
  우리 측은 귀측이 기술 인원을 파견하여 설치 과정에서 현장 지도를 해주어야 한다고 생각합니다.

- 关于此商品生产工艺问题, 请您给予**指导**。
  이 상품 생산의 기술 문제에 관하여 많은 지도 부탁 드립니다.

报到

도착 보고하다.

- 请参加会议的同志在10月6日之前**报到**。
  회의에 참가하는 분은 10월 6일 전에 도착 보고해주십시오.

- **报到**时代表需携带单位介绍信和产品样本。
  도착 보고할 때 대표는 부서 소개서와 상품 샘플을 휴대해야 합니다.

回帖

회신.

- **回帖**请寄: 中国北京市××区×××大街××号。
  다음 주소로 회신해주십시오: 중국 北京市××区×××大街××号.

- 我们已收到贵公司寄来的**回帖**。
  우리는 귀 회사가 보낸 회신을 이미 받았습니다.

韩国人士赴中国商务考察团邀请函

北京市××汽车进出口总公司

赴中国商务考察团邀请函

编号0839

韩国汉城市××汽车进出口公司
尊敬的×××总经理先生：
　　我代表北京市××汽车进出口总公司荣幸地邀请您和以您为首的商务考察团来华考察并商谈建立合资企业事宜。
　　附：考察团名单

姓名	职务	性别	出生时间	在华停留时间	联系电话
×××	总经理	男	×××年×月×日	×××年×月×日—×月×日	0000-0000
×××	副经理	男	×××年×月×日	×××年×月×日—×月×日	0000-0000
×××	副经理	女	×××年×月×日	×××年×月×日—×月×日	0000-0000

以上人员可凭此邀请函赴中国驻汉城大使馆办理入境签证。

北京市××汽车进出口公司

总经理：×××（签字）

××年×月×日

중국 상무시찰단 참가 초청서

베이징시(北京市) ××자동차 수출입총공사

중국 상무시찰단 참가 초청서

문서번호: 0839

한국 서울시 ××자동차 무역회사
존경하는 ×××사장님께:

　　저는 베이징시 ××자동차 수출입총공사를 대표하여 사장님과 사장님을 단장으로 하는 상무시찰단이 중국에 오셔서 합자기업 건립 건을 검토하고 상담하도록 초청하게 된 것을 영광스럽게 생각합니다.

　　첨부: 시찰단 명단

성명	직위	성별	출생일시	중국체류기간	연락전화
×××	사장	남	××××년 ×월 ×일	××××년 ×월 ×일 – ××××년 ×월 ×일	××××-××××
×××	부사장	남	××××년 ×월 ×일	××××년 ×월 ×일 – ××××년 ×월 ×일	××××-××××
×××	부사장	여	××××년 ×월 ×일	××××년 ×월 ×일 – ××××년 ×월 ×일	××××-××××

　　이상 인원은 이 초청서에 의거하여 서울 주재 중국대사관에서 입국 비자 수속이 가능합니다.

베이징시 ××자동차 무역회사

사장: ×××(서명)

××년 ×월 ×일

상용 단어 및 구문

代表

대표.

- 请贵公司**代表**尽快来我公司洽谈此项交易。
  귀 회사 대표께서 가능한 한 빨리 우리 회사에 오셔서 이 교역 건을 상담해주시기 바랍니다.

- 请及早约定与我方**代表**面谈的日期。
  우리 측 대표와의 면담 일시를 조속히 약정해주시기 바랍니다.

邀请

초청하다.

- 我们已**邀请**客户对该商品提出询价。
  우리는 그 상품에 대해 가격을 문의하도록 이미 고객에게 요청하였습니다.

- 本人冒昧地**邀请**贵方于5月17日前来光顾本店, 请多关照。
  본인은 외람되게 귀측이 5월 17일 본 점에 왕림해주십사 초청하오니, 많은 관심 부탁 드립니다.

考察团

시찰단.

- 经协商, ××公司**考察团**将于11月16日访问我公司。
  협상을 거쳐서, ××회사 시찰단이 11월 16일 우리 회사를 방문할 예정입니다.

- 为迎接韩国经贸**考察团**的到来, 我们做了精心的准备。
  한국 경제무역 시찰단 내방을 영접하기 위해 우리는 정성어린 준비를 하였습니다.

停留

체류하다, 머물다.

- 该代表团预计在上海**停留**两天。
  그 대표단은 상하이에서 이틀 체류할 예정입니다.

- 该货轮于明日从深圳开航, 中途在青岛**停留**一天。
  그 화물선은 내일 선전(深圳)에서 출항하여, 중간에 칭다오(青岛)에서 하루 체류합니다.

人员

인원.

- 经双方协商, 为完成此项工作, 由乙方派出一定数量的技术人员。
  쌍방 협상을 거쳐서, 이 작업을 완성하기 위해 을측에서 기술 인원 일정 수를 파견합니다.

- 当甲方认为必要时, 乙方应派遣技术人员提供技术协助。
  갑측이 필요하다고 인정할 때, 을측은 기술 인원을 파견하여 기술 협조를 제공해야 합니다.

赴

~에 가다.

- 我方将派称职的技术人员赴你方合同工厂进行技术服务。
  우리 측은 직무에 적임인 기술 인원을 귀측 계약 공장에 파견하여 기술 서비스를 하게 할 것입니다.

- 本公司亚洲营运经理××先生将于下月携带各类产品前赴韩国。
  본 회사 아시아 영업운영 매니저 ××씨가 다음 달 각 종류 상품을 가지고 한국으로 갈 예정입니다.

入境

입국하다.

- 请贵公司协助我方为该工作人员办理所需的入境签证手续。
  그 작업 인원이 필요한 입국 비자 수속을 처리하는 데 귀 회사는 우리 측에 협조해주시기 바랍니다.

- 在该公司的帮助下, 我公司考察团一行十二人已顺利入境。
  그 회사의 도움으로 우리 회사 시찰단 일행 12명이 이미 순조롭게 입국했습니다.

签证

비자.

- 我方出国培训人员已获得中国大使馆签证。
  우리 측 출국 훈련 인원은 이미 중국대사관 비자를 얻었습니다.

- 该团的入境签证手续办理地非常顺利。
  그 단체 입국 비자 수속은 매우 순조롭게 처리되었습니다.

中国人士赴韩国商务考察团邀请函

韩国汉城市××服装进出口公司

000-000 韩国汉城××区××洞××号
Tel: 0082-2-000-0000　　Fax: 0082-2-000-0000

中国赴韩国商务考察团邀请函

编号：0633

中国上海市××服装进出口公司
尊敬的×××总经理先生：

　　我以韩国汉城市××服装进出口公司总经理的名义，荣幸地邀请您和以您为首的商务考察团来韩国考查，并洽谈签订下一年度合作协议等问题。

　　附：考察团名单

姓名	职务	性别	出生时间	在韩国停留时间	联系电话
×××	董事长	男	××××年×月×日	××××年×月×日—×月×日	×××-×××
×××	副董事长	女	××××年×月×日	××××年×月×日—×月×日	×××-×××
×××	总经理	男	××××年×月×日	××××年×月×日—×月×日	×××-×××

以上人员可凭此邀请函赴韩国驻上海领事馆办理入境签证。

韩国汉城市××服装进出口公司

总经理：×××（签字）

××年×月×日

한국 상무시찰단 중국인 초청서

한국 서울시 ××의류 무역회사

주소
전화, 팩스

한국 상무시찰단 중국인 초청서

문서번호: 0633

중국 상하이시 ××의류 무역회사

존경하는 ××× 사장님께:

　저는 한국 서울시 ××의류 무역회사 사장의 명의로, 사장님과 사장님을 단장으로 한 상무시찰단이 시찰과 아울러 다음 연도 합작 협의서 등의 문제를 상담하고 서명하기 위해 한국에 오는 것을 영광스럽게 초청합니다.

　첨부: 시찰단 명단

성명	직위	성별	출생일시	한국체류기간	연락전화
×××	회장	남	××××년 ×월 ×일	××××년 ×월 ×일 – ××××년 ×월 ×일	××××-××××
×××	부회장	여	××××년 ×월 ×일	××××년 ×월 ×일 – ××××년 ×월 ×일	××××-××××
×××	사장	남	××××년 ×월 ×일	××××년 ×월 ×일 – ××××년 ×월 ×일	××××-××××

　이상 인원은 이 초청서에 의거하여 상하이 주재 한국영사관에서 입국 비자 수속이 가능합니다.

한국 서울시 ××의류 무역회사

사장: ×××(서명)

××년 ×월 ×일

상용 단어 및 구문

以～名义

~의 명의로.

- 兹定于本月一日我们在本市**以**××先生的**名义**开设绸缎棉布行，特此奉告。
  이에 금월 1일 우리는 본 시에서 ×× 씨 명의로 주단면포점을 개설하기로 결정하고, 이에 알려드립니다.

- 未经同意，代理公司无权**以**制造商的**名义**接受付款。
  동의를 거치지 않으면, 대리회사는 제조상의 명의로 지불받을 권한이 없습니다.

以～为首

~를 우두머리[대표]로 하다.

- 在该公司，已经形成了**以**×××总经理先生**为首**的管理核心。
  그 회사에서 이미 ××× 사장을 대표로 하는 중심 관리 기구가 형성되었습니다.

- **以**CEO×××先生**为首**的该集团访问团已经于昨日下午抵达汉城。
  ××× CEO를 단장으로 하는 그 그룹 방문단이 이미 어제 오후 서울에 도착했습니다.

洽谈

상담하다.

- 欢迎外国朋友和国内各界人士前来观光游览，**洽谈**贸易，兴办事业，共图繁荣。
  외국 인사들과 국내 각계 인사들이 와서 관광·무역상담·사업추진·번영도모 등을 하는 것을 환영합니다.

- 如有需要，随时愿意与阁下**洽谈**。
  필요할 경우 수시로 귀하와 상담하기를 원합니다.

签订

서명하다.

- 本合同于2002年1月7日在中国山东省威海市**签订**。
  본 계약은 2002년 1월 7일 중국 산동성(山东省) 웨이하이시(威海市)에서 서명합니다.

- 期满后，双方如愿意继续合作，可延期3年或重新**签订**合同。
  기간 만료 후, 쌍방이 계속 합작하기를 원한다면 3년 연장하거나 혹은 다시 계약에 서명할 수 있습니다.

年度

연도.

- 我们对贵公司2001**年度**的代理销售额表示满意。
  우리는 귀 회사의 2001년도 대리 판매액에 만족합니다.

- 公司董事会已经批准总经理提出的**年度**财务报告。
  회사 이사회는 사장이 제출한 연도 재무보고를 이미 비준했습니다.

董事长

이사장, 회장.

- 合同规定, 该公司**董事长**由甲方人员担任, 副董事长由乙方人员担任。
  계약 규정에 따라서, 그 회사 이사장은 갑측 인원이 맡고, 부이사장은 을측 인원이 맡는다.

- 我公司**董事长**×××先生已经详细审阅了你方的项目申请书。
  우리 회사 ××× 이사장님께서 귀측 신청서를 이미 상세히 검토했습니다.

驻

주재하다.

- 该项事务我们已委托我公司**驻**华首席贸易代表进行处理。
  우리는 이미 우리 회사 중국 주재 수석 무역대표에 그 사무 처리를 위탁했습니다.

- 我们已经安排3名售后服务人员派**驻**现场随时为您服务。
  우리는 이미 애프터 서비스 인원 3명을 조달 파견하여 현장에 주재하면서 수시로 귀하를 위해 서비스하도록 했습니다.

致中国丝绸节组委会感谢函

韩国汉城市××丝织品进出口公司

000-000 韩国汉城××区××洞××号
Tel: 0082-2-000-0000　　Fax: 0082-2-000-0000

感谢函

第×届中国丝绸节组委会
尊敬的××先生，××小姐：

您好！

我方代表团在参加第×届中国丝绸节期间，受到贵方热情接待，特去信向你们及组委会全体工作人员表示衷心的感谢！

中国的丝绸像苏州、杭州的美景一样迷人，给我们留下了极深的印象，我公司正在拟定一个进口中国丝绸的计划。相信我们之间将有广阔的合作前景。

致以
崇高的敬礼！

韩国汉城市××丝织品进出口公司
总经理：×××（签字）
××年×月×日

중국 비단축제 조직위원회에 보내는 감사문

한국 서울시 ××실크 무역회사

주소
전화, 팩스

감사문

제 ×차 중국 비단축제 조직위원회

존경하는 ××(Mr.), ××(Miss):

안녕하십니까!

우리 측 대표단이 제 ×차 중국 비단축제에 참가하는 기간 동안 귀측의 따뜻한 접대를 받았기에, 특별히 문서를 보내 두 분 및 조직위원회 전체 관련 종사자에게 충심으로 감사를 표합니다.

중국의 비단은 쑤저우(苏州)·항저우(杭州)의 아름다운 경치와 마찬가지로 매혹적이어서 우리에게 아주 깊은 인상을 남겼고, 우리 회사는 중국 비단을 수입할 계획을 입안하는 중입니다. 우리 사이에 앞으로 합작 전망이 밝음을 믿습니다.

이에 삼가 경의를 표하는 바입니다.

한국 서울시 ××실크 무역회사

사장: ×××(서명)

××년 ×월 ×일

상용 단어 및 구문

受到

받다.

- 该公司新推出的礼品系列**受到**顾客的热烈欢迎。
  그 회사가 새로 내놓은 선물 시리즈가 고객의 뜨거운 환영을 받았습니다.

- 我方代表团在华期间**受到**热情款待。
  우리 측 대표단은 중국 주재 기간 동안 뜨거운 환대를 받았습니다.

接待

접대하다, 맞이하다.

- 该宾馆自从99年7月份以来共**接待**了国内外游客达5000人次, 赢得了用户的赞誉。
  그 호텔은 99년 7월 이래로 국내외 여행객 도합 연인원 5,000명을 맞이하여, 고객의 찬사와 영예를 얻었습니다.

- 受该公司委托, 我们将**接待**韩国××银行高级研究员×××先生一行来华考察。
  그 회사 부탁을 받아, 우리는 한국 ××은행 ×××고급 연구원 일행이 중국에 시찰오는 것을 접대할 예정입니다.

衷心

충심.

- 在此谨再**衷心**感谢贵公司的赞赏, 并请继续保持联络。
  이에 귀 회사의 칭찬에 다시 한번 충심으로 감사드리며, 아울러 계속 연락을 유지해주시기 바랍니다.

- 对此, 我表示**衷心**的祝贺。
  이에 대해 우리는 충심으로 축하합니다.

迷人

사람을 매혹시키다.

- 大连气候温和, 风景**迷人**, 给我们访问团留下了深刻印象。
  따리엔은 기후가 온화하고 풍경이 매혹적이어서 우리 방문단에게 깊은 인상을 주었습니다.

- 这里的景色非常**迷人**。
  여기 경치는 대단히 매혹적입니다.

印象

인상.

- 我们对贵公司×××总经理雷厉风行的工作作风**印象**深刻。
  우리는 귀 회사 ××× 사장님의 신속하고도 엄정한 업무 태도에 깊은 인상을 받았습니다.

- 贵公司的接待和贵公司的产品给我们留下了很好的**印象**。
  귀 회사 접대와 상품은 우리에게 좋은 인상을 남겼습니다.

之间

~사이.

- 为了进一步加强中韩两国**之间**的经济合作, 中韩两国政府于1994年6月在北京签署了《关于成立中韩产业合作委员会的协定》。
  중한 양국 사이의 경제 합작을 더 한층 강화하기 위해, 중한 양국 정부는 1994년 6월에 베이징에서 《중한산업합작위원회 성립에 관한 협정》에 서명했습니다.

- 除非你们能够设法答应给我们进一步减价, 否则, 我们不得不中断我们**之间**很愉快的协议。
  귀측이 우리에게 가격을 더 내려주는 것에 응낙할 수 없다면 우리 사이의 유쾌한 협의를 중단하지 않을 수 없습니다.

前景

전망.

- 我们双方在此项目上的首次交易为我们在更多领域开展合作展示了广阔的**前景**。
  이 항목에서 우리 쌍방의 첫 교역은 우리가 더 많은 영역에서 합작할 수 있는 많은 전망을 보여주었습니다.

- 这类产品的销售**前景**不错, 但由于在本地并不普及, 我们暂时不会大量自行订货。
  이 상품은 판매 전망이 좋습니다만, 아직 이곳에서 널리 알려지지 않았으므로, 우리는 현재로서는 대량 주문하지는 못합니다.

崇高

숭고하다.

- 我们年轻人应胸怀**崇高**、远大的理想。
  우리 젊은 사람들은 원대하고 숭고한 이상을 가슴에 품어야 한다.

- 谨致以**崇高**的敬礼!
  이에 삼가 숭고한 경의를 표하는 바입니다!

致韩国××服装公司感谢函

中国上海市××服装进出口公司

韩国汉城市××服装进出口公司
尊敬的×××总经理先生:

您好!

我方代表团在贵国考察期间受到贵公司盛情款待,在此谨向总经理先生及贵公司同仁表示真诚的感谢!

这次考察期间,我们有幸参观了贵公司及下属服装加工厂,贵方先进的生产设备和新颖的服装设计使我们大开眼界。下一年度合作协议的签订将为我们未来的合作开辟更加广阔的前景。再次感谢贵方的密切合作。

致以
崇高的敬礼!

中国上海××服装进出口公司
总经理:×××(签字)
××年×月×日

地址:中国上海市××区××路××号　　　邮政编码:200000
电话:086-21-0000-0000　　　传真:086-21-0000-0000

한국 ××의류회사에 보내는 감사문

중국 상하이 ××의류 무역회사

한국 서울시 ××의류 무역회사
존경하는 ××× 사장님께:

안녕하십니까!

우리 측 대표단이 귀국에서의 시찰 기간에 귀 회사의 뜨거운 환대를 받아, 이에 사장님과 귀 회사 관계자 여러분께 삼가 진심으로 감사드립니다.

이번 시찰 기간에 우리는 다행스럽게도 귀 회사 및 소속 의류 가공공장을 참관하였으며, 귀측의 선진적인 생산설비와 최신 의류 디자인은 우리의 안목을 크게 넓혀주었습니다. 다음 연도 합작 협의서 서명은 우리의 미래의 합작에 더욱 넓은 전망을 열어주었습니다. 귀측의 긴밀한 합작에 다시 한번 감사드립니다.

이에 삼가 경의를 표하는 바입니다.

중국 상하이 ××의류 무역회사
사장: ×××(서명)
××년 ×월 ×일

주소, 전화, 팩스

상용 단어 및 구문

盛情

정성이 어리다, 정 넘치다.

- 在韩国, 我们受到了贵公司的**盛情**款待。
  한국에서 우리는 귀 회사의 정 넘치는 환대를 받았습니다.

- 感谢贵公司×××总经理的**盛情**邀请, 但是非常遗憾, 我因故不能出席贵公司举办的国际经济论坛。
  귀 회사 ××× 사장님의 따뜻한 초청에 감사드립니다. 그러나 대단히 유감스럽게도 제게 사정이 있어서 귀 회사가 주최하는 국제경제 포럼에 참석하지 못하게 되었습니다.

款待

환대.

- 未知是否需代为安排旅馆膳宿？请尽早赐知, 以便早作准备, **款待**贵客。
  대신 숙식을 안배할 필요가 없는 지 모르겠습니다. 미리 준비하여 귀빈을 잘 환대할 수 있도록 가능한 한 빨리 알려주시기 바랍니다.

- 在此真诚感谢贵公司的盛情**款待**。
  이에 귀 회사의 뜨거운 환대에 진심으로 감사드립니다.

真诚

정성[진심]이 어리다.

- 我方认为, 我们与贵公司的合作态度是**真诚**的。
  우리 측은 우리와 귀 회사의 합작 태도가 진실되다고 생각합니다.

- 我们再次**真诚**地邀请贵公司×××总经理来韩考察。
  우리는 귀 회사 ××× 사장님께서 한국에 오셔서 시찰하시기를 다시 한번 진심으로 초청합니다.

下属

아래에 속하다, 부하.

- 我本人曾是贵公司×××总经理的**下属**。
  저는 일찍이 귀 회사 ××× 사장님의 부하였습니다.

- 我们公司是一个大型多元化的集团公司, **下属**分公司达60余家。
  우리 회사는 다원화된 대형 그룹으로, 소속 지사가 60여개에 달합니다.

生产设备

생산 설비.

- 近年来, 中国向韩国出口的大型**生产设备**逐渐增加。
  최근 중국이 한국에 대형 생산설비를 수출하는 것이 점차 증가하고 있습니다.

- 在主要**生产设备**的安装过程中, 你方必须派出技术人员进行现场指导。
  주요 생산설비를 설치하는 과정에서 귀측은 반드시 기술 인원을 파견하여 현장 지도를 실시해야 합니다.

新颖

최신(유행)이다.

- 从×× 公司获悉贵公司制作了一系列款式**新颖**的皮革手提包。
  귀 회사가 최신 스타일의 가죽 핸드백을 제작했다는 것을 ×× 회사를 통하여 알게 되었습니다.

- 如对流行玩具有**新颖**构思, 烦请不吝赐教。
  유행 완구에 대한 최신 구상이 있으시면, 아낌없이 가르쳐주시기 바랍니다.

服装设计

의류 디자인.

- 我们公司大部分**服装设计**人员都是**服装设计**专业毕业的。
  우리 회사 대부분 의류 디자인 인력은 모두 의류 디자인 전공 졸업입니다.

- 贵公司的**服装设计**样式新颖, 很受我地区顾客欢迎。
  귀 회사의 의류 디자인 스타일이 최신이라, 우리 지역 고객의 많은 환영을 받습니다.

大开眼界

안목을[시야를] 크게 열다[넓히다].

- 贵公司关于机器人的展示令我们**大开眼界**。
  로봇 관련 귀 회사 전시회는 우리 안목을 크게 넓혀주었습니다.

- 经过为期10天的对贵国纺织工业的考察, 我们**大开眼界**。
  10일에 걸친 귀국 방직공업 시찰을 통하여 우리는 안목을 크게 넓혔습니다.

韩国新建公司开业通知函

韩国汉城市××儿童服装公司

000-000 韩国汉城××区××洞××号
Tel: 0082-2-000-0000　　Fax: 0082-2-000-0000

韩国汉城市××儿童服装公司开业通知

中国北京市××服装进出口公司
尊敬的总经理先生：

　　为进一步开发和销售新一代儿童服装，韩国汉城市××儿童服装公司于××年×月×日在汉城市上述地址开业。特此奉告。

　　敝人曾多年在××公司任经理，在职期间曾与贵公司有巨额交易。这次独立建立自己的公司，还望贵公司多多关照。由于我与本地各著名服装公司均有往来，深信贵公司所委托的业务必会使您满意。兹附上本公司价格单一份，深信该低廉报价必将引起您的兴趣。对此，我们将企盼您在采购韩国服装时惠赐我们一份份额。对您的订单，我们将予以慎重与及时地处理。

　　对您的询价我方将非常欢迎，同时，也希望取得您的银行信誉谘询证书。此外，如蒙惠顾，在订货后请按订货总值用我方抬头开立一不可撤销的信用证。

　　企盼接到您的询价。

韩国汉城市××儿童服装公司

总经理：×××（签字）

××年×月×日

한국 신설 회사 개업 통지서

한국 서울시 ××아동복회사

주소
전화, 팩스

한국 서울시 ××아동복회사 개업 통지

중국 베이징시 ××의류 무역회사
존경하는 사장님께:

　　새로운 시대의 아동복을 더 한층 개발하고 판매하기 위해, 한국 서울시 ××아동복회사가 ××년 ×월 ×일 서울시 상술한 주소에서 개업합니다. 이에 삼가 알려 드립니다.

　　저는 여러 해 동안 ××회사에서 매니저로 있었으며, 재직 기간 동안 귀 회사와 거액의 교역을 한 바 있습니다. 이번에 독립하여 자신의 회사를 세웠는 바, 귀 회사의 변함없는 많은 보살핌을 바랍니다. 저는 이곳 각 저명한 의류회사와 모두 왕래가 있으므로, 귀 회사가 위탁하는 업무를 반드시 만족시켜드릴 수 있다고 굳게 믿습니다. 이에 본 회사의 가격표를 한 부 첨부하여 드리오며, 그 저렴한 가격이 반드시 귀하의 흥미를 끌 것임을 굳게 믿습니다. 이에 우리는 앞으로 귀하가 한국의 의류를 구매할 때 저희에게도 배당해주시기를 기다리겠습니다. 귀하의 주문을 우리는 신중하게 제때에 처리할 것입니다.

　　우리 측은 귀하의 가격 문의를 대단히 환영하며, 또한 귀하의 은행신용 자문 증서를 얻었으면 합니다. 이밖에 저희를 보살펴 이용해주신다면 물품 주문 이후 물품 주문 총액에 따라 우리 측 명의의 철회 불가 신용장을 개설해주시기 바랍니다.

　　귀하의 문의를 기대합니다.

한국 서울시 ××아동복회사

사장: ×××(서명)

××년 ×월 ×일

상용 단어 및 구문

进一步

한 걸음 나아가다, 한 걸음 전진하다.

- 双方商定, 在适当的时间, 就有关事项**进一步**洽商, 提出具体实施方案。
  쌍방은 적당한 시기에 관련 사항을 더 한층 상담하여 구체적 실시 방안을 제시하기로 결정했습니다.

- 为了能使您从我处取得**进一步**的信息, 随信附寄明信片一张。
  이 곳의 한 걸음 진전된 소식을 귀하에게 전하고자, 문서에 엽서 한 장을 첨부하여 보냅니다.

新一代

신세대.

- 在夏季到来之前, 我公司推出**新一代**空调产品。
  여름철이 오기 전에 우리 회사는 신세대 에어컨 상품을 내놓았습니다.

- 这种MP3播放机很受**新一代**年轻人的喜爱。
  이런 MP3 플레이어는 신세대 젊은이들이 아주 좋아합니다.

奉告

알리다. [상대방에게 알리는 것에 대한 겸양 표현]

- 届时, 请用明信片向我们查询, 本公司非常乐意**奉告**。
  그때 엽서를 이용하여 우리에게 문의하여 주시면, 매우 기쁘게 알려 드리겠습니다.

- 我已请多年在我公司担任经理的 ××× 先生做为我的合伙人。特此**奉告**。
  우리 회사에서 여러해 매니저를 맡았던 ××× 씨께 저의 동업자가 되어 달라고 이미 부탁했습니다.
  이에 알려 드립니다.

敝人

1인칭 겸양 표현.

- **敝人**欣闻您已接受我的报价。
  저는 귀하가 우리의 가격을 받아들이기로 했다는 것을 기쁘게 들었습니다.

- **敝人**因为健康原因, 非常遗憾地退出具体工作, 特此告知。
  저는 매우 유감스럽게도 건강 때문에 실무에서 물러났기에, 이에 알려 드립니다.

巨额

거액.

- 我公司在此项跨海大桥工程中有**巨额**投资。
  우리 회사는 이 해상대교 공사에 거액을 투자했습니다.

- 该公司董事长××× 先生在中国内地有**巨额**资产。
  그 회사 ××× 사장은 중국 내지에 거액의 자산이 있습니다.

独立

독립하다.

- 该合作公司实行统一管理，**独立**经营，统一核算。
  그 합작회사는 통일 관리를 시행하여, 독립 경영하고 통일 계산합니다.

- 由于不断发展壮大，该事业部已经从总公司分离出来，**独立**核算。
  그 사업부는 계속 발전하고 성장함으로써 이미 본사로부터 분리되어 독립 계산합니다.

还望

또한 ~바라다.

- 至今未复5月8日贵函，甚感歉疚，**还望**原谅。
  5월 8일 귀하의 문서에 지금까지 회답하지 않아 매우 죄송스러우며 또한 양해를 바랍니다.

- 今后**还望**各位代理商多多支持。
  이후 각 대리상의 많은 지지 바랍니다.

深信

깊이 믿다.

- 我方**深信**，在该公司的协助下，我们一定能尽快打开产品销路。
  그 회사의 협조 아래 우리는 반드시 가능한 한 빨리 상품 판로를 열 수 있으리라고 깊이 믿습니다.

- 对于合资企业当年盈利，我方**深信**不疑。
  합자기업이 당해년도에 이익을 낼 것임에 대하여 우리 측은 믿어 의심치 않습니다.

低廉

저렴하다.

- 该品牌凉鞋质地优良、价格**低廉**, 值得贵方大量进货。
  그 상표 샌들은 품질이 우수하고 가격이 저렴하여 귀측이 대량 수입할 만한 가치가 있습니다.

- 在较短时间内, 我公司以**低廉**的价格占领了市场。
  비교적 짧은 시간 안에 우리 회사는 저렴한 가격으로 시장을 점령했습니다.

企盼

바라다.

- 我谨代表敝公司全体员工, **企盼**贵方代表的到来。
  저는 삼가 저희 회사 전체 직원을 대표하여 귀측 대표의 왕림을 바라고 있습니다.

- 我们**企盼**您能在此批货物销售完毕后再次订货。
  우리는 귀하가 이번 화물 판매를 완료한 이후 다시 주문할 수 있게 되기 바랍니다.

份额

배당, 비율.

- 该公司微波炉产品在中国市场占有很大**份额**。
  그 회사 마이크로웨이브 스토브 상품은 중국 시장에서 많은 비율을 차지하고 있습니다.

- 在该公司的产品目录上, 产成品所占**份额**很低。
  그 회사 상품 목록에서 완성생산품이 차지하는 비율이 아주 낮습니다.

慎重

신중하다.

- 关于合资事宜, 我方认为还应**慎重**考虑。
  합자 건에 관하여 우리 측은 아직 신중히 고려해야 한다고 생각합니다.

- 有关签订订购合同之事, 我将**慎重**行事。
  구매 계약 서명 관련 건은 신중하게 처리할 것입니다.

> **总值**

총액.

- 该项保险由你方负责，按本合同**总值**110%投保。
  그 보험은 귀측이 책임을 맡으며, 본 계약에 따라 총액 110% 보험가입입니다.

- 买方在收到备货电传通知后或装运期前30天，开立以卖方为受益人的不可撤销信
  用证，其金额为合同**总值**的40％，计80000美元。
  구매 측은 화물 준비 팩스 통지를 받은 후 혹은 선적 운송기 30일 전에 판매측을 수익자로 하는 철회
  불가 신용장을 발행하며, 그 금액은 계약 총액의 40%, 80,000달러입니다.

韩国公司驻北京代销业务处开业通知函

韩国汉城市××汽车零部件进出口公司

000-000 韩国汉城××区××洞××号
Tel: 0082-2-000-0000　　Fax: 0082-2-000-0000

驻北京代销业务处开业通知

中国北京市××汽车公司
尊敬的总经理先生：
　　我们荣幸地通知您，我们已在北京市××区××路××号建立起了韩国××牌汽车零部件代销业务。
　　本公司与韩国汽车制造商有着广泛的交情与联系，加上充足的可支配的资金，我们相信能以最低价格满足贵公司的订货要求。如需采购，请予询价。我们相信将来您能给予惠顾。
　　　　致以
崇高的敬礼！

韩国汉城市××汽车零部件进出口公司
总经理：×××（签字）
××年×月×日

베이징 주재 한국회사 대리판매 사무소 개업 통지서

한국 서울시 ××자동차 부품 무역회사

주소
전화, 팩스

베이징 주재 대리판매 사무소 개업 통지

중국 베이징시 ××자동차회사

존경하는 사장님께:

　　우리는 영광스럽게 귀하께 통지합니다, 우리는 베이징시 ××구(区) ××로(路) ××호(号)에 한국 ××표 자동차 부품 대리판매 사무소를 세웠습니다.

　　본 회사는 한국 자동차 제조상과 광범위한 교류 및 연락을 유지하고 있고, 게다가 충분한 유동 가능 자금이 있어서, 우리는 귀 회사의 주문 요청에 최저 가격으로 만족시켜드릴 수 있으리라 믿습니다. 구매가 필요하시다면 가격을 문의해주시기 바랍니다. 앞으로 귀하가 보살펴 주시리라 믿습니다.

　　이에 숭고한 경의를 표합니다!

한국 서울시 ××자동차 부품 무역회사

사장: ×××(서명)

××년 ×월 ×일

상용 단어 및 구문

零部件

부품.

- 近年来, 中国电子**零部件**等高附加值商品对韩出口有所增加。
  근년에 중국 전자부품 등 고부가가치 상품의 한국 수출이 증가하고 있습니다.

- 我公司主要经销重型汽车**零部件**。
  우리 회사는 주로 중형(重型) 자동차 부품을 판매합니다.

代销业务

대리 판매 업무.

- 我公司从事该项产品的**代销业务**已满三年。
  우리 회사는 그 상품 대리 판매 업무에 종사한 지 이미 만 3년이 되었습니다.

- 欢迎从事我公司产品**代销业务**。
  우리 회사 상품 대리 판매 업무에 종사하는 것을 환영합니다.

制造商

제조상.

- 代理人有权接受用户对产品的意见和申诉, 及时通知**制造商**并关注**制造商**的切身利益。
  대리인은 상품에 대한 고객의 의견과 제소를 받으면 제때 제조상에 통지하고 아울러 제조상의 절실한 이익에 주의를 기울일 권한이 있습니다.

- **制造商**应帮助代理人的雇员获得代理产品的技术知识。
  제조상은 대리인의 고용 직원이 대리 상품의 기술 지식을 습득하는 것을 도와주어야 합니다.

广泛

광범위하다.

- 兹附上订单一份, 请特别注意交货日期, 因为我们已经就此货品做了**广泛**宣传, 故必须及时**收**到货物。
  이에 주문서 한 부를 첨부하며, 물품 인도 기일에 특히 주의를 기울여주시기 바랍니다. 우리는 이 물품을 이미 널리 선전해놓았기 때문에 반드시 제때에 물품을 받아야 합니다.

- 中韩双方就食品进出口等问题进行了**广泛**的接触和探讨。
  중·한 쌍방은 식품 수출입 등 문제에 대하여 광범위한 접촉과 토론을 하였습니다.

交情

교분, 우정을 나누다.

- 经过多年的合作, 我们与该地区的批发商有了很深的**交情**。
  다년간의 합작을 거쳐서, 우리는 그 지역 도매상과 아주 깊은 교분이 있습니다.

- 敝公司董事长×××先生与贵公司总经理×××先生**交情**很深。
  저희 회사 ××× 사장님이 귀 회사 ×××사장님과 교분이 아주 깊습니다.

充足

충족하다, 충분하다.

- 我们选择该公司为大中华区产品总代理, 有**充足**的理由。
  우리가 그 회사를 중국지역 상품 총대리로 선택한 것에는 충분한 이유가 있습니다.

- 现在该系列产品供货**充足**。
  현재 그 시리즈 상품의 물품 공급이 충분합니다.

可支配

배당[유동] 가능하다.

- 时近年底, 公司账上的**可支配**资金不多。
  연말에 가까워, 회사 구좌에 유동 가능 자금이 많지 않습니다.

- 我们有充足的**可支配**资金来支付该笔费用。
  우리는 그 비용을 지불할 충분한 유동 가능 자금이 있습니다.

采购

구매하다.

- 我公司拟**采购**下列各项货物, 希贵方能尽量就最低价报价。
  우리 회사는 아래 열거한 각 항 물품을 구매하고자 하오니, 귀측은 가능한 한 최적 가격을 알려주시기 바랍니다.

- 该位主管曾于××公司工作超过十年, 负责**采购**公司办公用品。
  그 담당자는 ××회사에서 10년 넘게 일을 하여, 회사 업무 용품 구매를 맡았습니다.

中国新建公司开业通知函

北京市××对外贸易公司

北京市××对外贸易公司开业通知

韩国汉城××对外贸易公司
尊敬的总经理先生：
　　本公司宣告，由××公司前任总裁×××与××公司前任总经理×××共同组建××对外贸易公司。公司设在北京市××区××路×××号。联系电话：086-10-0000-0000，传真：086-10-0000-0000。
　　为保持××公司和××公司原来的业务联系，我们对旧顾客仍然怀有深厚的感情和真诚的信赖。希望原来的客户与我们新公司继续保持业务联系。
　　　　此致
敬礼！

北京市××对外贸易公司
总经理：×××（签字）
××年×月×日

地址：北京市××区××路××号　　　邮政编码：100000
电话：086-10-0000-0000　　　传真：086-10-0000-0000

중국 회사 개업 통지서

베이징시 ××대외 무역회사

베이징시 ××대외 무역회사 개업 통지

한국 서울 ××대외 무역회사

존경하는 사장님께:

    본 회사는 ××회사 전임 ××× 총재와 ××회사 전임 ××× 사장 공동으로 ××대외 무역회사를 설립하였음을 알려 드립니다. 회사는 北京市××区××路××号에 위치해 있습니다. 연락 전화: 086-10-0000-0000, 팩스: 086-10-0000-0000.

    ××회사와 ××회사의 원래 거래 관계 유지를 위하여 우리는 이전 단골 고객께도 여전히 깊은 감정과 진심의 신뢰를 지니고 있습니다. 단골 고객께서는 우리 새 회사와 업무 관계를 계속 유지해주시기를 희망합니다.

안녕히 계십시오!

베이징시 ××대외 무역회사

사장: ×××(서명)

××년 ×월 ×일

주소, 전화, 팩스

상용 단어 및 구문

宣告

선고하다, 알려주다.

- 谨**宣告**, 自7月31日起, A公司和B公司合并为C公司, 并迁往××商业区新址, 今后通信请径寄上址为荷。
  삼가 알려드립니다, 7월 31일부터 A회사와 B회사가 합병하여 C회사가 되어, ××상업지역 새 주소로 이사하였으니, 이후 연락은 위의 주소로 직접 해주시면 감사하겠습니다.

- ××先生与××先生合伙经营的××公司经双方同意**宣告**解散。
  쌍방 동의를 거쳐서 ××씨와 ××씨가 동반 경영하는 ××회사의 해산을 선고합니다.

前任

전임하다, 전에 맡다.

- 该公司**前任**总经理现已到我公司任职。
  그 회사 전임 사장이 현재 우리 회사에서 임직하고 있습니다.

- 公司**前任**董事长×××先生一直很关心公司的运营情况。
  회사 ×××전임 사장은 줄곧 회사의 운영 상황에 아주 관심이 많았습니다.

组建

설립하다.

- 根据协议规定, 合营企业的**组建**费用由甲乙双方平均分担。
  협의 규정에 따라서, 합영기업 설립 비용을 갑 을 쌍방이 평균 부담한다.

- 由于各方的努力, 新**组建**的公司业绩飞速增长。
  갖가지 노력으로 말미암아, 새로 설립한 회사 업적이 나는 듯한 속도로 증가 성장하고 있다.

旧顾客(老顾客)

단골 고객.

- 在此次促销活动中, 我们对**老顾客**的价格更加优惠。
  이번 판매 촉진 활동에서 우리는 단골 고객에 대한 가격을 더욱 우대합니다.

- 我们是贵公司的**老顾客**。
  우리는 귀 회사의 단골 고객입니다.

怀有

(생각, 감정 등을) 품고 있다.

- 虽然是同行, 但我们对贵公司并未**怀有**敌意。
  같은 업종이긴 하지만 우리는 귀 회사에 결코 무슨 적의를 품고 있지 않습니다.

- 我们使用贵公司产品多年, 对贵公司**怀有**深厚的感情。
  우리는 귀 회사 상품을 다년간 사용하면서, 귀 회사에 깊은 정감을 품고 있습니다.

信赖

신뢰하다.

- 谢谢贵公司对我们的**信赖**, 并期望日后能为您继续提供服务。
  우리에 대한 귀 회사의 신뢰에 감사드리며, 아울러 이후 귀하를 위하여 계속 서비스를 제공할 수 있게 되기를 희망합니다.

- 关于所询 × × ×先生的情况, 谨此高兴地告知, 他是一位足以**信赖**的人。
  문의하신 × × × 씨의 상황에 대하여, 삼가 기쁘게 알려드리니, 그분은 충분히 신뢰할 수 있는 분입니다.

继续

계속(하다).

- 在感谢您过去惠予支持的同时, 希望对我新公司也**继续**给予信赖。
  귀하의 그동안 지지에 감사드리는 동시에 우리 새 회사에도 계속 신뢰를 보내주시길 희망합니다.

- 对您今后的订单, 我们将保证**继续**格外关照。
  귀하의 이후의 주문에 대하여 우리는 계속 각별히 관심을 쏟을 것을 보증합니다.

韩国××牌空调专卖店开业通知函

韩国××公司××空调专卖店

000-000 韩国汉城××区××洞××号
Tel: 0082-2-000-0000　　Fax: 0082-2-000-0000

韩国××公司××牌空调专卖店开业通知

敬启者：

本公司将于×月×日在北京市××区××路×××号开设一家专卖店，经营××牌空调各种型号的最新产品。同一型号空调柜机和壁挂机低于市场价格。无论是通过书信还是电话订货，我们都将竭尽全力，送货上门，免费安装，即日执行。

欢迎惠顾。

韩国××公司××牌空调专卖店

××年×月×日

한국 ××표 에어컨 전매점 개업 통지서

한국 ××회사 ××표 에어컨 전매점

주소
전화, 팩스

한국 ××회사 ××표 에어컨 전매점 개업 통지

말씀 드립니다:

　　본 회사는 ×월 ×일 베이징시 ××구 ××로 ×××호에 전매점을 개설할 예정이며, ××표 에어컨 각종 모델 최신 상품을 취급합니다. 동일 모델 에어컨 스탠드형과 벽걸이형이 시장 가격보다 저렴합니다. 서신이나 전화로 주문을 하면 우리는 전력을 다하여 물품을 배달해드리며, 무료 설치하며, 당일 실행합니다.

　　찾아주시기 바랍니다.

한국 ××회사 ××표 에어컨 전매점

××년 ×월 ×일

상용 단어 및 구문

开设

개설하다.

- 为了方便居住本地之顾客, 我方特在本地区**开设**分店。
  본지에 거주하는 고객의 편의를 위하여 우리 측은 본 지역에 분점을 개설하였습니다.

- 本人最近在王府井大街, **开设**一毛织品分店, 谨此通知。
  본인은 최근 왕푸징(王府井) 대로에 모직품 분점을 개설하였기에, 삼가 이에 알려 드립니다.

专卖店

전매점.

- 近年来, **专卖店**形式的销售额增长很快。
  최근, 전매점 형식의 판매액이 아주 빨리 증가합니다.

- 这条街上的摄像机**专卖店**很多。
  이 거리에 캠코더 전매점이 많습니다.

型号

사양, 형식, 모델.

- 相信贵公司对此**型号**必定满意, 并希望尽快收到订单。
  귀 회사는 이 모델에 반드시 만족하시리라 믿으며, 아울러 조속히 주문을 받을 수 있기를 희망합니다.

- 如贵公司可接受以此**型号**取代原**型号**, 我们便可立即安排装运。
  원래 모델 대신 이 모델로 받는 것을 귀 회사가 받아들인다면 우리는 즉시 선적 발송할 수 있습니다.

低于

~보다 낮다.

- 在本协议有效期内, 如果我公司每年自代理商处收款**低于**10万元人民币, 则我公司有权提前30天书面通知代理商解除本协议。
  본 협의 유효기간 안에, 만약 우리 회사가 매년 대리상으로부터 수령하는 금액이 인민폐 10만 위엔 미만이면, 우리 회사는 30일 전에 본 협의의 해제를 대리상에게 서면으로 통지할 권한이 있습니다.

- 我们所报价格已经**低于**给批发商的价格。
  우리가 제안한 가격은 도매상에 주는 가격보다 낮습니다.

전력을 다하다.

- 请贵公司放心, 对于交付我方经办的事宜, 我方必定**竭尽全力**。
  귀 회사는 안심하시기 바랍니다. 우리 측이 처리하도록 건네준 건에 대해 우리 측은 반드시 전력을 다할 것입니다.

- 我们要**竭尽全力**完成第三季度的任务计划。
  우리는 전력을 다하여 제3분기 임무 계획을 완성해야 합니다.

送货上门

문앞까지 배달하다.

- 对于阁下在网上订购之货品, 我们将在8小时内**送货上门**。
  귀하가 인터넷상에서 주문한 물품은 8시간 내에 배달해 드리겠습니다.

- 该家电营销商对所有售出的家电商品免费提供**送货上门**服务。
  그 가전 판매상은 판매한 가전 제품 배달 서비스를 무료로 제공합니다.

免费安装

무료 설치하다.

- 我公司对所销售的空调产品实行**免费安装**。
  우리 회사는 판매한 에어컨 상품 무료 설치를 실시합니다.

- 我们的中央空调系统是由厂家**免费安装**的。
  우리의 센트럴 에어컨 시스템은 공장에서 무료 설치합니다.

即日

즉일, 당일.

- 自**即日**起, 本公司热线电话改为: 8552252。
  당일로부터 본 회사 서비스 전화가 8552252로 바뀝니다.

- 我公司为扩展业务, **即日**起与××先生进行合伙经营, 其公司现已并入我公司名下。
  우리 회사는 업무 확장을 위하여 당일로부터 ××씨와 공동 경영을 실시하며, 그 회사는 현재 이미 우리 회사 명의에 편입되었습니다.

中国XX公司分公司开业通知函

北京市××家用电器经销总公司

北京市××家用电器经销总公司通州分公司开业通知

韩国汉城市××家用电器进出口公司
尊敬的总经理先生:
　　随着韩国家用电器在中国市场的拓展, 我们最近在通州设立了一家新的分公司。我们将该分公司业务委托于本公司创建人之一的×××经理。今后与贵公司的部分业务将由通州分公司负责。如有需求, 请与该分公司联系, 该分公司今后将尽全力效劳。

北京市××家用电器进出口经销总公司

总经理: ×××(签字)

××年×月×日

附: 分公司　地　　址: 中国北京通州××路××号
　　　　　　邮政编码: 100000
　　　　　　联系电话: 086-10-0000-0000
　　　　　　传　　真: 086-10-0000-0000

地址: 北京市××区××路××号　　　邮政编码: 100000
电话: 086-10-0000-0000　　　　　传真: 086-10-0000-0000

중국 ××회사 지사 개업 통지서

베이징시 ××가전기기 종합무역회사

베이징시 ××가전기기 종합무역회사 통저우(通州)지사 개업 통지서

한국 서울시 ××가전기기 무역회사
존경하는 사장님께:

　　한국 가전기기의 중국 시장 진출 확산에 따라, 우리는 최근 통저우(通州)에 새로운 지사를 설립하였습니다. 우리는 그 지사 업무를 본 회사 설입자 중 하나인 ××× 매니저에게 맡겼습니다. 이후 귀 회사의 일부 업무를 통저우 지사에서 맡을 것입니다. 필요하실 경우 그 지사와 연락하시기 바라며, 그 지사는 이후 전력을 다하여 노력할 것입니다.

베이징시 ××가전기기 종합무역회사

사장: ×××(서명)

××년 ×월 ×일

첨부: 지사　주　　소: 중국 北京通州××路××号
　　　　　우편번호: 100000
　　　　　연락전화: 086-10-0000-0000
　　　　　팩　　스: 086-10-0000-0000

주소, 전화, 팩스

상용 단어 및 구문

随着～

～를[을, 에] 따라서.

- **随着**金融危机的逐步消除, 韩国对华投资新签合同大幅增加。
  금융위기가 점차 해소됨에 따라, 한국의 중국 투자 새로운 계약 체결이 대폭 증가하고 있습니다.

- **随着**本公司与中国贸易不断增长, 我们在北京新开设一家分公司。
  본 회사와 중국의 무역이 끊임없이 증가함에 따라, 우리는 베이징에 새로이 지사를 개설했습니다.

拓展

개척 발전[확장]하다.

- 该地区代理人在所辖区域内认真**拓展**用户。
  그 지역 대리인은 관할 지역에서 성실하게 고객을 확장시키고 있습니다.

- 经过精耕细作, 该产品的国内市场得到进一步**拓展**。
  정성스럽고 세심한 노력을 거쳐서 그 상품의 국내 시장이 한층 확장되었습니다.

分公司

분사, 지사.

- 有关此事, 请您与我们厦门**分公司**×××先生联系。
  이 일에 관하여, 귀하는 우리 샤먼(厦门) 지사 ××× 씨와 연락하시기 바랍니다.

- 2000年来, 我们在中国已经开设了6家**分公司**。
  2000년 이래, 우리는 중국에 이미 6개 지사를 개설했습니다.

创建人

설립자, 창건자.

- 我公司的**创建人**是中国国家副主席×××先生。
  우리 회사 설립자는 중국 국가 부주석 ×××입니다.

- ×××先生是我公司的**创建人**之一。
  ××× 씨는 우리 회사 설립자 중의 한 분입니다.

部分业务

일부 업무.

- 该公司把所属**部分业务**交给专业的物流企业来做。
  그 회사는 일부 소관 업무를 전문 물류기업에게 넘겨주었습니다.

- 谢谢您帮助我公司承揽该项工程的**部分业务**。
  우리 회사가 그 공사의 일부 업무를 맡을 수 있게 도와주신 귀하께 감사드립니다.

需求

수요.

- 经过市场调研, 该地区对此商品**需求**较多, 但购买力较差。
  시장 조사 결과, 그 지역에서 이 상품 수요는 많으나, 구매력이 상당히 떨어집니다.

- 一季度原油**需求**强劲。
  1분기 원유 수요가 강세입니다.

效劳

(~를 위하여) 노력하다, 모시다, 섬기다.

- 我们公司的售后服务是终生的, 一旦您购买了我们的产品, 我们将会全力为您**效劳**。
  우리 회사는 평생 애프터 서비스를 실시합니다. 일단 귀하가 우리 상품을 구매하시면, 우리는 전력을 다하여 귀하를 위하여 노력할 것입니다.

- 今后如有吩咐, 我们将乐于为您**效劳**。
  이후 분부가 있으면, 우리는 즐겁게 귀하를 위하여 노력할 것입니다.

对开业通知函的复函

中国北京市××服装进出口公司

对开业通知函的复函

韩国汉城市××儿童服装公司
尊敬的总经理先生:
　　贵公司×月×日函收悉。对于贵公司的开业特表示热烈祝贺。
　　如果条件适宜, 我们将考虑与你们开展业务, 购买贵公司经营的儿童服装。我们希望收到贵公司最新商品目录及报价单, 并请告知我们全部折扣率及信用证的有效期限, 以便大量采购。
　　希望尽快收到回信。

中国北京市××服装进出口公司
总经理: ×××(签字)
××年×月×日

地址: 北京市××区××路××号　　　　邮政编码: 100000
电话: 086-10-0000-0000　　　　传真: 086-10-0000-0000

개업 통지에 대한 답신

중국 베이징시 ××의류 무역회사

개업통지에 대한 답신

한국 서울시 ××아동복회사

　　존경하는 사장님께:

　　×월 ×일 귀 회사 서신을 잘 받았습니다. 귀 회사 개업을 축하합니다. 조건이 적절하다면 우리는 귀측과 거래를 맺어서 귀 회사가 취급하는 아동복 구매를 고려하고자 합니다. 귀 회사 최신상품 목록과 가격표를 받기를 원하며, 아울러 대량 구매에 편하도록 전체 할인률 및 신용장 유효 기한을 우리에게 알려주시기 바랍니다.

　　가능한 한 빨리 회신해주시기 바랍니다.

중국 베이징시 ××의류 무역회사

사장: ×××(서명)

××년 ×월 ×일

주소, 전화, 팩스

상용 단어 및 구문

热烈

뜨겁다, 열렬하다.

- **热烈**祝贺贵公司通过ISO9002质量认证。
  귀 회사가 ISO9002 품질 인증에 통과한 것을 열렬히 축하합니다.

- 我公司**热烈**欢迎国内外的新老客户前来洽谈业务, 开展合作, 谋求共同发展。
  우리 회사는 국내외 신규 · 단골 고객들이 찾아와 업무 상담하고 합작을 펼치고 공동 발전을 꾀하는 것을 열렬히 환영합니다.

条件

조건.

- 只有在你方大幅度降低价格的**条件**下, 我们才能接受这批衬衫。
  귀측이 가격을 대폭 낮춘다는 조건하에서만 우리는 이 셔츠를 받아들일 수 있습니다.

- 从你方来函中得知, ××客户对该**条件**不甚满意, 我们深表遗憾。
  귀측이 보내온 서신을 통해서 ××고객이 그 조건에 별로 만족하지 않는다는 것을 알게 되어, 우리로서는 매우 유감입니다.

适宜

적절하다, 적정하다.

- 请贵公司在货物装运前, 选择尺寸及箱型**适宜**的集装箱。
  귀 회사는 화물을 선적하기 전에 사이즈 및 모양이 적절한 컨테이너를 선택해주시기 바랍니다.

- 珠海市致力于成为一个**适宜**发展计算机软件和生物技术的城市。
  주하이시(珠海市)는 컴퓨터 소프트웨어와 바이오 기술을 발전시키기에 적절한 도시가 되도록 힘을 쏟고 있습니다.

开展

개척하다, 열다, 시작하다.

- 该公司希望与本公司**开展**交易, 已指定贵处为信用出证人。
  그 회사는 본 회사와 교역을 열기를 희망하여, 이미 귀처를 신용보증인으로 지정하였습니다.

- 我方特给予贵方优惠, 望能有助贵公司**开展**对我方产品的推广。

  우리 측은 특히 귀측에 우대를 해주어, 귀 회사가 우리 측 상품의 판로를 확장하는 데 도움이 될 수 있기를 기대합니다.

折扣率

할인율.

- 请贵公司告知现金支付的最佳条件和**折扣率**。

  귀 회사는 현금 지불 최적 조건과 할인율을 알려주시기 바랍니다.

- 贵公司寄来的价格表、**折扣率**、成交条件和样品均已**收到**。

  귀 회사가 보낸 가격표 · 할인율 · 교역성사조건과 샘플을 모두 받았습니다.

有效期限

유효 기한.

- 本协议**有效期限**为一年, 自商品抵达目的港日计算。

  본 협의 유효 기한을 1년으로 하며, 상품이 목적항에 도달한 날로부터 계산한다.

- 本合同**有效期限**: 2001年12月26日至2003年12月25日。

  본 계약 유효 기한: 2001년 12월 26일부터 2003년 12월 25일까지.

大量

대량.

- 在现今利率高昂的前提下, 贵公司所规定的付款方法占用了我们**大量**资金。

  지금처럼 금리가 치솟는다는 전제하에서, 귀 회사가 규정한 지불 방법은 우리의 자금을 대량 점용했습니다.

- 我们已决定寄出样品, 请贵公司试销。如果这次试销结果令人满意, 我们将考虑**大量**委托销售。

  우리는 샘플을 보내기로 결정하였으니, 귀 회사는 시판해보시기 바랍니다. 이번 시판 결과에 만족하면 우리는 대량 위탁 판매를 고려할 것입니다.

公司解散与改组通知函

韩国汉城市××对外贸易公司

000-000 韩国汉城××区××洞××号
Tel: 0082-2-000-0000   Fax: 0082-2-000-0000

韩国汉城市××对外贸易公司关于解散与改组的通知

中国北京市对外贸易总公司
尊敬的总经理先生：

　　本公司经全体合伙人的同意后，决定从今日解散。该公司合伙人之一的李××先生被指定为清算人，负责料理善后债务清偿工作。凡应偿应付债务请与他清算。也许您已从金××先生处得到通知，他有意与金××合伙组织汉城××商会，继续在原址从事同类业务。十分感谢您以往对我们的照顾，并希望将来继续对汉城××商会给予关照为荷。

韩国汉城市××对外贸易公司
总经理：×××（签字）
××年×月×日

회사 해산과 조직 개편 통지서

한국 서울시 ××대외 무역회사

주소
전화, 팩스

한국 서울시 ××대외 무역회사 해산과 조직 개편에 관한 통지

중국 베이징시 대외 무역회사
존경하는 사장님께:

　　본 회사는 전체 동업자의 동의를 거쳐서, 오늘부터 해산하기로 결정하였습니다. 회사 동업자 중 한 사람인 이(李)×× 씨가 청산인으로 지정되어, 채무 청산 상환 작업을 깨끗이 마무리하는 책임을 맡았습니다. 상환하거나 지불해야 할 채무는 그분과 청산해주시기 바랍니다. 귀하는 이미 김(金)×× 씨로부터 통지를 받았을 것입니다만, 그분은 김×× 씨와 동업으로 서울 ××상회를 설립하여 원래 주소에서 계속 같은 업종에 종사하고자 하는 뜻을 가지고 있습니다. 그동안 귀하가 우리를 보살펴주신 것에 매우 감사드리며, 앞으로 계속해서 서울 ××상회에 관심을 가지고 보살펴주시면 감사하겠습니다.

한국 서울시 ××대외 무역회사
사장: ×××(서명)
××년 ×월 ×일

상용 단어 및 구문

合伙人

동업인, 동업자.

- 我已请在我公司担任顾问多年的张××先生做我的**合伙人**。
  저는 이미 우리 회사에서 다년간 고문을 맡았던 장(張)×× 씨에게 저의 동업자가 되어달라고 부탁했습니다.

- 由于我的朋友及**合伙人**××先生去世, 我公司宣告解散。
  저의 친구이자 동업자인 ×× 씨가 세상을 떠났기 때문에 우리 회사는 해산을 선고합니다.

决定

결정하다.

- 该公司**决定**于5月21日试营业。
  그 회사는 5월 21일에 영업을 시도하기로 결정했습니다.

- 本合营企业的章程规定, 董事会**决定**合营公司的一切重大事宜。
  이사회는 합영회사의 모든 중대한 일을 결정한다고 본 합영기업 장정에서 규정하고 있습니다.

料理

처리하다.

- 我们商社在北京的分店已交由×××先生**料理**。
  우리 상사 베이징 분점은 이미 ××× 씨가 처리하도록 넘겼습니다.

- 感谢贵会社在我公司董事长×××先生的后事**料理**中的给予的帮助。
  우리 회사 ××× 사장님이 뒷일을 처리하는 과정에서 귀 회사가 도움을 준 것에 감사드립니다.

善后

사후 처리를[수습을] (잘) 하다, 마무리[뒷수습]을 하다.

- 这项生产事故的**善后**处理工作正在有序地进行。
  이 생산 사고의 사후 처리 작업이 차례대로 진행 중에 있습니다.

- 该会社在得知其产品存在功能缺陷后, 并没有及时对中国区域内的产品进行**善后**处理。
  그 회사는 그 상품에 성능 결함이 있다는 것을 알게 된 후, 중국 지역내 상품에 제때 사후 처리를 진행하지 않았습니다.

债务

채무.

- 该公司年底之前将基本偿清其对外**债务**。
  그 회사는 연말 전에 대외 채무를 기본적으로 상환 청산할 예정입니다.

- 这笔不良**债务**给我公司的生存和发展造成了沉重的负担。
  이 불량 채무는 우리 회사의 생존과 발전에 무거운 부담을 안겨주었습니다.

清偿

상환 청산하다.

- 据观察, 该企业在债务**清偿**能力方面表现很好。
  관찰 결과, 그 기업은 채무 상환 능력이 좋은 것으로 나타났다.

- 该公司因经营管理不善造成严重亏损, 无法**清偿**到期债务。
  그 회사는 경영 관리 잘못으로 막대한 손실을 초래하여 기일이 도달한 채무를 상환할 방법이 없다.

清算

청산하다.

- 部分股东对董事会提出的**清算**程序及原则提出了不同意见。
  이사회가 제시한 청산 절차 및 원칙에 일부 주주는 다른 의견을 제시했습니다.

- 由于合同期满, 双方正在对合资公司的财产进行**清算**。
  계약 기한이 만료되어, 쌍방은 합자회사 재산 청산을 진행하고 있습니다.

原址

원래 장소[주소].

- 该交易市场将迁至四环路附近, 投资方准备在**原址**建造大型广场。
  그 교역시장은 스환루(四环路) 부근으로 옮겨갈 예정이며, 투자측은 원래 장소에 대형 광장을 건축할 예정입니다.

- 自即日起, 我公司由**原址**迁往××区××路××号××大厦。
  당일로부터 우리 회사는 원래 주소에서 ××구 ××로 ××호 ××빌딩으로 이사합니다.

公司主持人变更通知函

中国北京市××家用电器经销总公司

关于昌平分公司主持人变更的通知

韩国汉城市××家用电器进出口公司
尊敬的总经理先生：

　　北京市××家用电器经销总公司昌平分公司经理张××先生因工作需要调回总公司任职，分公司经理由王××女士担任，特此奉告。

　　新上任的王××经理在总公司的领导下，将保证为客户提供最优质的服务。

北京市××家用电器经销总公司

总经理：×××（签字）

××年×月×日

地址：北京市××区××路××号　　　　邮政编码：100000
电话：086-10-0000-0000　　　　传真：086-10-0000-0000

회사 책임자 변경 통지서

베이징시 ××가전기기 판매총공사

창핑(昌平) 지사 책임자 변경 통지

한국 서울시 ××가전기기 무역회사

존경하는 사장님께:

　　베이징시 ××가전기기 판매총공사 창핑(昌平) 지사 매니저 장(張)×× 씨가 업무상 필요에 따라 본사로 복귀하고, 지사 매니저는 왕(王)×× 여사가 맡게 되었기에, 이에 삼가 알려드립니다.

　　새로 부임한 왕×× 매니저는 본사의 지도 아래 고객을 위하여 최우수 품질의 서비스를 제공할 것을 보증합니다.

베이징시 ××가전기기 판매총공사

사장: ×××(서명)

××년 ×월 ×일

주소, 전화, 팩스

상용 단어 및 구문

工作需要

작업 수요.

- 我们为各分公司配备的办公用品基本上能满足其**工作需要**。
  우리가 각 지사에 배분한 사무용품이면 기본적으로 작업 수요에 충분할 것입니다.

- 根据**工作需要**，×××先生到广州分公司担任经理职务。
  작업상 필요에 따라, ××× 씨가 광저우(广州) 지사 매니저 직무를 맡게 되었습니다.

任职

임직하다, 직무를[직책을] 맡다.

- 我公司已派出两名骨干成员到新公司**任职**。
  우리 회사는 이미 두 중추 인물을 새 회사로 파견하여 임직하게 했습니다.

- ×××先生现**任职**××公司行政副总裁。
  ××× 씨는 현재 ××회사 행정부총재를 맡고 있습니다.

担任

처리하다.

- 经过公司研究，决定由×××小姐**担任**该部门经理。
  회사의 검토를 거쳐서, ××× 씨에게 그 부서 매니저를 맡기기로 결정했다.

- 希望贵公司能**担任**我们的华北总代理。
  귀 회사가 우리의 후아베이(华北) 총대리를 맡아주시기 바랍니다.

调回

인사 이동하다, 인사 복귀하다, 조달하다.

- 响应港府刺激经济措施，很多香港企业从海外**调回**大量存款。
  홍콩 정부 경제 자극 조치에 호응하여, 많은 홍콩 기업이 해외로부터 대량의 잔고를 조달해 들여왔다.

- 2001年上半年，本人被**调回**总公司，担任副总经理职务。
  2001년 상반기 본인은 본사로 복귀되어 부사장 직무를 맡고 있습니다.

上任

부임하다.

- ×××先生**上任**一个月来, 公司上上下下变化很大。
  ××× 씨가 부임한 지 한 달 동안, 회사 위 아래가 크게 변화했습니다.

- 该公司新任总裁××× 先生已经走马**上任**。
  그 회사 신임 총재 ××× 씨가 이미 부임했습니다.

在~领导下

~의 지도 아래.

- **在**新的管理层的**领导下**, 公司业绩出现大幅度攀升。
  새로운 관리층의 지도 아래, 회사 실적이 대폭 상승했습니다.

- 该有限公司实行**在**董事会**领导下**的总经理负责制。
  그 유한회사는 이사회 지도하의 사장 책임제를 실행하고 있습니다.

将

~(으)로, ~을, ~일 것이다.

- 我们已经**将**样品寄出, 请您查收。
  우리는 이미 샘플을 보냈으니, 잘 받아보시기 바랍니다.

- 如贵公司能委任我方为包销商, **将**有助我方更积极地推广业务。
  귀 회사가 우리 측을 도매상으로 위임한다면, 우리 측이 더욱 적극적으로 업무를 추진하는 데 도움이 될 것입니다.

11장

상무회담문서

合资经营谈判纪要

中国××省国际信托投资公司与韩国××有限公司
合资经营××产品谈判纪要

××××年×月×日

参加会谈人员:
    甲方: 中国××省国际信托投资公司
        经理: ×××, ×××厂, 厂长×××
    乙方: 韩国××有限公司
        经理: ×××先生

甲乙双方代表于××××年×月×日在××市, 经过友好协商, 对在中国××市兴建合资经营企业, 生产××产品均感兴趣, 现将双方达成的初步意见纪要如下:

一、甲乙双方愿意共同投资×××万元人民币, 在中国××省××市建立合资经营企业, 生产××产品, 在中国境内外销售。

二、甲方拟以土地使用权、厂房、辅助设备和流动资金××万元人民币等作为投资, 约占总投资的51%; 乙方拟以外汇资金、先进机器设备和技术作为投资, 约占总投资的49%。

三、甲乙双方将就经营企业生产××产品的诸多事项进一步做好准备, 提出具体方案, 在三个月内寄给对方进行研究, 并定于××××年×月×日甲乙双方将派代表在××市进行商谈, 确定合资经营企业初步的方案, 为进行可行性研究做好准备。

    甲方: 中国××省国际信托投资公司   代表签字
        ×××厂   代表签字
    乙方: 韩国××有限公司   代表签字

합자경영 담판 요지 기록

중국 ××성 국제신탁투자회사와 한국 ××주식회사의 ××상품 합자 경영 담판 요지 기록

×××× 년 ×월 ×일

회담 참가 인원:
　　갑측: 중국 ××성 국제신탁투자회사
　　　　매니저: ×××, ×××공장, ×××공장장
　　을측: 한국 ××주식회사
　　　　매니저: ×××

　갑 을 쌍방 대표는 ××××년 ×월 ×일 ××시에서 우호적 협상을 통하여 중국 ××시에 합자경영기업을 세우고 ××상품을 생산하는 것에 대해 모두 흥미를 느끼고, 이에 쌍방이 도달한 초보적 의견의 요지를 아래와 같이 기록한다:

　一. 갑 을 쌍방은 공동으로 인민폐 ×××만 위엔을 투자하여, 중국 ××성 ×× 시에 합자경영기업을 건립하고, ××상품을 생산하여, 중국 국경 내외에서 판매하기를 원한다.

　二. 갑측은 토지사용권·공장건물·보조설비와 유동자금 인민폐 ××만 위엔 등을 투자하는 것으로 하고, 총 투자의 약 51%를 차지한다; 을측은 외화자금·선진기기설비와 기술을 투자하는 것으로 하고, 총 투자의 약 49%를 차지한다.

　三. 갑 을 쌍방은 기업 경영 및 ××상품 생산 등 제반 사항에 대하여 더 한층 준비하여 구체적 방안을 제시하고 3개월 안에 상대방에게 보내 검토하게 하고, ×××× 년 ××월 ××일 갑 을 쌍방이 대표를 파견하여 ××시에서 상담을 진행하여 합자경영기업의 초보적 방안을 확정하기로 하고, 실행 가능성 검토를 위하여 준비를 잘 한다.

　　갑측: 중국 ××성 국제신탁투자회사　대표 서명
　　　　×××공장　　　　　　　　　　대표 서명
　　을측: 한국 ××주식회사　　　　　대표 서명

상용 단어 및 구문

兴建

건설하다, 건축하다, 창설하다.

- 这项工程已经于2001年2月开工**兴建**。
  이 공사는 이미 2001년 2월에 착공했습니다.

- 我公司准备在此居民区**兴建**一座大型会员制超级市场。
  우리 회사는 회원제 대형 수퍼마켓을 이 주거지역에 건축할 예정입니다.

合资

합자하다.

- 我们的**合资**公司已经成立八年了。
  우리 합자회사는 설립한 지 벌써 8년 되었습니다.

- 1992年, 我们以**合资**方式进入中国市场。
  1992년, 우리는 합자 방식으로 중국 시장에 진출했습니다.

初步

초보적이다, 대체적이다.

- 经过介绍, 我们对该公司的生产流程有了**初步**了解。
  소개를 듣고 나서 우리는 그 회사의 생산 과정을 대체로 이해하게 되었습니다.

- 我方已申请中国商品检验局就货物质量和数量进行**初步**检验。
  우리 측은 화물의 품질과 수량을 초보 검사해달라고 이미 중국 상품검사국에 신청했습니다.

纪要

기요, 요점[요지] 기록.

- 我们撰写了"公司成立以来大事**纪要**", 请您审定。
  우리는 "회사 설립 이래 주요 사항 기록"을 써봤는데, 살펴봐주시기 바랍니다.

- 双方的会谈结果详见所附《会谈**纪要**》。
  쌍방 회담 결과의 상세한 내용은 첨부한 《회담요록》를 보십시오.

流动资金

유동자금.

- 该合营公司的投资总额为3000万元, 其中, 基本建设资金为2500万, **流动资金**为500万元。
  그 합영회사의 투자 총액은 3,000만 위엔으로, 그 중에서 기본건설자금이 2,500만 위엔이고 유동자금이 500만 위엔입니다.

- 经办公会研究, 公司总部决定向各分公司补充一部分**流动资金**。
  사무회 검토를 거쳐, 본사는 각 지사에 일부 유동자금을 보충하기로 결정했습니다.

投资

투자하다.

- 今年1－4月份, 中国共批准韩商来华**投资**623项, 协议韩资金额5.43亿美元。
  금년 1－4월 동안 중국은 한국 상사 중국 투자 도합 623건을 비준했는데, 협의된 한국 자금액은 5억 4천3백만 달러입니다.

- 经过治理, 我市的**投资**环境得到进一步改善。
  정리를 거친 결과, 우리 시의 투자환경이 더 한층 개선되었습니다.

外汇

외화.

- 我公司的产品外销量一般能满足本公司**外汇**支出的需要。
  우리 회사 상품 해외 판매량은 일반적으로 본 회사 외화지출 수요를 만족시킬 수 있습니다.

- 外汇有多种分类法, 按其能否自由兑换, 可分为自由**外汇**和记账外汇。
  외화는 여러가지 분류법이 있는데, 자유롭게 태환될 수 있는지 여부에 따라 자유외화와 기장외화로 나눌 수 있습니다.

可行性

실행 가능성.

- 按照协议, 双方正在撰写项目**可行性**报告。
  협의에 따라서, 쌍방은 항목 실행가능성 보고서를 작성 중입니다.

- 我们对该项目的设立进行了**可行性**分析。
  우리는 그 건 설립에 대한 실행가능성 분석을 진행했습니다.

合资经营备忘录

中国××公司××分公司与韩国××公司
在中国××市兴办合资项目备忘录

××年×月×日

中国××公司××分公司(简称甲方)与韩国×××公司(简称乙方)的代表,于××××年×月×日在中国××市就兴办合资项目进行初步协商,双方交换了意见,达成了谅解,双方的承诺如下:

一、依据双方的交谈,乙方同意就合资经营××项目进行投资,投资金额大约×××万美元。投资方式待进一步磋商。甲方所用的投资的厂房、场地、机器设备的作价原则和方法,亦待进一步协商。

二、关于利润的分配原则,乙方认为自己的投入既有资金,又出技术,应该占60-70%,甲方则认为应该按投资比例分成。没有取得一致意见。但乙方代表表示,利润分配比例愿意考虑甲方的意见,另定时间进行协商确定。

三、合资项目生产的××产品,乙方承诺在国际市场上销售年产量的45%,甲方希望乙方能提高销售额,达到70%,其余的在中国市场上销售。

四、工厂的规模、合营年限以及其它有关事项,均没有详细地加以讨论,双方都认为待上述第二项内容向各自的上级汇报确定后,其它问题都好办。

五、这次洽谈,虽未能解决主要问题,但双方都表达了合作的愿望。期望在今后的两个月内再行接触,以便进一步商洽合作事宜,具体时间待双方磋商后再定。

中国××公司××分公司　　　　　　韩国×××公司
代表×××(签章)　　　　　　　　代表×××(签章)

합자경영 비망록

중국 ××회사 ××지사와 한국 ××회사의
중국 ××시 합자건 비망록

××년 ×월 ×일

　중국 ××회사 ××지사(갑측이라 칭함)와 한국 ××회사(을측이라 칭함)의 대표는 ××××년 ×월 ×일 중국 ××시에서 합자하는 건에 초보적 협상을 진행하여, 쌍방이 의견을 교환하고, 양해에 도달하여, 쌍방은 아래와 같이 승낙한다:

　一. 쌍방이 대화를 나눈 것에 의거하여, 을측은 ××건을 합자 경영하는데 투자하는 것에 동의하고, 투자 금액은 대략 ×××만 달러로 한다. 투자 방식은 앞으로 더 상의한다. 갑측이 사용하는 투자 공장건물, 작업장, 기기설비의 가격 책정 원칙과 방법 역시 앞으로 더 협상한다.

　二. 이윤 분배 원칙에 관하여, 을측은 자기가 자금과 기술을 모두 제공하므로 60-70%를 차지해야 한다고 생각하고, 갑측은 투자 비례에 따라서 나누어야 한다고 생각하고 있다. 일치된 의견을 얻지 못했다. 그러나 을측 대표는 이윤 분배 비례에서 갑측의 의견을 고려하고자 하니 따로 시간을 정하여 협상하여 확정하기로 한다.

　三. 합자하여 생산하는 ××상품을 국제시장에서 연생산량의 45%를 판매하는 것에 을측은 승낙하고, 갑측은 을측이 판매액을 70%까지 올려주고 나머지를 중국 시장에서 판매하기를 희망한다.

　四. 공장의 규모·합자경영 연한 및 기타 관련 사항은 모두 상세하게 토론하지 않아, 쌍방 모두 상술한 제2항 내용을 각자의 상부에 보고하여 확정한 후 기타 문제를 모두 처리하기로 한다.

　五. 이번 상담에서 비록 중요한 문제를 해결하지는 못했지만, 쌍방 모두 합작의 소망을 표시했다. 이후 두 달 안에 다시 접촉하여 합작 건을 더 깊이있게 상의하기로 하고, 구체적 시간은 쌍방이 협의한 후에 정한다.

중국 ××회사 ××지사	한국 ×××회사
대표 ×××(날인)	대표 ×××(날인)

상용 단어 및 구문

简称

간략히 줄여서 ~라고 하다, 약칭 ~라고 하다.

- 杭州艺术节(**简称** "艺术节")已于10月1日开始举行。
  항저우(杭州)예술축제(약칭 "예술축제")가 10월 1일부터 거행되었다.

- 美国科学引文索引(Science Citation Index, **简称**SCI)是一个大型多学科综合性检索系统。
  미국과학인용색인(Science Citation Inde , 약칭 SCI)은 대형 종합 검색 시스템이다.

交换

교환하다.

- 中韩合作双方已就此事件**交换**了意见。
  중·한 합작 쌍방은 이 사건에 대해 이미 의견을 교환했습니다.

- 会谈之前, 宾主双方**交换**了礼物。
  회담 전에 쌍방은 선물을 교환했습니다.

谅解

양해하다. 이해하다.

- 我们已经在此问题上达成**谅解**。
  우리는 이 문제에서 이미 양해에 도달했습니다.

- 我公司就该公司的上述举措表示**谅解**。
  우리 회사는 그 회사의 상술한 행위에 이해를 표시했습니다.

亦待

(또한, 역시) ~하기까지 기다려 보아야 한다, ~해야 한다.

- 此外, 该公司产品是否属于倾销**亦待**证实。
  이 밖에 그 회사 상품이 덤핑 판매에 속하는지 여부는 실증을 기다려봐야 합니다.

- 另外, 我们之间的贸易纠纷**亦待**进一步探讨解决。
  그 밖에 우리 사이의 무역 분규 역시 해결책을 더 한층 탐색해야 합니다.

分配

분배하다.

- 双方将按投资比例**分配**该年度利润。
  쌍방은 투자 비례에 따라 당해 년도 이윤을 분배합니다.

- 按规定, 该合资公司每年**分配**利润一次。
  규정에 따라서, 그 합자회사는 매년 한 차례 이윤을 분배합니다.

分成

~로 나누다.

- 据估计, 到2004年, 330亿美元的全球网上广告的销售额当中, 将有一半是采用收入**分成**的方式完成的。
  계산에 따르면, 2004년까지 전세계 인터넷 광고 판매액 330억 달러 중에서 그 반은 수입 분리 방식으로 완성한 것입니다.

- 据悉, 该图书公司将网上所获电子图书收入与作者五五**分成**。
  아는 바로는 그 도서회사는 인터넷에서 얻은 전자도서 수입을 작자와 5 : 5로 나누었다고 합니다.

规模

규모.

- 我们所参观的污水处理厂, 其**规模**在亚洲是最大的。
  우리가 참관한 오수처리공장은 그 규모가 아시아에서 최대이다.

- 随着新的生产线的建成, 该集团公司汽车生产**规模**可增加到年产40万辆。
  새로운 생산 라인 완공에 따라서 그 그룹 자동차 생산 규모는 년간 생산 40만대까지 증가할 수 있다.

再行

~하고 나서 …하다, 다시 ~하다.

- 由于成本大幅度下降, 我公司DVD产品价格将**再行**下调。
  원가가 대폭 떨어져서, 우리 회사 DVD 생산품 가격이 더욱 떨어질 것입니다.

- 关于合资企业迁址问题, 双方商定, 下次会谈时**再行**商议。
  합자기업 이사 문제에 관하여, 쌍방은 다음 번 회담할 때 다시 상의하기로 결정했습니다.

合作开发意向书

韩国××企业有限公司和中国××省××国家公园管理局
合作开发××省××国家公园游览事业
意向书

　　韩国××企业有限公司(以下简称甲方)和中国××省××国家公园管理局(以下简称乙方),为发展××省××国家公园游览事业,双方经多次协商,愿意携手合作,并表示下列共同意向:

　　甲方愿意以经营旅游事业的经验及财力,协助乙方进一步开发×××风景区,并促进其旅游事业的发展。乙方亦愿意真诚合作,从各方面协助甲方开展工作,一俟双方达成正式协议,并经签字后,合作即可展开。

　　本意向书一式三份,双方签署后,各执一份为据,一份由乙方呈报中国有关主管部门。

韩国××企业有限公司(章)　　　　中国××省××国家公园

　　　　　　　　　　　　　　　　　　　　管理局(章)

代表人:×××(签章)　　　　　　　代表人:×××(签章)

　　　　　　　　　　　　　　　　　　　××××年×月×日

합작개발 의향서

한국 ××기업 주식회사와 중국 ××성
××국가공원관리국이 ××성 ××국가공원
유람사업을 합작 개발하는 의향서

한국 ××기업주식회사(이하 갑측이라 약칭)와 중국 ××성 ××국가공원관리국
(이하 을측이라 약칭)은 ××성 ××국가공원 유람사업을 발전시키기 위하여 쌍방이
여러 차례 협상을 거쳐서 손을 잡고 합작하기를 원하고, 아울러 아래와 같은 공동 의향
을 나타냈다:

갑측은 여행사업을 경영한 경험과 재력으로 을측이 ×××풍경구를 더 한층 개발
하는 것에 협조하고 그 여행사업 발전을 촉진시키기를 원한다. 을측 역시 진심으로 성
실하게 합작하여 갑측의 작업을 각 방면에서 협조하기를 원하며, 쌍방이 정식 협의에
도달하고 아울러 서명을 거치면 합작은 즉시 시작된다.

본 의향서는 한 양식 세 부를 작성하여 쌍방이 날인 서명한 뒤 각각 한 부를 증거
로 가지고, 한 부는 을측이 중국의 관련 주관부서에 제출 보고한다.

한국 ××기업주식회사(날인)　　　중국 ××성 ××국가공원
　　　　　　　　　　　　　　　　　　　　　관리국(날인)

대표: ×××(서명 날인)　　　　　대표: ×××(서명 날인)
　　　　　　　　　　　　　　　　××××년 ×월 ×일

상용 단어 및 구문

事业

사업.

- 为了共同的**事业**, 我们诸位同仁走到了一起来。
  공동의 사업을 위하여 우리 여러 동료들이 함께 왔습니다.

- 祝您身体健康, **事业**发达。
  건강하시고 사업이 발전하시길 축원합니다.

携手

손을 잡고 가다, 협력하다.

- 我公司愿与您**携手**共创辉煌。
  우리 회사는 귀하와 손 잡고 함께 번영하길 원합니다.

- 该国际幼儿教育机构继成功创办第四所幼儿园后, 于2001年3月同××市妇女联合
  会**携手**合作, 成功创办了第五所幼稚园。
  그 국제유아교육기구는 제4차 유치원을 성공적으로 개소한 데 이어, 2001년 3월에 ××시 부녀연합
  회와 손을 잡고 합작하여 제5차 유치원을 성공적으로 개소하였습니다.

意向

의향.

- 两家公司已经达成有关该桥梁施工建设的合作**意向**。
  두 회사는 이미 그 교량 시공 건설에 관하여 합작 의향에 도달했습니다.

- 我方有**意向**在该项目上与您公司合作。
  우리 측은 그 건에서 귀 회사와 합작할 의향이 있습니다.

财力

재력.

- 我们已经在这项工程上倾注了大量人力、物力和**财力**。
  우리는 이미 이 공사에 대량의 인력·물력·재력을 쏟아부었습니다.

- 我方因**财力**不足无法继续从事此项工作, 特请求贵公司帮助。
  우리 측은 재력이 부족하여 이 작업에 계속 종사할 방도가 없어서, 이에 귀 회사에 도움을 요청하는
  바입니다.

协助

협조하다.

- 请**协助**我会社办理该设备的进口报关手续和在中国境内的运输。
  우리 회사가 그 설비를 수입 세관 신고 수속하는 것과 중국 경내에서의 운수 문제를 처리하는 데 협조 부탁드립니다.

- 我谨代表本公司对贵公司的大力**协助**表示感谢。
  저는 삼가 본 회사를 대표하여 귀 회사가 큰 힘이 되어 협조해준 것에 감사를 표하는 바입니다.

促进

촉진하다.

- 请按我方要求提供有关市场信息的报告, 以**促进**该商品的销售。
  그 상품 판매를 촉진하기 위해, 우리측 요청대로 시장 관련 정보를 제공해주십시오.

- 为**促进**该产品在本地区的销售, 我们在短时间内投入了大量广告。
  이 지역에서 그 상품 판매를 촉진하기 위해, 우리는 단시간 내에 대량의 광고를 투입했습니다.

亦

또한, 역시.

- 甲方应将装船事宜及时通知乙方, 乙方**亦**应与甲方保持密切联系。
  갑측은 선적 건을 제때 을측에 통지해야 하며, 을측 또한 갑측과 긴밀한 연락을 유지해야 한다.

- 除了手提包外, 本公司**亦**制造、经销多种系列的皮带和手套。
  핸드백 이외에 본 회사는 또한 여러 가지 시리즈의 가죽 벨트와 장갑을 제조 · 판매합니다.

为据

~을 근거[증거]로 하다.

- 该公司的侵权事实有我方录像**为据**。
  그 회사가 권리를 침해한 사실의 증거가 되는 녹화 자료가 우리 측에 있습니다.

- 请在保修卡上标明以上内容, 便于维修时或有争议时以此**为据**。
  유지 보수 때 혹은 쟁의가 있을 때 증거로 삼기 편하도록 보증수리 카드에 이상의 내용을 밝혀 주십시오.

合作经营意向书

中国××市××金属公司、韩国××华侨实业有限公司、
韩国××实业公司合作经营××产品
意向书

中国××市金属公司(以下简称甲方)、韩国××华侨实业有限公司(以下简称乙方)、韩国××实业公司(以下简称丙方),三方根据《中华人民共和国中外合资经营企业法》和中国的其它有关法规,本着平等互利的原则,通过友好协商,一致同意在中国××市××县共同投资兴办合资企业,生产销售××产品。三方达成如下意向:

一、合资企业的名称为"××××实业有限公司",厂址拟定在中国××市××县××镇。

二、生产的目的、范围和规模。

1、合资三方经营的目的:加强经济合作,利用国际先进设备和技术,扩大对外贸易,使投资者获得满意的经济利益。

2、合资企业经营的范围是从事各种××产品的生产和销售。

3、合作企业生产规模为年产1000吨××产品。项目达到生产能力后,年产值可达××万美元,折合××××万人民币。年利润××万美元,折合×××万元人民币。

三、投资金额及分成比例。

合资企业由三方投资兴建。建厂总投资为××万美元,流动资金为××万美元。投资的比例甲方占××%,乙方占××%,丙方占××%。

按投资比例分享利润和分担风险及亏损。

四、原料和产品销售。

每年1000吨××材料主要靠进口,由丙方负责采购。考虑到外汇平衡,合资企业可购买一部分国产材料,由甲、乙二方负责采购。产品外销70%,内销30%。外销、内销均提取销售额的×%为手续费。

합작경영 의향서

중국 ××시 ××금속회사 · 한국 ××화교실업주식회사 ·
한국 ××실업회사 ××상품 합작 경영 의향서

중국 ××시 금속회사(이하 갑측이라 약칭) · 한국 ××화교실업주식회사(이하 을측이라 약칭) · 한국 ××실업회사(이하 병측이라 약칭) 3자는 《중화인민공화국 중외합자경영기업법》과 중국의 기타 관련 법규에 근거하여, 호혜 평등의 원칙에 근거하여, 우호적 협상을 거쳐서, 공동으로 투자하여 중국 ××시 ××현에 합자기업을 세워 ××상품을 생산 판매하는 것에 일치 동의한다. 3자는 아래와 같은 의향에 도달했다:

一. 합자기업의 명칭은 "××××실업주식회사"로 하며, 공장 주소는 중국 ××시 ××현 ××진으로 일단 정한다.

二. 생산의 목적 · 범위 · 규모

1. 합자 3자 경영의 목적: 경제 합작을 한층 강화하여, 국제 선진 설비와 기술을 이용하여, 대외무역을 확대하여, 투자자로 하여금 만족스러운 경제 이익을 얻게 한다.

2. 합자기업 경영의 범위는 각종 ××상품의 생산과 판매에 종사하는 것이다.

3. 합작기업 생산 규모는 연간 ××상품 생산 1,000톤으로 한다. 이 생산능력에 도달한 후, 연생산액은 ×××만 달러, 환산하면 ××××만 인민폐이다. 연이윤 ××만 달러, 환산하면 인민폐 ×××만이다.

三. 투자금액 및 비례 분할

합자기업은 3자가 투자하여 세운다. 공장 건축 총투자는 ××만 달러, 유동자금은 ××만 달러이다. 투자의 비례는 갑측이 ××%를 차지하고, 을측이 ××%를 차지하고, 병측이 ××%를 차지한다.

투자 비례에 따라 이윤과 위험 분담과 손해를 나누어 갖는다.

四. 원료와 상품 판매

매년 1,000톤 ××재료는 주로 수입에 의존하며, 병측이 구매를 책임진다. 외화 형평을 고려하여, 합자기업은 일부 국산 재료를 구매할 수도 있으며, 갑 · 을 두 측이 구매를 책임진다. 상품은 대외판매 70%, 내부 판매 30%이다. 대외판매 · 내수판매 모두 판매액의 ×%를 수속비로 받는다.

五、合资三方一致同意, 委托丙方提供从中国境外购买合资企业所需的主要生产设备、交通运输工具、设备部件和备件, 以及提供合资企业所需的设计、指导安装、试车、正常生产操作、工艺条件、产品质量标准、检测方法和设备维修等技术资料。设备应是先进的, 质量可靠的, 价格要为国外的优惠价。考虑到外汇平衡, 部分设备以及设备安装力量由国内解决。

六、生产场地和厂房租赁。

按照合资企业的生产规模、设备布局等实际需要, 由甲方提供生产场地和厂房租赁。厂房×××平方米, 每平方米每月×元租金。生产场地××××平方米, 每平方米×元。租赁的厂房和生产场地只有使用权没有所有权。

七、合资企业的期限为20年。

八、筹建和建设。

合资企业三方抽调力量成立建厂筹务组。筹务组由5人组成。甲方委派3名, 乙方与丙方各委派1名, 负责经营生产前的全部工作。筹备费列入投资, 筹务组在工厂正式投入生产的的第3日起办理移交手续。

九、合资企业组织机构采用董事会领导制, 具体协议另订。

十、为加快合资企业建成, 委托××市××县对外经济贸易公司承办可行性调查, 议定合同书, 项目审批, 办理进出口手续等工作。

十一、本意向书一式××份, 分送有关部门及三方自留。

中国××市××金属公司(签字)

韩国××华侨实业有限公司(签字)

韩国××实业公司(签字)

×××年×月×日

五. 합자 3자는 일치 동의하기를, 중국 국경외로부터 합자기업이 필요로 하는 주요 생산설비·교통운수도구·설비 부품과 비품을 구매 제공하는 것과 합자기업이 필요로 하는 설계·설치지도·시차(試車)·정상생산조작·기술조건·상품품질표준·검측방법과 설비 유지보수 등 기술 자료를 제공하는 것을 병측에 위탁한다. 설비는 선진적이어야 하고 품질은 믿을 수 있어야 하고, 가격은 국외 우대가격이어야 한다. 외화 형평을 고려하여, 일부 설비 및 설비 설치 역량은 국내에서 해결한다.

六. 생산 현장과 공장 건물 임대

합자기업의 생산 규모·설비 배치 등 실제 수요에 따라, 갑측은 생산 현장과 공장 건물 임대를 제공한다. 공장 건물은 ××××평방미터, 매 평방미터당 월세 ×위엔으로 로 한다. 생산 현장은 ××××평방미터이며, 임대료는 매 평방미터당 ×위엔으로 한다. 임대한 공장 건물과 생산현장은 사용권만 있고 소유권은 없다.

七. 합자기업의 기한은 20년으로 한다.

八. 건축 계획과 건설

합자기업 3자는 역량을 조달하여 공장건설 업무계획팀을 구성한다. 업무계획팀은 5인으로 구성한다. 갑측이 3명을 위촉 파견하고, 을측과 병측이 각각 1명을 위촉 파견하여, 생산 이전의 모든 작업을 진행할 책임을 진다. 예비비는 투자에 편입시키고, 업무계획팀은 공장에서 정식으로 생산에 들어간 제3일째부터 이관 수속을 한다.

九. 합자기업 조직기구는 이사회 지도제를 채택하고, 구체적 협의는 따로 정한다.

十. 합자기업 건설을 가속화하기 위해 실행가능성 조사 인수 처리, 계약서 합의 결정, 항목 심의 비준, 수출입 수속 등 작업의 처리를 ××시 ××현 대외경제무역회사에 위탁한다.

十一. 이 의향서 한 양식 ××부를 유관 부문 및 세 측에 각각 보내 보관하도록 한다.

중국 ××시 ××금속회사 (서명)

한국 ××화교실업주식회사 (서명)

한국 ××실업회사 (서명)

××××년 ×월 ×일

상용 단어 및 구문

平等互利

호혜평등.

- **平等互利**、共同发展是我们与您合作的前提。
  호혜평등 · 공동발전은 우리와 귀하의 합작의 전제입니다.

- 我公司奉行"**平等互利**"的贸易宗旨, 愿与国内外客商坦诚合作。
  우리 회사는 "호혜평등"의 무역 모토를 받들어 국내외 고객과 성의있게 합작하길 원합니다.

一致

일치하다.

- 我们乐于与你方小批试订80件男衬衣, 请注意所供货物应与样品**一致**。
  우리는 즐겁게 귀측으로부터 남자 셔츠 80벌을 시험 소매 구매합니다. 물건이 견본과 일치해야 하는 것에 주의하십시오.

- 本合同内容如遇特殊情况需要变更, 须经双方协商**一致**。
  특수한 상황으로 인하여 본 계약 내용을 변경할 필요가 있다면, 쌍방의 일치된 협상을 거쳐야 합니다.

分享

나누어 가지다.

- 合同三方按其出资比例**分享**利润和分担风险及亏损。
  계약 3자는 그 출자 비례에 따라 이윤과 위험분담 및 손실을 나누어 가집니다.

- 我方愿意与贵公司**分享**这些商业信息。
  우리 측은 귀 회사와 이 상업 정보들을 나누어 갖고자 합니다.

分担

분담하다.

- 本次巡回展示费用由各成员企业共同**分担**。
  이번 순회전시 비용은 각 구성원 기업에서 공동 분담합니다.

- 此次货物的损失, 我公司愿**分担**其中50%。
  우리 회사는 이번 화물 손실 중 50%를 분담하고 싶습니다.

风险

위험.

- 我方认为, 进行此项投资**风险**很小, 几近于零。
  우리 측 생각에 이 투자를 진행하는 것은 위험이 아주 적어 거의 0에 가깝습니다.

- 为防范投资**风险**, 我们事前做了大量研究调查。
  투자 위험을 방지하기 위해 우리는 사전에 많은 조사 검토를 했습니다.

亏损

손실.

- 据财务报表显示, 合资公司2001年**亏损**203万元。
  재무보고서에 나타난 바에 따르면 합자회사 2001년 손실이 203만 위엔입니다.

- 由于管理不善, 该公司连续3年出现巨额**亏损**。
  관리를 제대로 하지 못해, 그 회사는 연속 3년 동안 거액 손실이 발생했습니다.

平衡

평형.

- 该公司成立初期就很快达到了外汇收支**平衡**。
  그 회사는 설립 초기에 빠르게 외화 수지 평형에 도달했습니다.

- 调查显示, 大豆市场供求基本**平衡**。
  조사 결과 대두 시장의 공급과 수요가 기본적으로 평형으로 나타났습니다.

外销

대외[해외] 판매하다.

- 该市大力发展瘦肉型猪饲养, 每年有大量肉猪**外销**。
  그 시는 살코기형 돼지 양식 발전에 힘을 기울여 매년 대량의 육돈을 해외 판매합니다.

- 该公司每日**外销**鲜花10多吨, 销售范围遍及东南亚。
  그 회사는 매일 생화 10여 톤을 해외 판매하는데, 판매 범위가 동남아에 걸쳐 있습니다.

内销

내수 판매하다.

- 此批货物原为出口产品, 现转为**内销**产品。
  이 화물은 원래 수출상품인데 지금은 내수 상품으로 돌렸습니다.

- 该企业的产品**内销**比例很低。
  그 기업 상품은 내수 판매 비례가 아주 낮습니다.

手续费

수속비.

- 请尽快向我公司支付该货物的提货**手续费**和装卸费。
  그 화물의 인도 수속비와 하역비를 속히 우리 회사에 지불해주시기 바랍니다.

- 该项通关**手续费**为500美元。
  그 통관 수속비는 500달러입니다.

交通运输

교통 운수.

- 我公司是中国国内第一大**交通运输**企业。
  우리 회사는 중국에서 제일 큰 교통운수기업입니다.

- 我公司在投资选址上对**交通运输**是否便利非常重视。
  우리 회사는 위치 선정 투자에서 교통운수에 편리한지 여부를 매우 중시합니다.

质量标准

품질 표준.

- 该品牌陶瓷产品符合ISO9001**质量标准**。
  그 상표 도자기 상품은 ISO9001 품질표준에 부합합니다.

- 我厂生产的面粉完全符合国家面粉**质量标准**。
  우리 공장에서 생산한 밀가루는 국가 밀가루 품질 표준에 완전히 부합합니다.

设备维修

설비 유지 보수.

- 按照规定，该公司配备了2名**设备维修**人员。
  규정에 따라서, 그 회사는 설비 유지보수 인원 두 명을 배치했습니다.

- 我公司专业代理啤酒生产厂家的**设备维修**业务。
  우리 회사는 맥주 생산 공장 설비 유지보수 업무 대리를 전문으로 합니다.

技术资料

기술자료.

- 请提供该批机床的有关**技术资料**。
  그 기계의 관련 기술자료를 제공해주십시오.

- 该**技术资料**属于我公司商业秘密，恕不提供。
  그 기술자료는 우리 회사 상업 비밀에 속하므로, 제공해드리지 못함을 양해해주세요.

合资建厂意向书

中国××省××公司、××市××厂与韩国汉城××公司
合资兴建××厂意向书

中国××省××公司、××市××厂与韩国汉城××公司, 本着"友好、平等、互利"的原则精神, 三方于×××年×月×日至×月×日, ×××年×月×日至×月×日, 先后两次在中国××市就合资兴建××厂有关事宜进行了友好协商, 在此基础上, 中国××省××公司派员于×××年×月×日至×月×日, 赴韩国汉城对此事进行了进一步磋商, 韩方应全国对外友好协会的邀请, 于×××年×月×日至×日, 一行四人在全国对外友好合作服务中心有关负责同志的陪同下, 对中国××市××厂进行了实地考察和商定, 三方同意利用中国××省××市××厂的现有厂房等设施合资兴建一座××厂, 现达成如下意向:

一、整体规划、分期投资

1、中方以××省××市××厂现有厂区土地(空坪)40亩, 车间6栋, 办公楼1栋, 配电间1栋和其它生产和生活等设施, 作为合资股份总额, 分为两次投资入股。

2、第一期以现有车间3栋, 办公楼1栋, 厂区土地(空坪)20亩, 配电间1栋等其它辅助设施, 投入合资兴建麦秆草席加工厂。

3、第二期项目的投入, 根据需要与可能相结合的原则, 在第一期合资兴建××厂获得中方正式批准之日起, 壹拾个月内, 中韩双方签署第二期合资项目的意向书, 与此同时, 再用两个月时间, 提供出项目的可行性报告, 项目建议书, 项目的合同、章程等有关资料, 以利申报。超过上述期限, 第二期项目的投入视为自动放弃, 中方可将剩余的车间3栋, 土地20亩等, 自行安排。

二、合营期限与货币计算名称

1、合营期限

a、时间从×××年×月×日至×××年×月×日止, 计壹

합자 공장 건설 의향서

중국 ××성 ××회사·××시 ××공장과 한국 서울 ××회사가
합자하여 ××공장을 세우는 의향서

중국 ××성 ××회사·××시 ××공장·한국 서울 ××회사는 "우호·평등·호혜"의 원칙과 정신에 근본하여, ××××년 ×월 ×일부터 ××××년 ×월 ×일까지, ××××년 ×월 ×일부터 ×월 ×일까지, 중국 ××에서 ××공장을 합자하여 세우는 건에 대해 3자가 두 차례 우호적 협상을 진행하고, 이 기초 위에서 중국 ××성 ××회사가 년 월 일부터 월 일까지 인원을 파견하여 한국 서울에 가서 이 건에 대해 진전된 협상을 진행하고, 한국 측은 전국대외우호협회의 초청에 응하여 ××××년 ×월 ×일부터 ×월 ×일까지 일행 4명이 전국대외우호합작서비스센터의 관련 책임 담당자의 배석 아래 중국 시 공장에 대해 실지 시찰과 상의를 진행하여, 3자가 중국 ××성 ××시 ××공장의 현재 보유 공장 건물 등을 이용하여 합자를 실시하여 공장을 세우는 것에 동의하고, 이제 아래와 같은 의향에 도달하였다:

一. 전체규모·분기투자

1. 중국 측은 ××성 ××시 ××공장이 현재 보유하고 있는 공장구역 토지(空坪) 40묘(亩), 작업장 6동, 사무동 1동, 배전실 1동과 기타 생산 및 생활 설비를 합자주식총액으로 하여, 두 차례로 나누어 투자한다.

2. 제1기는 현재 있는 작업장 3동, 사무동 1동, 공장구역 토지(空坪) 20묘(亩), 배전실 1동 등 기타 보조 시설을 투입하여 짚자리 가공 공장을 합자하여 세운다.

3. 제2기 항목의 투입은 수요와 가능성을 서로 결합한다는 원칙에 근거하여, 제1기에 합자하여 세운 ××공장이 중국측의 정식 비준을 받은 날로부터 기산하여 10개월 안에 중한 쌍방이 제2기 합자항목의 의향서에 서명하고, 이와 동시에 두 달 기간 동안 항목의 실행 가능성 보고, 항목건의서, 항목의 계약·장정 등 유관 자료를 제공하여 신고에 편리하도록 한다. 상술한 기한을 초과하면 제2기 항목의 투입을 자동 폐기한 것으로 간주하고, 중국측은 나머지 작업장 3동, 토지 20묘(亩) 등을 스스로 처리할 수 있다.

二. 합영 기한과 화폐 계산 명칭

1. 합영 기한

a. 기간은 ××××년 ×월 ×일부터 ××××년 ×월 ×일까지로 하여, 딱 10년으로 한다. 한 측이 이 계약을 계속 이행할 필요가 있다면 3자의 협상과 동의를 거친 뒤 연장을 신청할 수 있다. 아울러 관련 부문에 신고하여 연장 수속을 처리한다.

拾年整。一方如需继续履行此合同,须经三方协商同意后,可重新申请延期。并申报有关部门办理延期手续。

b、合同期满后,其固定资产的残值归中方所有。

2、货币计算方式

三方不管采取什么投资方式,一律以美元为计算单位进行核算。

三、工厂规模

工厂占地面积为28.6亩,年生产能力为××,职工人数为100人。

四、投资金额及比例

合资工厂总投资额为×××万美元。韩方投资×××万美元,占总投资额的52.1%,其中包括提供全套生产草席的机器3套,辅助设备、生产和工作用车壹拾壹辆,部分办公设备,现有工厂改造、配套及生产周转资金。

中方投资×××万美元,占总投资额的47.9%(其中××省××公司为17%,××市××厂为30.9%)。以3栋车间(面积为4425平方米),办公楼1栋(1434平方米),配电间1栋(120平方米),高压供电输电专线,配电设备,柴油发电机组,饮用水机井等作为投资入股。

五、双方责任分担

中方:

1、在三个月内办理有关中外合资企业的申报,审批手续和工商登记注册等手续。

2、对厂区内的整体规划,附属设施的配套完善及财产保险工作。

韩方:

1、派遣技术人员3名,为中方培训技术工人,指导生产及设备安装。

2、包销壹拾年内所生产的全部产品(共计××万),提供生产周转资金及工厂改造配套的所需资金。

3、在近期内提供有关中外合资企业所需的资料及文件。

六、利润分配及亏损分担

1、中韩双方按认可的投资比例分配利润及承担亏损责任,即中方获全部利润的47.9%(其中××省××公司为17%,××市××厂为30.9%),韩方获全部利润的52.1%。

b. 계약기간 만료 후, 그 고정자산의 잔여치는 중국측 소유로 귀속된다.

2. 화폐 계산 방식

3자는 어떤 투자 방식을 채택하든 상관없이 일률적으로 미국 달러를 계산 단위로 하여 결산을 진행한다.

三. 공장 규모

공장 면적은 28.6묘(亩), 연간 생산능력은 ××로 하고, 직원 수는 100명으로 한다.

四. 투자 금액 및 비례

합자 공장 총 투자액은 ×××만 달러로 한다. 한국측은 ×××만 달러를 투자하여, 총투자액의 52.1%를 차지하고, 그 안에는 짚자리를 생산하는 풀셋트 기계 3셋트, 보조 설비·생산과 작업용 차 11대, 일부 사무 설비, 현재 공장 개조·배치 및 생산 운전 자금을 제공하는 것이 포함되어 있다.

중국측은 ×××만 달러를 투자하여, 총투자액의 47.9%를 차지하며(그중 ××성 ××회사가 17%, ××시 ××공장이 30.9%), 작업장 3동(면적 4425평방미터)·사무동 1동(1434평방미터)·배전실 1동(120평방미터)·고압전기공급전기수송전용선, 배전설비, 디젤발전기 셋트, 음용수 모터펌프 우물 등을 투자하여 주주가 된다.

五. 쌍방 책임 분담

중국측:

1. 3개월 이내에 중외 합자기업과 관련된 신고, 심사 비준과 공상업 등록 등 수속을 처리한다.

2. 공장 구역 내의 전체 기획, 부속 시설의 배치 완료 및 재산 보험 작업

한국측:

1. 기술인원 3명을 파견하여 중국 측을 위해 기술 노동자를 훈련하고 생산 및 설비 설치를 지도한다.

2. 10년 내에 생산하는 전체 상품(도합 ××만)을 전매하여 생산 운전 자금 및 공장 설비 배치 개조 소요 자금으로 제공한다.

3. 가까운 기일 안에 중외 합자기업과 관련된 소요 자료 및 문건을 제공한다.

六. 이윤 분배 및 손실 분담

1. 중한 쌍방은 인가된 투자 비례에 따라 이윤 분배 및 손실 부담을 책임지며, 중국측은 전체 이윤의 47.9%(그중 ××성 ××회사가 17%, ××시 ××공장이 30.9%)를 가지며 한국측은 전체 이윤의 52.1%를 가진다.

2、亏损按利润分配比例承担。

七、合资兴建工厂的未尽事宜, 在正式签订协议书时予以补充。此意向书用中、韩文字书写, 双方各持三份。

中国××省××公司　　　　代表×××
中国××市××厂　　　　　代表×××
韩国汉城××公司　　　　　代表×××

××××年×月×日

2. 손실은 이윤 분배 비례에 따라 부담한다.

七. 공장 합자 설립의 미진된 사안은 협의서에 정식 서명할 때 보충한다. 이 의향서를 중국어·한국어로 작성하여, 쌍방이 각각 3부를 가진다.

중국 ××성 ××공사　　대표 ×××
중국 ××시 ××공장　　대표 ×××
한국 서울 ××공사　　대표 ×××

××××년 ×월 ×일

상용 단어 및 구문

磋商

협의하다, 교섭하다, 절충하다.

- 我公司拟就此次产品召回事宜与你方开展**磋商**。
  우리 회사는 이번 상품 리콜 건에 대해 귀측과 교섭을 전개할 예정입니다.

- 我们已就该问题召集董事会成员进行紧急**磋商**。
  우리는 이미 그 문제에 대해 이사회 구성원을 소집하여 긴급 협의를 진행했습니다.

实地考察

실지 시찰, 현지 조사.

- 我公司请求贵公司速派员对所选地址进行**实地考察**。
  우리 회사는 귀 회사가 속히 선정 주소에 인원을 파견하여 현지 조사를 하도록 해줄 것을 부탁합니다.

- 我们已对××经济开发区进行了**实地考察**。
  우리는 이미 ××경제개발구에 실지 조사를 진행했습니다.

股份

아래에 속하다, 부하.

- 我公司拥有该上市公司37%的**股份**, 为其第一大股东。
  우리 회사는 그 상장 회사의 37% 주식을 보유하고 있어, 최대주주가 됩니다.

- 我的合伙人×××女士最近去世, 其**股份**由我接受并接办公司业务。
  저의 동업자 ××× 여사가 얼마 전에 세상을 떠나, 그 주식을 제가 인계하고 아울러 회사 업무를 인계하여 진행합니다.

入股

주식에 가입하다, 주주가 되다, 출자하다.

- 该公司由韩国××商社、××株式会社、中国××股份有限公司、××××贸易公司四方**入股**组建。
  그 회사는 한국 ××상사 · ××주식회사 · 중국 ××주식회사 · ××××무역회사 네 측이 출자하여 세운 것입니다.

- 我公司已经**入股**该股份公司。
  우리 회사는 이미 그 주식회사에 출자하였습니다.

签署

(날인) 서명하다.

- 根据3月14日**签署**的第234号合同，我们已将100箱罐头由"××"号货轮运往你地，特此通知。
  3월 14일 서명한 제234호 계약에 근거하여, 우리는 이미 통조림 100상자를 "××"호 화물선으로 귀측으로 보냈기에, 이에 통지하는 바입니다.

- 根据章程规定, 该文件需要合资双方联合**签署**。
  장정 규정에 근거하여, 그 문건은 합자 쌍방이 연합 서명해야 합니다.

视为

~로 보다, ~로 간주하다.

- 如果卖方在收到买方索赔书后一个月之内不予答复, 则**视为**卖方接受索赔。
  만약 판매측이 구매측 배상 요구서를 받은 이후 1개월 이내에 회답하지 않으면 판매측이 배상 요구를 받아들인 것으로 간주한다.

- 我方如未接到贵方复函, 将**视为**贵公司没有异议。
  귀측의 답장이 없으면 귀 회사는 이의가 없는 것으로 간주합니다.

核算

결산하다, 회계하다.

- 我公司总会计师××先生正在组织公司开展全面经济**核算**, 无法应邀出席会议。
  우리 회사 총회계사 ××× 씨가 회사를 조직하여 전면적 경제 결산을 진행하고 있어서, 회의 출석 요청에 응할 수 없습니다.

- 该公司实行统一管理, 独立经营, 统一**核算**。
  그 회사는 통일 관리, 독립 경영, 통일 회계를 실행합니다.

未尽事宜

미진한[아직 완결 못한] 사안.

- 上述条款**未尽事宜**待双方下次会谈时确定。
  상술 조항에서 미진한 사항은 쌍방이 다음 회담에서 확정한다.

- 本合同**未尽事宜**详见附件。
  이 계약의 미진한 사항은 첨부된 문건을 참조하십시오.

组建外商投资企业协议书

中国×××公司与韩国××××公司

合作投资创办××公司协议书

中国×××公司（甲方）

韩国×××公司（乙方）

双方于××××年×月××日至××日在×××市,经过友好协商,在平等互利的原则下,就合作投资创办××公司事宜,达成如下协议:

一、合营企业为有限公司。双方投资比例为7:3,即甲方占70%,乙方占30%,总投资250万美元,其中:甲方175万美元(含库房等公用设施),乙方75万美元。合作期限定为5年。

二、公司设董事会,人数为5人,甲方3人,乙方2人。其中董事长1人由甲方担任,副董事长1人由乙方担任。正、副总经理由甲、乙双方分别担任。

三、合营企业所得毛利润,按国家税法照章纳税,并扣除各项基金和职工福利等,净利润根据双方投资比例进行分配。

四、乙方所得纯利润可以人民币计收。合同期内,乙方纯利润所得达到乙方投资额(包括本息)后,企业资产即归甲方所有。

五、双方共同遵守中国政府制定的外汇、税收、合资经营以及劳动等法规。

六、双方商定,在适当的时间,就有关事项进一步洽商,提出具体实施方案。

甲方 （签章）	乙方 （签章）
代表人 （签章）	代表人 （签章）
	××××年×月×日

외상투자기업 조직 협의서

중국 ×××회사와 한국 ××××회사가 합작 투자하여 ××회사를 창립하는 협의서

중국 ××회사 (갑측)

한국 ××회사 (을측)

쌍방은 ××××년 ×월 ××일에서 ××일까지 ×××시에서 우호적 협상을 거쳐서 호혜 평등 원칙 아래 합작 투자하여 ××회사를 창립하는 건에 대해 도달한 협의는 아래와 같다:

一. 합영기업은 유한회사로 한다. 쌍방 투자비례는 7 : 3으로, 갑측이 70%를 차지하고 을측이 30%를 차지하며, 총투자는 250만 달러로, 그중 갑측 175만 달러(창고 건물 등 공공시설 포함) 을측 75만달러이다. 합작기한은 5년으로 정한다.

二. 회사에 이사회를 설치하여, 인원은 5명으로 하며, 갑측 3명 을측 2명이다. 그중 이사장 1명은 갑측에서 맡고, 부이사장 1명은 을측에서 맡는다. 정·부사장은 갑·을 쌍방이 각각 맡는다.

三. 합영기업에서 얻은 이윤은 국가 세법 조항에 따라 납세하고, 각 항목 기금과 직원 복리 등을 제하고, 순수 이윤을 쌍방 투자 비례에 따라 분배한다.

四. 을측이 받는 순이윤은 인민폐로 계산할 수 있다. 계약 기간 안에 을측이 얻은 순이윤이 을측 투자액(원리 포함)에 도달한 뒤, 기업 자산은 갑측 소유로 귀속된다.

五. 쌍방은 중국 정부가 제정한 외화·세수·합자경영 및 노동 등 법규를 공동으로 준수한다.

六. 적당한 시간에 관련 사항에 대하여 더 한층 상의하고 구체적 실시 방안을 제시하기로 정한다.

갑측 (날인)　　　　을측 (날인)

대표자 (날인)　　　대표자 (날인)

××××년 ×월 ×일

상용 단어 및 구문

在～原则下

~원칙 아래, ~원칙 하에.

- **在**平等互利的**原则下**, 投资双方就合作投资创办出租汽车公司事宜进行了讨论。
  호혜평등의 원칙 아래 투자 쌍방이 합작 투자하여 택시 회사를 창설하는 건에 대해 토론을 진행했다.

- **在**互惠互利**原则下**, 双方达成以下协议。
  호혜호리의 원칙 아래 쌍방은 다음 협의에 도달했다.

有限公司

유한회사.

- 韩国新罗××会社与中国济南××**有限公司**的合同签订仪式于昨日下午举行。
  한국 신라 ××회사와 중국 지난(济南) ××유한회사의 계약 서명식이 어제 오후 거행되었습니다.

- 我公司的名称改为××贸易**有限公司**, 特此通告。
  우리 회사의 명칭을 ××무역유한회사로 바꿨기에, 이에 알려 드립니다.

投资比例

투자 비례.

- 该公司合营期限已满, 清算后的财产将根据各方**投资比例**进行分配。
  그 회사 합영 기한이 이미 만료되어, 청산 이후 재산을 각측 투자 비례에 근거하여 분배합니다.

- 公司利润按股东**投资比例**分配。
  주주의 투자 비례에 따라 회사 이윤을 분배합니다.

照章纳税

조항대로 납세하다.

- 每个公司都应该按照国家税法**照章纳税**。
  각 회사는 모두 국가 세법 조항대로 납세해야 한다.

- 请贵公司按照中国法律**照章纳税**。
  귀 회사는 중국 법률 조항대로 납세해주시기 바랍니다.

纯利润

순이윤.

- 据估算, 该公司年度**纯利润**将在 1 亿元以上。
  계산에 따르면, 그 회사 연도 순이윤은 1억 위엔 이상이 될 것이다.

- 只此一项交易就给公司增加**纯利润** 8 万美元。
  이 교역만으로도 회사에 순이윤 8만 달러를 증가시켜 줍니다.

共同遵守

공동 준수하다.

- 双方必须**共同遵守**合同中各项条款。
  쌍방은 반드시 계약의 각 조항을 공동 준수해야 한다.

- 协议中各项条款需要我们各方**共同遵守**。
  협의 중 각 조항을 우리 각측이 공동 준수할 필요가 있다.

实施方案

실시방안

- 该居民小区的宽带入户**实施方案**已经确定。
  그 주민 구역의 전입을 관대하게 처리하는 실시방안이 이미 확정되었습니다.

- 该公司已经拟定了原广州体育馆定向爆破**实施方案**。
  그 회사는 이미 본래의 광조우(广州)체육관을 정방향 폭파하는 실시방안을 결정했습니다.

中韩合作经营合同书

中国××公司和韩国×××公司
合作经营××××有限公司的合同

中国××公司和韩国×××公司,根据中华人民共和国有关法律、法规的规定,本着平等互利的原则,通过友好协商,同意在中华人民共和国××省××市,共同举办合作经营企业,特订立本合同。

本合同各方为:

中国××公司(以下简称甲方),在中国××省××市登记注册,其法定地址在××省××市××区××路××号。法定代表人: 姓名×××职务××国籍××。

韩国×××公司(以下简称乙方),在韩国注册,其法定地址在 ××。法定代表人: 姓名×××职务××国籍××。

第一章　　　　成立合作经营公司
第二章　　　　生产经营的目的、范围和规模
第三章　　　　投资总额和注册资本
第四章　　　　合作各方应负责完成的事项
第五章　　　　合作经营期限
第六章　　　　利润分配和偿还乙方投资
第七章　　　　产品的销售
第八章　　　　董事会
第九章　　　　经营管理机构
第十章　　　　劳动管理
第十一章　　　财务会计和审计
第十二章　　　纳税和保险
第十三章　　　合同的变更和解除
第十四章　　　违约责任

중한 합작경영 계약서

중국 ××회사와 한국 ×××회사가
××××유한회사를 합작 경영하는 계약

중국××회사와 한국×××회사는 중화인민공화국 관련 법률·법규의 규정에 근거하여, 호혜평등의 원칙에 근본하여, 우호적 협상을 거쳐, 중화인민공화국 ××성××시에서 합작 경영기업을 공동으로 세우는 것에 동의하고, 본 계약을 체결한다.

본 계약의 각측은 :

중국××회사(이후 갑이라 칭함)는 중국××성××시에서 등록을 필하고, 그 법정 주소는 ××성 ××시 ××구 ××로 ××호이다.

법정대표인: 성명××× 직위×× 국적××.

한국 ×××회사(이후 을이라 칭함)는 한국에서 등록을 필하고 그 법정 주소는 ××이다.

법정대표인: 성명××× 직위 ×× 국적 ××.

제1장 합작경영회사 설립

제2장 생산경영의 목적·범위·규모

제3장 투자 총액과 등록 자본

제4장 합작 각 측이 책임 완성해야 할 사항

제5장 합작경영 기한

제6장 이윤 분배와 을측 투자 상환

제7장 상품 판매

제8장 이사회

제9장 경영관리기구

제10장 노동 관리

제11장 재무회계와 회계심의

제12장 납세와 보험

제13장 계약의 변경과 해제

제14장 위약 책임

第十五章　　　　不可抗力
第十六章　　　　争议的解决
第十七章　　　　文字
第十八章　　　　合同的生效及其它

甲方　　　　　　　　　　乙方
××公司　　　　　　　×××公司
（加盖公章）　　　　　（加盖公章）
法人代表(签名)　　　　法人代表(签名)
××××年×月×日　　　××××年×月×日

갑	을
××회사 (회사 공인)	×××회사 (회사 공인)
법인대표 (서명)	법인대표 (서명)
××××년 ×월 ×일	××××년 ×월 ×일

상용 단어 및 구문

规定

규정하다.

- 作为韩国独资公司, 我们受中国法律管辖和保护。我们的一切活动都遵守中国的
  法律**规定**。
  한국 독자 투자 회사로서, 우리는 중국 법률 관할과 보호를 받는다. 우리의 일체 활동은 모두 중국의 법률 규정을 준수한다.

- 我公司已经按中国的有关法律**规定**缴纳了各项税金。
  우리 회사는 이미 중국의 관련 법률 규정대로 각 항목 세금을 납부했습니다.

订立

성립하다, 체결하다.

- 本合同的**订立**、效力、解释、履行和争议的解决均受中华人民共和国法律的管辖。
  본 계약의 성립 · 효력 · 해석 · 이행과 쟁의의 해결은 모두 중화인민공화국 법률의 관할을 받는다.

- 双方在平等互利的基础上, 通过友好协商, 于2001年10月12日在中国广州**订立**本
  合同。
  쌍방은 평등호혜의 기초 위에서, 우호적 협상을 거쳐, 2001년 10월 12일에 중국 광조우에서 본 계약을 체결한다.

偿还

상환하다.

- 经研究, 我方同意你方以部分钢材**偿还**购买我方机器设备的价款。
  검토를 거쳐서, 우리 측은 귀측이 우리 측 기기 설비를 구매한 대금을 강재(钢材)로 일부상환하는 것에 동의합니다.

- 贵公司所欠我方货款必须在30日内**偿还**。
  귀 회사가 미지불한 우리측 물품 대금을 30일 이내로 상환해야 합니다.

纳税

납세하다.

- 合营企业必须按照中华人民共和国的法律**纳税**。
  합영기업은 반드시 중화인민공화국의 법률에 따라서 납세해야 한다.

- 依法**纳税**是每个公民应尽的义务。
  법에 의거하여 납세는 모든 국민이 마땅히 해야 할 의무이다.

违约

위약하다.

- 按合同规定, **违约**的一方应当承担**违约**责任。
  계약 규정에 따라, 위약한 측은 마땅히 위약 책임을 져야 합니다.

- 贵公司应对**违约**行为负责, 并赔偿由此给我方造成的损失。
  귀 회사는 위약 행위에 책임을 져야 하며, 아울러 그로 인하여 초래한 손실을 배상해야 합니다.

不可抗力

불가항력.

- 本合同任何一方对由于**不可抗力**而导致不能或暂时不能履行全部或部分协议义务的, 不负责任。
  어느 한 쪽이 불가항력으로 인하여 본 계약의 전부 혹은 일부 협의 의무를 장기 혹은 잠시 이행하지 못하는 상황이 생기면 책임을 지지 않는다.

- 此次事件完全是由**不可抗力**原因造成的, 所以请求贵方谅解。
  이번 사건은 완전히 불가항력의 원인으로 초래된 것이므로, 귀측의 양해를 구합니다.

争议

쟁의.

- 由于条款规定不够详细, 双方在此项条款执行上产生**争议**。
  조항 규정이 상세하지 못해, 쌍방이 이 조항을 집행하면서 쟁의가 발생되었다.

- 因执行本合同所发生的**争议**, 我们双方应通过友好协商解决。
  본 계약을 집행함으로 인하여 발생한 쟁의를 우리 쌍방은 우호적 협상을 통하여 해결해야 합니다.

生效

효력 발생하다.

- 本合同自签署之日起**生效**。
  본 계약은 서명한 날로부터 효력이 발생한다.

- 合营公司日常工作中重要问题的决定, 应由总经理和副总经理联合签署方能**生效**。
  합영회사의 일상 업무 중 중요한 문제의 결정은 사장과 부사장의 서명이 모두 있어야만 효력을 가질 수 있다.

중국어무역편지 100

초 판 발 행 2003년 5월 30일

1 판 3 쇄 2012년 10월 30일

편 저 정상문

펴낸이 엄호열

펴낸곳 시사중국어사

등록일자 1988년 2월 13일

등록번호 제1 - 657호

주 소 서울 강남구 테헤란로4길 28

내용문의 (02) 3676-0808 **팩스** (02) 3671 - 0530

구입문의 (02) 3671-0555

홈페이지 book.chinasisa.com

이메일 china@sisabook.com